国外俄苏研究丛书

冷战后斯堪的纳维亚地区的俄苏研究

韩冬涛◎著

上海人民出版社

丛 书 总 序

国外的俄罗斯与苏联研究作为一个学科门类,既年轻又有着丰厚的历史渊源。很多年以来,这个学科门类在整个人文社会科学的发展历程中具有特殊的影响,同时,对于和俄罗斯与苏联有关的国际、国内事务都曾经产生过广泛的影响。随着当代俄罗斯问题日益受人关注,冷战终结后的俄罗斯研究也越来越成为一门比较热门的学问。因此,从学术史角度梳理一下这一知识和学科领域的演进过程,以及当下所受到的各类挑战和发展机遇,展望一下这门学科的未来前景,不仅将有益于从事俄罗斯研究这个领域的专门工作者,而且也有益于各个领域的有关研究者和有兴趣的学习者。

一、为什么要关注国外的俄苏研究

从公元 10 世纪俄国在基辅罗斯的立国奠基,一直到苏联解体前后所发起的近 30 年艰难转型的那一阶段为止,国际学术界对于沙俄帝国、苏联和俄罗斯的研究早就形成了涉猎广泛的丰富内容。这一研究领域包括了俄罗斯从居于一隅的公国成长为帝国的复杂经历,涵盖了帝国时期的扩张称霸、内部国家与社会构建的独特进程。在 20 世纪人文社会科学的各个学科领域迅速发展的前提下,苏联社会主义时期也自然成为各门学科研究的热门。苏联解体之后政治经济社会的艰难转型,以及对外关系的重大变化,不仅涉及各个学科,而且促使不少新研究领域、新研究范式的形成。国外俄苏研究不仅涉及政治、经济、社会、历史、文化、安全、媒体、心理等各个门类,由于与国际政治实际进程关系密切,无疑也受到意识形态较量和地缘政治博弈的深刻影响。

在一个多元文明时代，能否全面而准确地把握犹如俄罗斯这样既有自己独特历史路径，同时又对总体世界历史进程产生深刻影响的国家和文明的演进进程，乃是决定这个多元文明时代的各个国家、各大文明主体能否和谐相处、合作发展的一个重要前提。回顾自维也纳体系建立以来的每一次重要国际秩序的构建，都有俄罗斯以欧洲大国乃至世界大国身份的参与。俄罗斯与西方关系的潮起潮落，决定着维也纳、凡尔赛、雅尔塔乃至冷战终结以后的历次国际社会重构的命运。而这样一种俄罗斯与西方关系的演进，完全离不开对于俄罗斯这个大国独特进程的理解与把握。从世界历史的内部进程来看，无论是作为一个地区的公国，还是帝国、社会主义大国乃至今天的民族国家，俄罗斯都提供了丰富而独到的治理样式。无论这些治理经验成功还是失败，一个不争的事实，乃是俄罗斯作为一个大国历尽艰险而存活至今，并且依然自强不息、活力四散，发挥着远超出国力的巨大影响力。对于这样一个国家演进历程的叙事，显然既不能脱离人类社会发展的基本逻辑，又不能忽视其非常特立独行的个性。所以，无论从外部还是从内部的视角来看，对于俄罗斯作为一个大国历程的叙事构建，还远未终结，有待人们站在历史的新高度，对以往有关俄罗斯的浩如烟海的记载和评说，来作一番系统的考察和总结。

本丛书的内容，侧重于将苏联解体之后的国外俄苏研究作为对象，希望通过对这样一个重要历史阶段的海外对俄研究状况的观察分析，对当前的研究状态与趋势作出概括性描述，总结出有用的学科机理、客观的观点和方法、值得借鉴的学术规范，以期推动本领域研究深入发展。当然，也包含着总结得失成败，从其他国家特别是西方大国俄罗斯研究领域的进展和走过的弯路中取得借鉴。这并不是一件轻而易举、信手拈来的事情。曾经有值得称道的准确认知和把握，超越了意识形态的芥蒂，不仅促进了学术的发展，而且极大地作用于社会进步和国家力量的增长。如，根据列文森奖得主罗伯特·斯基德斯基的记载，当年凯恩斯有关国家宏观调控理论的形成，明显地受到了苏联早期计划经济思想的启发和影响。包括20世纪三四十年代，美苏两国来自媒体和民间的客观友善的相互认知，成为推动两国在第二次世界大战中形成盟友关系的有力纽带。遗憾的是，俄罗斯与西方的相互认知中也有着太多从误解、疑虑开始，一直发展到敌视、仇恨的不幸故事。无论是冷战的起源，还是对于苏联解体问题的一系列错误判断，都导致了大国间关系的一次又一次的严重对立，甚至抗衡。因此，站在一个客观和自主的立场上，去反思国外俄苏研究中的得失成败，显然有助于形成一种相对而言比较成熟的认知。

自 21 世纪以来，国际变化中的一个重要方面乃是俄罗斯的内政外交。对于俄罗斯问题的认知，越来越成为牵动全局的关键问题。近年来笔者在对美国和西欧国家的学术访问中，深感国外的俄苏研究领域以及关于俄苏问题的舆论环境已经发生了非常大的变化，而且东方与西方已经不由自主地出现了如此巨大的反差——正当普京以前所未有的支持率迎来第四个总统任期之时，一个相当鲜明的对比是，西方舆论对俄罗斯的批判和敌视达到空前高度。面对这样高度分化的学术评价和舆论状况，中国学术界理当去伪存真、去雾廓清，经过严肃认真的研究，对于俄苏的无论是当前、还是历史问题，拿出我们自己的见解。因此，在作出自己的判断之前，充分了解和把握国外学术界对于俄罗斯问题的立场和看法，探究其来龙去脉，就显得十分必要了。

这不仅是因为目前对于俄苏问题存在着尖锐的立场分歧，需要去研究国外俄苏研究的基本态势，还因为俄罗斯本身是一个曾经花了几百年的时间、殚精竭虑地学习西方的一个欧亚国家。西方是其几百年来模仿与学习的对象。西方的学问和知识成为俄罗斯现代化的主要理论渊源。有一位北欧的学者曾经这样来总结苏联的失败，他认为，从俄国到苏联，一直有一个情结缠绕着这个国家，即这个国家过于关注从其他国家搬用和模仿意识形态，以此来代替自己的意识形态。这一批评虽然未必概全，但是却非常精到地指出了问题之所在。既然，从俄国到苏联，整个现代化发展中的灵魂所在曾是对于西方的学习，那么从外部的角度，从被俄苏模仿和学习的主体角度来观察俄罗斯与苏联问题，可能成为一个有效的观察视角。

鉴于国外俄苏研究不仅仅局限于政治、经济、历史等单一专业门类，而且往往是以多学科的方式进行，因此，不仅在国际研究的领域，人们正在普遍地思考如何改进传统的地区研究领域的状况，使之适应高度动态中的国别与地区事务的变化；而且，人文社会科学领域正在严肃思考如何进行学科的构建与配置、分化与组合,在这一重要时刻,通过一个相当热门的俄罗斯研究的学科成长案例,探讨现代人文社会科学的发展逻辑,还是一件具有相当普遍意义的事情。当然,这里还涉及各国都已出现的非常紧迫的国际研究、地区研究的人才培养问题,对俄研究,就如同其他地区研究,不仅要求掌握多学科知识,不仅要求跨文化的研究、交往能力,而且,这项研究对语言的要求也非常高,要求学者们必须掌握不止一门外语,而是两种、甚至是多种语言才能有效地从事研究。因此,通过对海外俄苏研究这一领域的历史和现状的全面分析,探讨真正成熟健全的地区研究学科门类的形成路径,包括重新审视这一门类专业人才培养的方式,显然也是当务之急。

因此,通过对国外俄苏研究领域状况的系统整理与分析,对这一研究领域的知识体系,包括结论、观点、方法、流派、人员、机构等各个方面的全面审视,借他山之石,在相互比较中提升对于俄苏问题本身的认知水平。同时,通过对国外俄苏研究下一番功夫,为构建成熟的国际研究和地区国别研究的学科体系捕获灵感与启示。

二、一段往事:中国改革起步以来的俄苏研究

俄苏现象,与任何以经典欧美方式实现现代化的国家相比较,它有一个很大的特点,即俄罗斯走的是一条通过建立苏联式社会主义模式来推进现代化的非常独特的道路。这曾经是对后发现代化国家有着极大激励意义的一种探索。在相当长时期中,对于苏联模式的模仿与学习,迄今还在俄罗斯留下深重的烙印。因此,如何在这样的历史背景之下,寻求发展和改革这种传统模式的路径,自然而然地成为国外俄苏研究的一个重要领域。对中国这样一个曾与苏联有着千丝万缕联系的国家,要进一步推进改革开放,苏联地区的实验和挫折有着重要的参照意义。

同时,中国改革起步时,苏联依然是世界事务中的重要角色,尤其对于中国对内、对外事务都有着举足轻重的影响。于是,就造成了中国改革开放初期的一个重要历史性现象。当时,推动我国各个领域思想解放进程的,不仅是对于西方市场和民主法治体制的研究和引进,而且包括大量的对于苏联和东欧国家的研究。虽然,在冷战已经接近尾声

的那一个阶段,在正式场合下,苏联和东欧国家在我们出版物中还不能被公开地称为"社会主义国家",但是实际上,出于改革开放的需要,中国学术界和决策研究部门已经在内部非常急切而系统地研究"社会主义的改革经验"。因为改革的实践,实际上在当时的苏联和东欧国家已经有了几十年的经验积累和教训。

当时,我们研究苏联和东欧国家改革,不仅是探讨对象国本身的问题,听取对象国学者专家的意见,翻译、介绍大量有关苏联和东欧国家改革研究的学术和政论作品,而且广泛地汲取了来自美国、欧洲、日本以及其他国家学术界、决策界对于这一课题的意见和观点。比如,在研究俄罗斯和苏联改革的时候,当时我们耳熟能详的不仅是阿巴尔金、阿甘别吉扬、米格拉尼扬、阿法那西耶夫这样一些经济学家、政治学家和历史学家,而且还有科尔奈、布鲁斯、奥塔·希克、青木昌彦等这样一些世界著名、但是来自西方的研究专家。我们把来自本土的和来自第三方、主要是来自西方的观点与方法加以综合,希望得出对于苏联模式这一复杂现象的客观公允的评价。

从20世纪70年代末开始一直延续到90年代,我国对于俄苏问题的研究始终是以"两条腿走路"的方式。一方面,直接深入观察俄苏包括东欧国家的政治经济过程本身,直接与俄苏和东欧国家的专家学者交往,以取得对当地历史和当代进程的第一手资料;另一方面,我们密切关注西方学界对于俄苏问题的研究成果,力争从比较中获取真谛。

世纪之交,一个新的变化出现了。随着普京执政,对于苏联解体以来在这一地区体制转型过程的全面反思开始了。"华盛顿共识"和新自由主义路线的体制转型模式受到了严重质疑。以市场和民主法治建设为主要内容的传统体制转型过程,应该如何与本土历史文明特征相结合? 应该如何确保国家主权的实现? 应该如何与有效管理和有序推进的现代化模式相匹配? 这一系列问题逐渐成为热议的话题。对于20世纪80—90年代以来一度流行的转型范式本身的拷问开始了。

在这样一个新的局面之下,是否还有必要继续关注国外俄苏研究的进展,继续研究特别是西方国家有关俄苏问题的一系列学术观点,包括其一整套方法? 大概可以从以下几个角度来作一番思考和回答。第一,2003年弗朗西斯·福山发表了他的新作《国家重构》,在这本著作中，他提出，传统国家能否顺利转型的关键，在于能否建立一个强劲而有效的政府。显然，福山的立场与20世纪80年代晚期和90年代初写作《历史的终结》时已经有了很大的不同。他总结了俄罗斯从苏联解体到90年代转型的衰败过程，尤其是比较了中国改革的成功，才得出转型过程必须伴之以强大而有效的政府的结论，显然已经与新自由主义的立场有了原则性的区别。第二，正是在世纪之交，在俄罗斯一度执政的自由主义阵营内部出现了对于90年代转型过程的反思，其中既有来自知识分子以及曾经担任高官的一批政治精英，又包括杰弗里·萨克斯这样一些曾经力主以自由主义立场推进改革的来自美国的知名学者的自我批判。于是，对于转型范式问题的全面探讨开始了。第三，大约在2003年至2004年前后，俄罗斯在普京治下，主张以加强国家权力、体现国家主体性，实际上就是以后所说的"保守主义政治路线"开始正式形成。与此同时，西方学界开始发生明显分化。一方面，出现了大量的对于普京政治模式的尖锐批评；另一方面，虽然数量远不及上述"主流"阵营，但是，相当有深度的、主张客观对待俄罗斯"路标转换"的西方学者同时应运而生。理查德·萨科瓦堪称其中一位有代表性的英国学者。这样一些对当代西方"主流"学术立场本身有着强劲批判性的俄苏研究作品，也逐渐被翻译和介绍到国内。上述事实说明，西方的俄苏研究远非铁板一块，而是一个充满争议、也始终保持活力的研究领域，依然有不少重要的见解和成果，值得我们去探讨和研究。

所以，回顾改革开放以来中国的俄苏研究可以看到，我们运用的是"两条腿走路"的方式，即既关注俄罗斯本身的演进，又关注西方关于俄苏问题研究的广泛争论。以这种方式对西方俄苏研究的探讨，不仅有必要延续，而且需要有更多的发掘和深化。

三、冷战后国外俄苏研究中值得关注的几个方面

这套丛书的研究和写作过程中，曾经把这样几个问题置于我们思考的中心：首先，国外对俄苏问题研究的大体进展和问题；其次，国外对俄苏的学术研究和决策资政之间的相互关系；最后，我们也力图考察各国的俄苏研究与本国国情、思想文化背景与学术传统之间的相互关系。

大体上,我们将学术史研究、资政与学术研究之间的关系,以及学科门类发展的国别背景这样一些问题贯穿起来进行考察。这些内容有不少相互交叉,但是大体上又相互独立,形成国外俄苏研究的斑驳杂离、五光十色的现状。

(一) 学术史式的鸟瞰

从学术史的角度来看,国外俄苏研究大体上是伴随着整个 19 世纪末以来的现代学术思潮的兴起和成熟而展示开来的一个知识领域。这里所指的学术当然是指在历史学、文学、政治学、经济学、社会学、人类学等多学科的背景之下对于俄苏现象的观察与研究。上述的每一个学科不仅从各自自身的概念范畴体系出发对俄苏现象进行系统剖析与评判,而且可以发现从冷战终结时刻一直到时隔 27 年之后的一些重要变化。历史学视角下对于俄苏问题的研究,包括后冷战的俄苏历史问题研究,历来是这一领域的基础性部分。很值得一提的是,1990 年美国哈佛大学教授理查德·派普斯(Richard Pipus)的《俄国革命史》这部著作的出版,是海外俄苏研究的一件大事。这部作品的发行在苏联和国外都激起很大反响,一版再版。此书虽然对苏联革命历史也有不少重要的发现和认知,但是总的来说,正当苏联的存在危在旦夕的时刻,派普斯基于自由主义立场对于俄国革命历史系统性的批判,对当时风雨飘摇中的苏联政权给予了沉重打击。但时隔二十多年之后,不仅西方的俄国史学研究出现了"重评学派"这样的旨在超越意识形态立场的主张客观中立的学派,而且,俄罗斯本国史学界在官方推动之下,也出现了主张将本国历史研究置于专业、公正、客观的基础之上的新的史学趋向。在这一背景下的对于十月革命一百周年历史纪念问题的处理就是一个鲜明的例证。经济问题研究在 20 世纪 80—90 年代以后的转型研究中占有重要地位。国外俄苏研究不仅着眼于批判苏联的高度集权模式,而且对于从传统模式如何向市场体制的转换作了大量的研究。先是科尔奈、后是萨克斯等人为代表的"转型经济研究",对于当时打破旧体制和推进私有化过程产生了很大影响。但是,二十多年后一个相当大的转变,乃是 90 年代的"休克疗法"至少在俄罗斯几乎变成了一个消极的术语,而当年萨克斯等曾经主张激进改革的经济学家,则已经对当时过于激进的转型方式作出了各自的反思。政治学研究领域历来处于俄苏研究的前沿。对于从高度集权的苏联模式向民主法治体制的历史转型,美国塞缪尔·亨廷顿将此视为 20 世纪 70 年代以来"第三波"转型,而英国阿奇·布朗将其视为"第四波"转型。多年来,这样一类研究模式几乎覆盖了所有有关政治转型的叙事。但是自 2008 年之后,无论是在俄罗斯,还是在欧美国家,有关政治威权主义的研究逐渐地演化成这一领域的研究主题之一。有关政治威权主义的辩论十分激烈,影响十分广泛。一种倾向几乎把威权主义类比于极权主义,甚至等同于法西斯主义。而另一种倾向则把威权主义视为政治现代化过程中的一个阶段,或者是多元现代性的一种实现方式。来自保加利亚,但是在维也纳人文研究所工作的学者伊万·特拉采夫质问道:为什么对威权主义进行了那么多的批判和打压,但是被称为威权主义的政权却经久不衰,威权主义的影响不见缩小,反而扩大呢? 关于威权主义的激烈辩论依然在持续进行之中。

经历了自 20 世纪 80 年代晚期到 1991 年底的苏联解体,经历了 20 世纪 90 年代直至 21 世纪初的痛苦转型,尤其是目睹了俄罗斯又站在"新兴国家"行列中跃跃欲试的再次崛起,冷战结束之后西方的俄苏研究其自身的确发生了巨大变化。该领域的学者们开始诘问:为什么冷战时期海外苏联学的大量研究,并未能够对苏联解体这样的重大历史事件作出预见? 为什么对于冷战终结之后的深刻社会转型最初是出现"华盛顿共识"这样的改革模式? 为什么无法预见到冷战结束后包括俄罗斯等新兴经济体崛起这样的重大政治经济变化? 为什么没有能预见到进入了 21 世纪以后整个国际体系本身所面临的巨大改变? 虽然,这样的总结和反思还不是冷战后国外俄苏研究的全部,但是,毕竟这是一个阶段性变化的重大标志。

(二) 学术与资政之间的相互关系

探讨国外俄苏研究与资政和决策过程之间的相互关系,以判断学术思想对于各国决策过程的影响力,这是一项重要但又艰难的工作。

国际研究的一个重要特点乃是与各国决策进程之间的不同程度的

紧密关联性。俄苏研究尤其具有这样的特点,因为苏联曾是超级大国,今日俄罗斯依然是国际竞争中的枭雄。因此,各国对于俄罗斯、包括对于苏联曾经有过的态度与决策,都与其各自对于俄罗斯的学术研究不可分割。总的说来,这里可以分出不同层次。

处于最高层次的,乃是对决策带有综合性的直接的学术影响力。比如,美国学界权威人物如基辛格和布热津斯基,两位智者从来就是身兼二任的学者和重要决策的参与者。基辛格不仅是权力均衡的专家,著名历史学家尼尔·弗格森为他新写的传记中,称基辛格是一位伟大的理想主义者。因为他从来就是把道义准则视为国际政治的基础。基辛格在他的《大外交》中反复阐述的是遵从道义底线,而不是权力竞争的思想。众所周知,美国总统特朗普已经多次向他咨询关于处理中俄事务的建议。布热津斯基是一个对于结束冷战局面起过与基辛格一样重要作用的战略家。布热津斯基在20世纪70年代末的大国纵横中主张与中国,而不是与苏联合作,因为他敏锐察觉出中国战略文化的特点与苏联战略文化特点不一样,他坚信中国并没有苏联所拥有的那种进攻性的对外意图和非常具有扩张性的意识形态。布热津斯基在乌克兰危机以来的对俄决策中,曾经提出过不少重要的建议。虽然其中很多还未被采纳,但可预见:他关于这场危机的一系列判断,将可为后来的决策提供重要基础。

在西方"旋转门"制度下学者和外交官员身份的互换,乃是经常可见的事。被奥巴马任命为美国驻俄罗斯大使的学者迈克尔·麦克福尔,就是这样一个具有代表性的人物。值得关注的是,与麦克福尔上任之初大家对他的热切期待相比较,他的卸任要显得令人失望得多。出现这一状况的原因之一,在于奥巴马任期之初重启的美俄关系和奥巴马任期之末已经处于危机状态的美俄关系大相径庭。原因之二,一位俄罗斯资深专家曾经告诉笔者,他认为:作为专家型大使的麦克福尔"知道得非常多",但很遗憾"他又什么都不懂"。可见,学术研究不仅要知然,而且还要知其所以然,才能真正对资政和决策发挥作用。

(三) 国外俄苏研究的思想文化背景

将国外的俄苏研究放到相关的学术与思想文化语境之下加以考

察，以求把握俄苏研究与特定学科体系以及思潮文化发展之间的相互关系，这是本项研究的目标之一。

美国国会图书馆馆长、历史学家詹姆斯·比灵顿对于俄罗斯文化史的研究可算是一个范例。总体上说，比灵顿对于俄罗斯文化的总结并没有超出白银时代的俄罗斯文化学家对于自身文化的认知水平。但是，在20世纪60年代这样的历史条件之下，也即在冷战还远未结束的背景之下，他首先揭示了俄罗斯文化在十月革命之前的世纪之交曾经有过如此灿烂辉煌的发展，不仅表达了对于俄国白银时代文化的尊重之意，而且，比灵顿关注的是作为十月革命的超越意识形态的重要思想文化背景。俄罗斯前总统梅德韦杰夫还专门授予比灵顿勋章，褒奖他在沟通两国人民的文化交往当中所发挥的卓越贡献。同样是这位学者还曾提出这样的见解，即在国际研究中，人文研究较之社会科学类的知识，可能更加具有分析透辟性。他的解释是，人文研究虽然没有像可以计算的学科那样有那么多的统计资料，但是，人文研究直接指向人们的心灵。这就为对于俄罗斯的人文与民族特性的研究作了重要的铺垫。

考察国外俄苏研究是在怎样的语境之下诞生问世的，这对于检验和判断各种研究的可靠性问题具有直接意义。迄今为止，很多西方学者对于俄苏问题的见解依然还不能摆脱浓重的意识形态因素，这也是西方与俄罗斯之间的关系迟迟难以得到真正修复的深层次背景之一。被认为是西方俄国史研究大家的理查德·派普斯，无论是在其《俄国革命史》还是《关于俄国历史的三个为什么?》中都非常鲜明地提出了俄国历史发展进程中的先天缺失问题，即俄罗斯并不具备传统的市民社会的发展经历，也没有民主和法治建设的传统基础的条件。但是，这位历史学家始终把民主化的要求置于评判俄罗斯社会进步的主要标准的首位。这样就使人们看到了一个巨大的反差：一方面，俄罗斯并不具备实现民主制度的先天条件；另一方面，作为自由主义历史学家的派普斯又坚决地对俄罗斯提出了推进自由主义体制改革的政治要求，实际上这样一类自我矛盾的想法可以在许多俄罗斯问题研究专家的作品中被发现。

总之，无论是探讨西方俄罗斯研究的知识系统问题，还是研究国外俄苏研究中的决策与学术之间的关系，抑或是去寻求更为深层的思想语义环境对于研究成果的影响，都是可能将俄罗斯研究推向纵深的途径。

四、为什么首先选择美、英、日和北欧
的俄苏研究作为主攻对象

本丛书选择了在国际俄苏研究领域基础比较丰厚的几个国家和地区——美国、英国、北欧和日本——的俄苏问题研究。国外的俄苏研究中,有着较为丰厚的学术基础作支撑,有着较为长远的学术历史作借鉴,以及有着较为成熟的规范制度和研究体制作为依托的国家,首先是英国和美国。英国作为老牌帝国,有着深厚的对俄外交的丰富积累,也有着数百年交往中对于俄苏问题的深刻观察。即使是在英国国力衰退的情况之下,作为软实力重要体现的国际研究,特别是对于俄苏问题的研究,始终是在国际同行中受人推崇。美国同行曾经这样对笔者说,就国际研究而言,英国学者经常是美国同行学习和模仿的对象。举例来说,作为国际关系理论大家的爱德华·卡尔,自身又是一名非常优秀的俄国历史学家,他所撰写的《布尔什维克革命》在很多年中曾经是我国苏俄史教学中最重要的参考教材之一。

美国对于俄苏研究的重视程度更是备受国际学界的关注。一向以注重对敌人的研究而著称的美国学界,在冷战开始之后自然将苏俄研究置于至高无上的地位。美国对于俄苏问题研究的发达程度不仅在于其参与人数之多、学科门类之齐全,尤其在于国家对于俄苏研究的长远规划,使得哥伦比亚大学、哈佛大学、斯坦福大学这样一些高等学府成为系统性的培养高级研究人才的基地;冷战结束之后,美国还选择了16 所大学作为俄苏研究的国家信息基地。自由开放的学术环境和氛围使得美国出现了一大批从事俄苏研究的学术领军人物,他们不仅在学术研究中自成体系,比如,本丛书中重点介绍的布热津斯基、塔克、比灵顿、麦克福尔等历代俄罗斯研究的权威人物都是在理论上有所独创,并且是在交往和战略决策的实践中起过重大作用的官学两栖的精英。特别值得一提的是,在冷战结束之后,美国的俄苏学界展开了一个非常广泛的反思运动,对于美国学术界为何无法在更早的时候预测苏联解体和冷战终结的现象进行了一场尖锐的自我批评。本丛书中所描述的"美国苏维埃学的衰落"就是指的这一历史性现象。

本丛书所介绍的日本学界对于俄苏研究的状况与历史，与美国和英国同类研究相比，呈现出强烈的反差。如果说，英美学界比较注重的是学者个人创造性学术能力的发挥，那么，在日本，我们看到更多的是日本学者以集体力量构建学术机构的独特风貌。与个性鲜明的西方学人相比，日本学者之所以能够在短短的百年之中实现相当程度的赶超，无疑是作为机构和学术集体的团队力量发挥了作用。日本学界虽然也有着对于问题的不同看法和立场，但是并没有那么多独创的学派，却有着对于研究课题进行分门别类深入分析的能力；日本学者细致入微的研究风格也大大有利于对问题的解析，作为这一现象的基础性前提，那就是对于统计资料的非常苛求的使用。多年以来日本学界给人的印象是善于模仿而不善于创造；但是，日本俄苏学界的风格则正好相反，他们非常注重学术思想的独立，但是又不失东方的稳健和周全。本丛书所介绍的日本北海道斯拉夫研究中心乃是东亚地区俄苏研究的一个典范：大量别出心裁的研究课题；一大批能够使用六七种外语来研究问题的斯拉夫学者；雄厚的资金支持使得其始终保持着人才的高度聚集。剔除其他因素而言，文化上的接近，使得我们看到北海道斯拉夫研究中心有很多值得国人借鉴之处。

结　　语

国外俄苏研究作为一个新兴的研究领域，还只是刚刚开始的一项工作，无论是材料的汇集，还是观点的形成都还有很长的一段路要走。本丛书目前涉及的还只是国外俄苏研究中比较重要的几个板块，但是，内容远未概全。比如有关大陆欧洲国家的俄苏研究也是非常有意思的一部分，这将在以后的研究中逐渐地加以充实；包括理论上的深化，特别是这些研究在国外的资政和学科建设中所起的作用还需要进一步加以细化，有关理论问题的思考也大有进一步推敲的余地。本序言仅是从目前的工作进程中提供的初步认识与感想，以为抛砖引玉。

冯绍雷

2018 年 6 月

前　言

　　斯堪的纳维亚地区地处欧洲北端,与俄罗斯隔海相望。虽然该地区在俄苏研究领域没有美国和英国那样声名显赫,但是独特的地理位置,以及与俄罗斯长达一千多年的悠久历史联系,孕育出该地区相对独特的俄苏研究群体和学术思想。冷战后,与美国、英国等西方主要国家的俄苏研究范式转型相似,斯堪的纳维亚地区的俄苏研究在传统区域国别研究的基础上,更加重视学科理论的应用。

　　苏联解体后,面对俄罗斯转型所带来的学术研究机遇和潜在的经济机会,20世纪90年代,斯堪的纳维亚地区的国家在俄苏研究领域的投入不断增加,该地区俄苏研究的机构和研究人员都出现了一定程度的增长。在此基础上,斯堪的纳维亚地区冷战后的俄苏研究取得了一系列成果,其国际知名度和影响力也有了相应的提升,从而引起了中国学界的关注。

　　本书主要研究的是斯堪的纳维亚地区学术界在冷战后对苏联和俄罗斯问题研究的发展状况,是在国际问题研究框架下,国别问题研究与国内政治经济进程研究的综合。鉴于苏联解体后西方转型学理论对于俄罗斯转型的解释力不足,需要将传统的区域、国别研究与国内进程的深度阐述相结合。因而,一方面,本书通过对斯堪的纳维亚地区俄苏研究领域的学术发展面貌进行概括,厘清这一特定地区俄苏研究的特点,从而观察该地区学术研究如何与决策互动,进而影响地区政治的发展;另一方面,这又是一个国际政治的命题,主要是观察俄罗斯本身政治、经济的发展与变化,以及俄罗斯如何成为该地区学术的"镜像认知"。为何同样的俄罗斯现象会在不同地区的学术认知中出现不同的分析与解释?这一双向互动本身已经成为当代国际政治经济领域一个不可忽视的内容。简单地说,学术认知已经成为国际政治研究的重要工具。

在整体结构上,本书分为五个部分,共九章。首先,对斯堪的纳维亚地区俄苏研究的历史发展进行梳理,对当前研究状况进行总结,并初步提出该地区俄苏研究的特点;随后进入本书的重点研究内容——对该地区代表性学者的学术思想进行系统性的解读和分析,从学术史的分析中汲取尽可能多的营养;最后,对该地区俄苏研究的独特性、面临的挑战进行概括。

第一部分,即第一章:斯堪的纳维亚地区俄苏研究概述。由历史发展脉络、当前研究状况以及研究特点的初步总结构成。在历史发展脉络部分,回顾了该地区俄苏研究的发展历程、动因和主要特点。在当代研究状况部分主要总结了冷战后该地区俄苏研究在机构、人员方面的增长状况,和研究议题的变化。初步认为该地区俄苏研究具有如下特点:研究议题集中于中观层面,研究模式呈现一定的分散性特征,注重跨学科研究。

第二、三、四部分是第二章至第八章,从转型研究、历史研究、外交研究三个维度对斯堪的纳维亚地区俄苏研究学界代表性学者的学术思想进行个案分析。冷战后斯堪的纳维亚地区的俄罗斯转型研究,包括瑞典学者奥斯隆德从新自由主义视角下对俄罗斯资本主义革命的研究,瑞典学者赫德兰在新制度主义背景下对俄罗斯转型的研究,丹麦学者诺格德在比较政治、经济学框架下对原苏东国家的转型研究。冷战后斯堪的纳维亚地区的俄罗斯历史研究,包括芬兰学者苏特拉从经济思想史角度对苏联经济思想演进的研究,丹麦学者罗森菲尔特从政治制度史角度对苏联信息控制体系的历史研究。冷战后斯堪的纳维亚地区的俄罗斯外交研究,包括挪威学者诺伊曼基于治理模式认同视角对俄罗斯与国际社会(欧洲)关系的研究,瑞典学者琼森从政策分析角度对俄罗斯1991年至20世纪初"零和观念"下中亚政策的研究。之所以选择这两位学者,主要是考虑到其研究对象在俄罗斯外交战略中的重要性。欧洲不仅在历史上一直是俄罗斯的主要交往对象和西方化思想的来源,更是俄罗斯在转型进程中的重要合作伙伴。中亚对于俄罗斯来说更像是"兄弟",它们不仅有着深厚的历史联系,从现实方面来看,中亚地区是俄罗斯在后苏联时代以及后苏联空间中,重要的战略支点。

　　第五部分,即结论:相对均衡、务实、兼容发展的斯堪的纳维亚地区俄苏研究。基于对斯堪的纳维亚地区俄苏研究历史发展脉络,冷战后研究现状和代表性学者学术思想的分析和了解,就冷战后本地区的俄苏研究就行综合性评价。相对于文化同源的美国和英国,斯堪的纳维亚地区因为独特的地理位置、历史文化传统和利益诉求,在俄苏研究的立场方面力求均衡;以政策需要为研究导向,讲求务实性;在研究议题、研究途径、研究方法、研究框架等方面表现出兼容并包的特征。

　　在本书的写作过程中,笔者与瑞典、挪威、芬兰、丹麦的俄苏研究学者进行了面对面的交流,并就斯堪的纳维亚地区俄苏研究的相关问题对他们进行了深入访谈。在此过程中,笔者得到了斯堪的纳维亚地区俄苏研究学者热情的帮助,令笔者对于斯堪的纳维亚地区俄苏研究在冷战后的发展状况的了解更为深入。

致　谢

　　本书虽由作者执笔完成，但其中凝结着多位师长和同辈学人的心血与智慧，在此表示感谢，寥寥数语难以表达万分感激之一二。

　　感谢恩师冯绍雷教授在为人、治学、做事等方面对我的谆谆教导，本书反复三稿，先生皆是极为认真的审阅，修改意见批注就多达一万余字；感谢瑞典乌普萨拉大学俄罗斯、东欧、中亚研究中心主任斯蒂芬·赫德兰(Stefan Hedlund)教授在本书写作过程中提供的热情帮助和亲切指导；感谢潘兴明教授、金仁芳老师、刘军教授、赵银亮教授、杨成教授多年来对我的关心和照顾；感谢阎德学、封帅、崔珩等同门师兄弟对我的支持和帮助。

　　谨以此书献给深爱我的父母、妻子和孩子。

目　录

第一部分

斯堪的纳维亚地区
俄苏研究概述

绪　论

本书所涉及的俄苏研究,确切地说应该是苏联、俄罗斯研究。俄苏研究既有时间维度,又有空间维度。从时间维度看,俄苏研究的对象包括从基辅罗斯、莫斯科公国、沙俄帝国、苏联直到俄罗斯联邦这一俄罗斯漫长的历史发展过程;从空间维度来看,俄苏研究的对象不仅局限于俄罗斯,而且包括苏联其他加盟共和国,甚至广义上的苏东集团国家。

从学科界定的角度来看,俄苏研究属于区域、国别研究的重要组成部分。在国际学界,规范性的区域、国别研究产生于第二次世界大战之后,其研究的目标和意义在于,通过对某一地区或者某一国的语言、文化、历史、政治、经济、社会等方面进行全方位的、长期跟踪性的研究,可以较为准确地把握该地区或者该国的实际情况和总体特征,从而预测其未来的发展动向和政策走向。据此而言,区域、国别研究具有两个重要特征:第一,区域、国别研究是一项涵盖社会科学学科、人文学科,甚至部分自然学科的多学科研究;第二,区域、国别研究与国家决策联系紧密,为决策提供科学基础。这两个特征在以美国、苏联(俄罗斯)为代表的大国研究中体现得尤为明显。

从关注度、研究投入和研究范式的变化程度来看,俄苏研究可能是区域、国别研究领域中变化最大的一个。在规范性的区域、国别研究产生之初,俄苏研究就是最为重要的研究领域之一。主要的西方国家(特别是美国)和中国对于俄苏研究的高关注度和高投入在整个冷战时期得以延续。以美国为首的西方国家主要是出于在东西方对抗背景下了解对手的需要;而中国则主要是出于借鉴苏联社会主义建设和改革经验的需要。在研究范式上,因为国家决策需要的迫切性,冷战时期的俄苏研究较多的集中于传统描述性或者解释性的对策研究上,对学科理论的应用稍显不足。

20 世纪 80 年代中后期开始的中东欧国家体制转型,特别是苏联解体后,俄罗斯与其他加盟共和国以西方市场经济和民主体制为目标的转型进程,令西方的俄苏研究陷入了短暂的衰落期。主要原因在于:第一,东西方对抗的结束以及俄罗斯朝向西方模式的转型,使最初了解对手的初衷不复存在,区域、国别研究的重要性也随之减弱,因而对于俄苏研究的投入和关注度大幅度下滑;第二,研究对象的消失,令西方的俄苏研究界暂时陷入了迷茫。在研究范式方面,强调对策研究的苏联学,因未能预见苏联解体,学界对原有研究路径进行了批判和反思。在此基础上,西方俄苏研究学界在研究中更加注重吸收学科因素,因而强调在学科规范性和理论性指导下的区域、国别研究应成为 20 世纪 90 年代俄苏研究的主要路径。对于社会科学学科和人文学科来说,苏联解体给俄苏研究带来了巨大的机遇。首先,苏联解体造成的地缘政治结构变化,令研究对象大大增加;其次,以俄罗斯为首的前苏联加盟共和国集体向市场经济和民主体制转型,这为理论的实证、丰富和创新提供了极佳的实验场所和极大的空间;最后,苏联档案的解密给基础学科的研究提供了大量的素材。

因而,在短暂的衰落期过后,西方国家的俄苏研究重新"振作",不仅研究力量得以恢复、研究范围得到扩展,而且区域、国别研究范式的学科性得到有效加强。在此基础上,以原苏东国家、特别是俄罗斯转型进程为研究对象的转型学逐步发展成为一门独立的学问,并成为冷战后俄苏研究的重要支柱。

冷战后,中国俄苏研究在研究对象、研究范围以及研究范式上,也因为原有研究对象的变化而作出了相应的调整。20 世纪 80 年代,中国的俄苏研究逐渐摆脱意识形态的影响,在中央领导同志的关怀和支持下,中国对苏东国家的改革经验进行了富有成效的研究,为中国改革开放的相关决策提供了扎实的学术建议。同时,中国俄苏研究居于国际俄苏研究学界的前列,而且在有些方面的研究领先于西方国家。[1]这主要得益于中国与苏东国家在体制和话语语境上的相似,使其能够更好地解读苏东国家的政策内容和取向。在研究范式上,与同时期西方

4

国家俄苏研究相似的是,中国的俄苏研究也是从区域、国别研究传统的角度——以描述性或者解释性的对策研究为主,对于学科理论的应用稍显不足。

戈尔巴乔夫改革失败以及苏联解体,也令当时主要以借鉴苏东国家改革经验为目标的中国俄苏研究暂时失去了方向,以往俄苏研究中的优势也逐渐失去。但是经过前辈们的共同努力,中国俄苏研究学界对研究目标作出调整,从国际社会发展演进和国际格局变化的大背景出发,将前苏联、东欧以及俄罗斯问题置于大国关系和转型研究的背景之下加以推进。[2]因而,中国的俄苏研究从 20 世纪 90 年代中后期以来,更加注重在原有区域、国别研究的基础上,以应用社会科学学科和人文学科的理论作为指导。在苏联解体的原因、俄罗斯转型、俄罗斯与全球化、俄罗斯的地区一体化努力、俄罗斯与中国、美国、欧盟以及其他国际组织的关系、俄罗斯政治思想史、文化史、冷战史等议题的研究上,中国的俄苏研究不仅更为深刻,而且更具理论深度。

进入 21 世纪,随着中国经济、社会的高速发展,国内俄苏研究学界与国际俄苏研究学界的交往也日益扩展和深化。一方面,这使中国的俄苏研究更为清晰地认识到与国际俄苏研究学界存在的差距;另一方面,这也为中国的俄苏研究深入了解其他国家在俄苏研究范式、方法和理论等方面的变化、发展提供了借鉴先进经验的契机。借助"他山之石"以丰富中国俄苏研究的框架和路径,进而推动研究范式的革新,为国际俄苏研究提供自己的理论贡献。国内学者指出,这种借鉴并不是简单的盲从,而是将国际俄苏研究的前沿知识与中国学术思想有机结合,是批判性的融会贯通。[3]

批判性的学习和借鉴之所以重要,是因为国外俄苏研究在 20 世纪 90 年代中后期形成的新路径和范式在 21 世纪初也遭遇了"滑铁卢"。行为主义革命引发了理性选择理论在社会科学学科领域的广泛使用,在提高适用性和预测性的同时,也造成了研究对象的过分简化。当这种在总结西方经济、社会发展经验基础上所得出的一般性方法和结论,应用到具有历史、文化差异的前苏联国家,特别是俄罗斯的转型进程中,明显出现了"水土不服"的状况。一个明显的例子就是新自由主义框架下的转型方案并没有在以俄罗斯为首的部分原苏东国家发挥完全性的指导作用,这些国家的政治体制不同程度的回归到威权主义。

面对转型学理论的解释不足,西方国家中以后苏联时代威权主义作为研究对象的一个群体逐渐活跃起来。这部分学者认为原苏东国家,特别是俄罗斯的转型进程已经"落下帷幕",应代之以新的研究范式,因而提出了"威权学"的概念,他们普遍强调回归威权主义的本土性、自主性立场的变化。部分人甚至全部否定 20 世纪 90 年代以俄罗斯为首的部分原苏东国家的转型努力和成效。

诚然,以俄罗斯为代表的一些原苏东国家经历了 20 世纪 90 年代向西方学习的阶段后,2003 年前后开始了强调主体性的本土化进程——注重国家主权、追求国内外事务的自主性、大型企业再国有化,以及在思想领域主体性的强化。但这并不意味着转型进程的终结,这应该被看作是转型进程另一个阶段的开始。虽然一些原苏东国家的转型进程有所停顿,但不论是政治领导人、各领域的精英,还是普通民众,都不愿意再恢复僵化、扭曲的苏联体制。他们对于富裕、有尊严生活的追求并没有停下脚步,仍然希望市场在资源配置中发挥决定性作用,并且不断提高民主化决策水平,在国际分工和世界经济体系中找到合适的位置。这些对美好愿望的追求意味着转型学在未来仍大有用武之地,因为转型学不仅是学科的创新和积累,更是一代学人思想结晶的记载和大量实践经验的反映。

在全球化不断拓展、文明多样化凸显的条件下,国际政治已经不完全是单纯的政治、经济、军事实力较量,也是国际社会主要行为体——民族国家——的历史、文化、宗教、民族等方面本土特色的客观反映。因而,国际问题研究领域内的区域、国别研究,也应当超出既定的对策研究和强调一般性理论模式的范式,充分考虑研究对象的地区、国家发展进程中内部要素的复杂性,以及政策取向中历史、文化传统的影响。

在笔者看来,西方俄苏研究学界,不论是转型学还是威权学的理论范式,均是以西方现代化经验为参照系的普适性理论分析,将研究客体的真实属性大大简化,未能充分理解和反映俄罗斯以及其他原苏东国家历史、文化、宗教、思想等方面的独特性在转型过程中的作用,不免陷入了理论模式简单套用的困境之中。其中,冷战思维的惯性也在持续发挥着作用。

苏联的崩溃和解体,令西方在意识形态和制度模式的竞争中获得了"胜利",随之产生了对自身制度模式极度的"自信"和"骄傲"。因而,在不断放大拉丁美洲转型经验的基础上,西方极力宣称新自由主义理念下的市场经济和民主制度模式是实现经济增长、生活富足的"灵丹妙药"。但是"休克疗法"并没有令俄罗斯的经济制度变革取得成功,反而产生了极大的转型成本,引发了诸多社会问题。造成这种结果是因为新自由主义转型方案存在理论错误吗?作为理论本身,新自由主义不论在前提假设还是逻辑论证方面,都是经得起推敲的。问题在于新自由主义转型方案是一种没有历史内容的制度建设。

中国古语有云:"橘生淮南则为橘,生淮北则为枳。"这种逻辑在"制度移植"上也同样适用。制度模式的转变如果脱离了当地独特的历史、文化内涵,就有可能造成不良反应,甚至是国家失败,这种情况在俄罗斯转型过程中体现得尤为明显。因而,有必要在冷战后的俄苏研究以及其他地区、国别的研究中,吸收传统国别研究的长处,在权力、制度的研究框架下,加入对当地历史、社会的考察,将国别问题与其国内政治经济进程结合起来,进行综合性研究。

在借鉴国际俄苏研究学界先进经验的同时,需要时刻保持着批判性的警觉。有必要系统观察各国、各地区的俄苏研究,发现它们在研究路径和理论创新方面的长处,并注意总结它们在俄苏研究中的经验、教训,"取其精华、去其糟粕",为我所用。

总体而言,冷战后主要西方国家的俄苏研究,特别是转型研究,将俄罗斯置于全球化背景之下考察,在体现俄罗斯作为民族国家以及国际社会一员与西方国家具有共性的基础上,将社会科学学科、人文学科的分析路径和相关具有学术规范性的理论引入俄苏研究传统的区域、国家框架下。这不仅拓展了俄苏研究的广度,而且增加了俄苏研究的深度。但是,正因为过分强调俄罗斯与西方国家的共性,造成新自由主义理念指导的转型理论在俄罗斯转型过程中的简单套用。一方面,苏联计划经济体制下带来的价格扭曲、贸易管制、竞争缺失、企业缺乏进取心等缺陷,确实需要新自由主义转型方案中提出的自由化、稳定化和私有化等经济改革措施进行调整;另一方面,新自由主义者没能充分考察俄罗斯转型所具有的特殊初始条件,因而简单地套用了"休克疗法",导致转型方案不仅缺乏针对性,而且没有将历史、文化因素对不同阶层行为者在转型中可能出现的反应纳入考虑之中。因而,"休克疗法"没有令俄罗斯转型快速消除恶性通货膨胀、实现经济增长,反而产生了巨大的经济社会成本——贫富差距迅速拉大、腐败丛生、犯罪率大幅度攀升等。这令俄罗斯民众对转型产生了普遍怀疑,并迫切希望强力政府能实现社会稳定、恢复民生。普京治下的威权主义的回归,不能简单地理解为转型的倒退或者完全失败,这一情势的发生有着深刻的历史、文化背景和现实条件。

所以对于俄罗斯转型进程以及转型研究路径和相关理论的总结和再分析,在当下的俄苏研究中仍具有重要的学术价值。在这一方面,斯堪的纳维亚地区的俄苏研究提供了一个较好的范例。因为该地区的俄苏研究,特别是转型研究,既有当年普遍自由化时期的急先锋——坚定的新自由主义者——的研究;又有较为谨慎、见解深刻、不为时势所变、总结和反思转型经验的学术研究。

在华东师范大学俄罗斯研究中心近年来的俄苏研究中,学者们希望通过对国际俄苏研究学界研究方式和方法的借鉴,结合中国俄苏研究的传统和特点,为本研究领域和学科的发展作出自己的贡献。因而,俄罗斯研究中心组织专门团队对美国、英国、日本、法国等主要国家和地区的俄苏研究范式和理论发展,进行系统性的学术攻关,并将研究成果转化为教学资源,力求厘清各国家或地区俄苏研究在国际学界的理论地位、俄苏研究与本国或本地区战略决策的关系,以及俄苏研究与本国或本地区思想文化传统之间的关系。学者们希望通过自己的绵薄之力,为国内俄苏研究学界深入了解国外研究的发展进程和相关成果、推动中国俄苏研究的进步与提升提供一些助益。这项研究的逐步推进,促使笔者有兴趣从这个角度对斯堪的纳维亚地区冷战后的俄苏研究状况进行解读和分析。

注释

1. 杨成:《中国俄苏研究的范式重构与智识革命——于学术史回顾和比较研究的展望》,载《俄罗斯研究》2011 年第 1 期,第 3—68 页。

2. 冯绍雷:《三十年中国改革开放与三个"十年"的俄国问题研究》,载《俄罗斯研究》2008 年第 4 期,第 4—11 页。

3. 参见杨成:《中国俄苏研究的范式重构与智识革命——于学术史回顾和比较研究的展望》,第 3—68 页;冯绍雷:《三十年中国改革开放与三个"十年"的俄国问题研究》,第 4—11 页。

第一章
斯堪的纳维亚地区俄苏研究概述

　　斯堪的纳维亚(英语 Scandinavia;瑞典语、丹麦语 Skandinavien;挪威语 Skandina)一词具有多重含义,既是一个地理名词,又是一个文化名词,还曾经短暂地作为政治名词被使用过。在地理意义上,斯堪的纳维亚一般指的是斯堪的纳维亚半岛,包括挪威、瑞典和芬兰北部地区;更广义上斯堪的纳维亚地区一般将丹麦、芬兰和冰岛也纳入其中。文化层面的斯堪的纳维亚是指具有历史、文化、语言联系的三个北欧国家——瑞典、挪威、丹麦。这三国的祖先同为中世纪之前就居住在斯堪的纳维亚半岛南部地区的同操日耳曼语的北日耳曼部落。经过长时间的迁徙和发展,这些居住在斯堪的纳维亚半岛的日耳曼人演变为古挪威人(Old Norse),到中世纪早期,他们被称为诺曼人(Norsemen)。在历史演进的过程中,瑞典、丹麦、挪威先后形成独立王国以及各自的语言,虽然三国的语言有所区别,但属同源并且非常相近,彼此之间能够相互理解。

　　斯堪的纳维亚和斯堪的纳维亚人(Scandinavian)词语的使用最早见于 18 世纪,由早期语言、文化斯堪的纳维亚主义运动所引入,强调的是三国之间密切的文化、语言联系。斯堪的纳维亚还曾在 19 世纪上半期被用作政治词汇。受到泛斯堪的纳维亚主义的影响,瑞典、丹麦、挪威三国的青年学生开始将斯堪的纳维亚作为一个政治术语来使用。鉴于三国在历史上、文化上、语言上的密切联系,泛斯堪的纳维亚主义努力推动斯堪的纳维亚国家之间的政治、经济、文化合作。泛斯堪的纳维亚主义的代表人物是丹麦作家、诗人汉斯·克里斯蒂安·安德森(Hans Christian Andersen),他在 1839 年的一首诗中写道:"我们是同一种人,我们是斯堪的纳维亚人。"[1]但泛斯堪的纳维亚主义运动持续时间不长,1848 年以后逐渐消退。

芬兰人为乌拉尔人种,属乌拉尔语系芬兰-乌戈尔语族。虽然芬兰在人种和语言上与瑞典、丹麦、挪威三国不同,但芬兰在历史发展上与斯堪的纳维亚有着密切的联系,深受斯堪的纳维亚文化的影响。1154年,瑞典国王埃里克九世将基督教带入芬兰之后,瑞典就成为芬兰的宗主国,1581 年芬兰正式成为瑞典的一个公国。在此后的 700 年间,芬兰的政治、经济、文化深受瑞典影响。瑞典语曾经与芬兰语同为芬兰的官方语言,在今天的芬兰,仍有 6% 的瑞典族人口,许多芬兰族人能够同时熟练使用芬兰语和瑞典语。所以,无论是在地理层面还是文化层面,芬兰都被当作斯堪的纳维亚国家的一员,《大英百科全书》就将芬兰纳入斯堪的纳维亚的范围。[2]本书研究的斯堪的纳维亚地区的俄苏研究就是瑞典、芬兰、挪威、丹麦四国的俄苏研究发展状况。

相对于美国、英国、日本、法国,无论在体量还是全球影响力方面,斯堪的纳维亚国家都是小国,在俄苏研究的规模、力量、传统上也相应地弱于上述国家。然而,鉴于斯堪的纳维亚国家与俄罗斯悠久的历史联系,以及一衣带水的地缘结构,相对于西方大国俄苏研究的全球视角,斯堪的纳维亚地区的关注面有限,但研究更为深入,观点也较为均衡。

第一节　斯堪的纳维亚国家与俄罗斯的历史联系

斯堪的纳维亚地区作为欧洲大陆的延展,地处北欧,与俄罗斯近在咫尺:挪威、芬兰与俄罗斯接壤,瑞典、丹麦与俄罗斯隔海相望。相较于英国和欧洲大陆国家,斯堪的纳维亚国家与俄罗斯的历史联系更为久远,更为独特。

斯堪的纳维亚国家与俄罗斯的联系最早可以追溯到罗斯国家的起源时期。关于罗斯国家的起源,史学界一直存有争论,当前比较为学界和国际社会所接受的是"诺曼说",即古罗斯国家是由瓦良格人(Варяги)建立的,而瓦良格人正是东斯拉夫人对公元 8 世纪至 10 世纪出现在东欧平原诺曼人的称呼。根据古罗斯编年史《往年纪事》,古斯拉夫人从多瑙河流域迁徙至第聂伯河流域,部落之间相互攻伐不断。9

世纪中期,部落首领们希望邀请一个有能力、秉公办事的王公来管理他们,经过商讨,最后他们决定去找瓦良格人,即居住在斯堪的纳维亚地区的诺曼人。瓦良格部落首领留里克三兄弟接受了邀请,来到斯拉夫人居住的土地上统治他们,建立了俄罗斯人历史上第一个国家——留里克王朝。[3]

支持反"诺曼说"的人认为,《往年纪事》中关于邀请留里克兄弟来统治斯拉夫人的章节是编造的。但是从时间上来看,9世纪中期正是维京海盗侵扰欧洲沿海的时代。Vikingr源于古北欧语,意为在海湾从事某事的人,后被用于指代北欧海盗。8世纪中后期,北欧海盗开始侵袭欧洲大陆和英伦三岛的海岸,在此后200年间,逐渐控制了波罗的海沿岸,其中一支顺内河向上征服俄罗斯,到达基辅,他们通过武力征服迫使斯拉夫部落向自己缴纳贡赋。维京人每年在固定时间沿河流收取贡赋,然后将贡赋运到君士坦丁堡进行贸易。随着贸易的发展,基辅、诺夫哥罗德等城市发展起来,形成了一个由贸易维系的、松散的城邦国家。[4]所以《往年纪事》中关于瓦良格人受邀请统治斯拉夫人有可能是胜利者对征服的美化。曹维安教授与齐嘉通过对大量资料的比对,从罗斯的词源、考古、斯拉夫人最初的社会组织形式论证了"诺曼说"的可信性,同样主张在贸易发展以及瓦良格人外部动力的合力作用下形成了最早的罗斯国家。[5]所以,贸易成为了这一阶段斯堪的纳维亚国家与俄罗斯的主要联系形式。

俄罗斯进入帝国时代后,战争成为了斯堪的纳维亚国家与俄罗斯联系的主要形式。1561年至1908年间,瑞典与俄罗斯为了争夺波罗的海及周边地区的霸权,进行了多次战争,规模较大的就有8次(丹麦和挪威要么作为联合王国,要么作为瑞典的一部分,被牵涉进瑞俄战争之中),其中最重要的是北方大战和1809年瑞俄战争。这些战争对于俄罗斯和斯堪的纳维亚国家的历史进程均产生了至关重要的影响。瑞典参加了"三十年战争",一跃成为欧洲大国,称霸波罗的海。1700年,彼得一世为在波罗的海获得出海口,与瑞典进行了"北方大战",最终,沙俄帝国成功夺取波罗的海出海口并确立了在该地区的霸权,而瑞典从此退出了欧洲强国的行列。1809年,沙俄帝国军队直逼斯德哥尔摩,迫使瑞典主动议和,双方签订《腓特烈港和约》,瑞典将芬兰和奥兰群岛割让给沙俄帝国。自此,至 1917 年,芬兰成为沙俄帝国的一个自治公国,被并入帝国版图之内。自 1809 年起,芬兰与俄罗斯在一定程度上拥有共同的历史。因此,芬兰与俄罗斯之间具有独特和深层次的历史、文化联系。

芬兰被并入沙俄帝国时期,有很多芬兰人在沙俄帝国军队中担任高级指挥官,有 400 人曾经担任帝国陆军或者海军上将。其中最著名的就是卡斯米尔·恩鲁特(Casimir Ehnroot),担任过阿拉斯加总督。因此,芬兰 19 世纪重要历史人物的传记离不开俄罗斯。彼得一世在"充满敌意的土地上"建立了圣彼得堡,因为那里是芬兰人世代居住的地方,芬兰人是圣彼得堡城市中继德国人后第二大少数民族。实际上,圣彼得堡是 19 世纪除赫尔辛基外,拥有芬兰人最多的城市,大约有 25 000 人。

1917 年,十月革命后,芬兰独立。1918 年芬兰爆发内战,白军胜利,一大部分被打败的红军投奔苏联,芬兰——卡累利阿苏维埃社会主义共和国建立。随后,很多芬兰共产主义领导者回到国内,其中就有坡伊卡·托米尔(Poika Tuominen),他于 20 世纪 30 年代进入共产国际的领导层,50 年代发表了一系列作品,描述芬兰从事地下工作以及生活在苏联的共产主义者的情况。三位芬兰总统都曾经在俄罗斯生活:芬兰第三任总统坡尔·斯文哈弗沃德(Per Svinhufvud)曾经因为政治原因被流放至西伯利亚;第六任总统曼纳海姆(Mannerheim)在帝国军队中服役,并成为帝国将军;第七任总统 J.K.巴锡基维(J.K.Paasikivi)学生时代在诺夫哥罗德学习;他们对于俄罗斯的认识是芬兰政治史的一部分。反过来,很多俄罗斯政治家与芬兰也有密切的联系。比如列宁在十月革命之前曾在芬兰 7 个不同的地方躲藏。"苏联时期,芬兰与苏联在政治利益上有很多的共同点。"[6]

"正是因为芬兰与俄罗斯这种紧密的联系,也可以部分的解释为什么芬兰人没有必要将关于俄罗斯和东欧的知识像西方那样抽象化。"[7]在一定程度上,帝国历史也成为了芬兰历史的一部分。

第二节　冷战时期斯堪的纳维亚地区的俄苏研究

尽管斯堪的纳维亚国家与俄罗斯有着悠久并且密切的联系,但是该地区规范性的俄苏研究直到第二次世界大战后才逐渐出现。近代以来欧洲大陆政治围绕着英国、法国、德国、俄国、奥匈帝国五国争霸展开。丹麦-挪威王国在拿破仑战争时期被英国击败,瑞典在北方大战中被沙俄帝国击败,斯堪的纳维亚国家相继退出了欧洲大陆政治的中心舞台,开始了漫长的中立主义政策时代,专注于国内发展和维护自身安全。第二次世界大战后,该地区俄苏研究的发展主要经历了两个阶段:冷战时期与后冷战时期。这种阶段性发展与全球权力结构变化,与该地区地缘位置、外交传统和利益诉求息息相关。

冷战时期,在"冷和平"的大背景下,美国、英国的俄苏研究出现了长达40年的黄金发展时期,这与大国的全球战略需要直接相关。在这一时期,斯堪的纳维亚地区从事俄苏研究的机构也逐渐形成,但在研究力量、议题涵盖面和投入方面与美、英有较大差距。在研究机构的组成方面,美国和英国的俄苏研究学术型机构稳步增长,与政策型研究机构齐头并进,而斯堪的纳维亚地区的俄苏研究主要集中在政府主导的政策型研究机构,学术型研究相对薄弱;在研究议题上,美英的俄苏研究涵盖面广,重视政治、经济、外交、意识形态、历史方面的深入研究,而斯堪的纳维亚地区冷战时期俄苏研究的议题主要集中在苏联的武器装备与军力变化、外交政策和语言文化方面。

在第二次世界大战期间,虽然斯堪的纳维亚国家严守中立,但丹麦和挪威仍被纳粹德国侵占。芬兰虽然保住了国家独立,但被迫与苏联签订和约,割让领土。只有瑞典得益于中立政策,未遭到军事入侵,并且在战争期间分别与苏、德保持了贸易关系。第二次世界大战中的经历以及战后的国际格局令斯堪的纳维亚地区在冷战期间形成了一种多样性的安全结构。

第二次世界大战结束之初,瑞典、丹麦、挪威三国寄希望于美苏平衡,以维持国际和平,因此三国努力充当西方国家与苏联之间的"桥梁"。尽管美苏对抗的局面已经形成,但三国仍希望继续在美苏之间保持中立。1948年捷克斯洛伐克的"二月事件"令三国意识到,苏联已经成为它们的主要威胁,处于冷战"锋线"的瑞典、丹麦、挪威需要重新定位自身的安全战略。1948年5月末,瑞典提出"北欧防务联盟"的建议,希望北欧国家组成一个区域性防务联盟,在美苏两大集团之间继续保持中立。此建议因三国的战略目标存在分歧以及美国的压力没有成功。在第二次世界大战中因中立政策获益的瑞典希望三国组成一个独立的防务联盟，在斯堪的纳维亚地区推行中立主义，不想因为加入西方国家集团（后来的北约）而引起苏联的过激反应，同时保持自身的行动自由。而挪威认为三国的力量不足以维护三国安全，希望防务联盟与美国建立联系，以获得必要的军售；同时挪威在历史上曾长期处于瑞典的控制之下，担心中立性的防务联盟会让瑞典获得过多的权力而损害自身的利益。所以挪威在加入西方集团还是建立北欧防务联盟的问题上举棋不定。丹麦处于战略要冲，对西方国家集团的御攻性能力不确定，所以相对而言，丹麦对中立的北欧防务同盟更感兴趣。

1948 年，为了遏制苏联势力在欧洲的扩张，增强欧洲国家防御苏联的信心，美国计划建立北大西洋共同防务机制。鉴于瑞典、丹麦、挪威重要的战略位置，美国力求吸收三国加入北大西洋公约组织（以下称北约），防止三国在苏联的压力下屈服。北欧防务联盟谈判之时，美国向瑞典施压，反对其中立政策，同时加强对挪威和丹麦的引导，甚至以不向三国出售武器相威胁，令本就基础薄弱的北欧防务联盟计划最终落空。丹麦、挪威加入北约，而瑞典坚持武装中立，引起美国的不满。

1948 年 4 月，在"续战"中战败的芬兰被迫与苏联签订《苏芬友好合作互助条约》，在保有民主制度和市场经济体制的前提下，失去了部分独立性——芬兰对国内媒体涉及苏联的内容进行审查，未经苏联允许不得加入任何的国际性联盟，支持苏联的国际政策，如发生欧洲战争要站在苏联一边。

处于美苏集团对峙"前哨阵地"的斯堪的纳维亚地区的安全结构呈现出多样性的特点，但这种多样性却形成了一种微妙的地区平衡格局，主要得益于斯堪的纳维亚国家的中立主义战略和彼此之间的外交默契。挪威和丹麦虽然加入了北约，但其目的不是针对苏联，而是为了维护自身安全，是防御性的策略。所以挪威和丹麦在冷战时期不允许北约在它们的国家领土内建立军事基地，不参与针对苏联的军事演习，积极发展与苏联的外交关系。瑞典的武装中立政策在美苏之间取得了平衡,既可以从美国进口武器,又可以避免苏联因为担忧波罗的海局势而威胁芬兰安全,使瑞典失去缓冲区。虽然斯堪的纳维亚国家的战略选择有所不同,但战略目标是一致的,即避免刺激苏联,实现"自保"。这种战略也反映在斯堪的纳维亚地区的俄苏研究上。

首先,在冷战期间,斯堪的纳维亚地区的俄苏研究主要集中在政府主导的政策型研究机构,特别是与军事有关的研究机构上。[8]

如表1.1所示,在冷战时期从事与俄苏有关问题研究的10个研究机构中,有6个是政府的政策型研究机构,其研究议题以苏联的武器装备、军事战略以及外交政策为主,研究的主要目标在于向政府提供关于苏联军力和外交政策变化的详细分析,作为政府决策的必要参考。

表 1.1　斯堪的纳维亚地区冷战时期主要的俄苏研究机构

时 间	机 构	国 家	类 型
1938 年	瑞典国际问题研究所	瑞典	政策型
1945 年	瑞典国防研究中心	瑞典	政策型
1946 年	挪威国防研究所	挪威	政策型
1959 年	挪威国际事务研究所	挪威	政策型
1959 年	奥斯陆和平研究所	挪威	学术型
1961 年	芬兰国际事务研究所	芬兰	政策型
1964 年	乌普萨拉大学东欧研究所	瑞典	学术型
1966 年	斯德哥尔摩国际和平研究所	瑞典	学术型
1983 年	南森研究所	挪威	学术型
1985 年	丹麦国际和平研究所(2003 年被拆分并入国际问题研究所)	丹麦	政策型

资料来源:作者自制。

其次,学术性研究力量相对较弱。冷战时期,斯堪的纳维亚地区专门从事俄苏研究的学术型结构只有乌普萨拉大学的东欧研究所,主要从经济学角度对苏联和东欧国家进行学术性研究。值得注意的是,从事和平学研究的和平研究所也在俄苏研究中发挥了一定的作用。第二次世界大战后,美苏对抗引发的核军备竞赛和战争威胁在普通民众中造成了恐慌,激起了美国民间对于实现和平途径和方法的讨论热潮,并逐渐走向了有组织的学术性发展。和平学研究的主要目标是消除战争威胁,因而战争发生的原因、结构和停止战争的途径成为最初的研究重点。很快,和平研究的思潮进入欧洲,被斯堪的纳维亚国家的学者接受,特别是在挪威和瑞典"生根发芽"。处于冷战"锋线"的斯堪的纳维亚国家对于战争,特别是核战争的威胁感受更为真切,对于和平的渴求更为强烈,因而和平学研究很快吸引了大批学者加入。随着研究的深入和拓展,斯堪的纳维亚地区的国际和平学研究逐步系统化、理论化。1959 年,挪威奥斯陆国际和平研究所的建立及其专业学术期刊《和平研究》杂志的出版,被公认为国际和平学成为系统理论学科的标志。国际和平学研究的内容和重点与国际政治、经济的发展变化密切相关。冷战早期的和平研究者,特别注重对国际冲突与战争根源的探讨。冷战对抗中的超级大国——苏联——自然也成为斯堪的纳维亚地区国际和平学研究的重要对象,研究领域集中于苏联的军事技术发展、核武器以及对第三世界国家的军售等问题。南森研究所是一所以北极地区为研究对象的学术型研究机构,最初以自然科学为主,在发展的过程中,研究议题开始涉及北极地区合作、相关国家北极战略等社会科学研究的扩展领域。

斯堪的纳维亚地区冷战时期的俄苏学术性研究较弱的另一个表现是研究议题的分布。如图 1.1 所示,冷战时期斯堪的纳维亚地区俄苏研究主要集中在语言文化领域,对俄罗斯古代史的研究也占有一定地位,但涉及苏联政治、经济、社会发展的研究成果很少。根据笔者的统计(见图 1.2),斯堪的纳维亚地区冷战时期俄苏研究内容并未出现结构性变化,出现这种情况的原因可能有三:第一,因为冷战时期苏联对国内信息进行封锁,很难获得可靠的第一手研究资料;第二,有关苏联政治经济体制、外交政策、军事信息的分析和研究主要是由政府研究机构进行的,成果多以内部报告的形式作出,未能公开出版;第三,学术性研究的主要载体为斯堪的纳维亚地区大学内的俄语系,所以关于俄罗斯语言文化的研究成果较为丰硕;而对于其他领域的研究多出于学者的个人兴趣,所以研究呈现出较大的分散性特点。

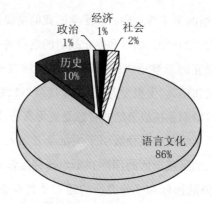

资料来源:作者根据斯堪的纳维亚地区斯拉夫研究期刊《斯堪的纳维亚——斯拉夫》(*Scando-Slavica*)在 1954 年至 1991 年发表的文章自制,http://foreninger.uio.no/nsf/scsl/。

图 1.1　冷战时期斯堪的纳维亚地区俄苏学术研究议题分布

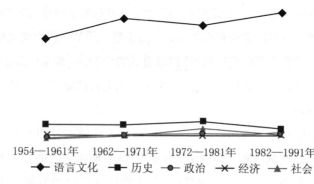

资料来源:作者根据《斯堪的纳维亚——斯拉夫》(*Scando-Slavica*)杂志在 1954 年至 1991 年发表的文章自制,http://foreninger.uio.no/nsf/scsl/。

图 1.2　冷战时期斯堪的纳维亚地区俄苏研究内容变化趋势

第三节　冷战后斯堪的纳维亚地区俄苏研究的新发展

20 世纪 80 年代末,苏联开始走向终结。戈尔巴乔夫改革并没有挽救苏联衰亡的势头,反而令一个超级大国未经历一枪一炮突然分崩离析。苏联解体不仅改变了冷战时期的全球权力格局,其影响至今仍然在发挥作用。对于斯堪的纳维亚国家来说,苏联解体及其导致的国际格局变化直接影响了自身的安全环境,其战略目标和利益诉求也随之发生改变,而这些改变又作用于俄苏研究的发展。第一,冷战时期"选边站"的背景已经消除,有利于斯堪的纳维亚国家与俄罗斯进行更为深入的交往;第二,地理位置的接近,必然引发斯堪的纳维亚国家对于俄罗斯转型过程以及未来走向的关心,因而对于俄罗斯政治、经济、外交政策了解的需要增加;第三,斯堪的纳维亚国家制造业发达,属出口导向型经济,俄罗斯市场经济改革带来的市场开放对斯堪的纳维亚国家来说意味着巨大的商机。

综合来看,斯堪的纳维亚地区冷战后俄苏研究的快速发展主要体现在四个方面:第一,学术型研究机构大幅度增加,如斯德哥尔摩经济学院在 20 世纪 90 年代早期建立了东欧经济研究所,随后更名为斯德哥尔摩转型经济研究所(Stockholm Institute of Transition Economies),赫尔辛基大学建立亚历山大研究中心,许多未能建立专门性研究机构的大学,也纷纷设立与俄罗斯有关的研究项目[9];第二,针对俄罗斯、东欧、波罗的海地区的研究生教育投入加大,如在 2000 年,南斯德哥尔摩索德托恩大学建立了波罗的海与东欧研究生院,学习俄罗斯、东欧、波罗的海国家政治、历史、文化史和语言的研究生数量有所增加;第三,俄苏研究内容出现结构性变化,关于俄罗斯经济、政治、能源、北极等领域的研究成果明显增加;第四,斯堪的纳维亚地区俄苏研究的组织性有所增强,瑞典-俄罗斯、中东欧、中亚研究学会及芬兰-俄罗斯与东欧研究协会相继成立。

一、学术型俄苏研究机构数量以及投入增加

苏联的解体改变了整个国际格局,从而令斯堪的纳维亚国家摆脱了处于"冷战锋线"的安全困境,俄罗斯对于自身的安全威胁大大降低。斯堪的纳维亚国家对俄罗斯的关注重点也逐渐从安全扩展至其他与自身密切相关的领域:俄罗斯市场经济改革;与斯堪的纳维亚地区临近的俄罗斯北部地区是否会因为转型而产生社会动荡,影响斯堪的纳维亚地区的稳定;俄罗斯在转型过程中对欧盟以及波罗的海地区的外交战略和政策;俄罗斯的能源政策走向;俄罗斯在北极地区的战略。这些关

注点促使斯堪的纳维亚国家对于俄罗斯转型过程进行密切关注和详细研究,从而催生了学术型俄苏研究机构和相关人才培养的增长。

如表 1.2 所示,自戈尔巴乔夫改革以来,特别是苏联解体后,斯堪的纳维亚地区的学术型俄苏研究机构迅速增长,表现出两个特征。首先,新成立的研究机构在研究侧重点上特点鲜明,例如斯德哥尔摩经济学院转型经济研究所,从名称上就可以看出这所研究机构专注包括俄罗斯在内的前社会主义国家市场经济改革进程。斯德哥尔摩经济学院是一所以经济学教育和经济理论研究为重点的专科学校,该学院经济学领域各分支学科设置完备,研究人员数量和结构具有一定的优势。曾经参与俄罗斯第一阶段市场经济改革外国顾问团队的安德斯·奥斯隆德(Anders Åslund)就是转型经济研究所的创立者。斯德哥尔摩经济学院积极帮助前苏东国家建立独立的经济政策、问题研究机构,推

表 1.2　斯堪的纳维亚地区 20 世纪 80 年代末后新出现的俄苏研究机构

时　间	机　　构	国家	类　型
1987 年	图库大学泛欧洲研究所	芬兰	学术型
1988 年	拉普兰大学北极中心	芬兰	学术型
1989 年	斯德哥尔摩经济学院转型经济研究所	瑞典	学术型
1991 年	芬兰银行转型经济体研究所	芬兰	政策型
1993 年	芬兰国防大学	芬兰	政策型
20 世纪 90 年代	坦佩雷大学	芬兰	学术型
1996 年	赫尔辛基大学亚历山大研究所	芬兰	学术型
1997 年(20 世纪)	瑞典国家国防学院	瑞典	政策型
1998 年	阿尔托大学市场转型研究中心	芬兰	学术型
2000 年	索德托恩大学波罗的海与东欧研究生院	瑞典	学术型
2002 年	丹麦国际问题研究所	丹麦	政策型
2004 年	哥本哈根大学跨文化与地区研究系	丹麦	学术型
2006 年	南丹麦大学冷战研究中心	丹麦	学术型
2008—2012 年	北极地缘政治研究项目	挪威	政策型
2010 年	乌普萨拉大学俄罗斯与欧亚研究中心	瑞典	学术型
2011 年	奥尔堡大学文化创新与北极研究中心	丹麦	学术型

资料来源:作者自制。

动计划经济体制向市场经济体制转型的研究,这令斯德哥尔摩经济学院形成了一个国际研究网络,为进行田野调查和实地研究提供了坚实的基础。

其次,学术型研究机构的快速增长在一定程度上源于政府的推动,面对俄罗斯以及原苏东地区复杂的社会和商业部门变化,政府希望促进学术性研究为国家决策提供更为准确、系统的信息基础。比较有代表性的如乌普萨拉大学的俄罗斯与欧亚研究中心和芬兰赫尔辛基大学的亚历山大研究中心。2010 年 1 月,作为瑞典政府"加强政治上重要区域研究"战略的一部分,乌普萨拉大学欧亚研究所(原东欧研究所)与乌普萨拉大学和平、民主、公正论坛(Forum on Peace, Democracy and Justice)整合为俄罗斯与欧亚研究中心(Centre for Russian and Eurasian Studies),为国家决策提供重要的智力支持。亚历山大研究所是芬兰国内规模最大的、实力最强的俄罗斯-东欧研究机构,虽然隶属于赫尔辛基大学,但亚历山大研究所实际上是由政府推动的国家性研究中心,与政府机构、企事业单位和民间团体有着密切的合作关系。

随着俄罗斯市场经济改革不断推进,俄罗斯的经济发展逐渐与国际经济体系接轨,斯堪的纳维亚国家与俄罗斯的经济关系也逐渐密切,对于熟悉俄罗斯国内状况的实用性人才的需求量也随之增加,促进了相关人才的培养。例如,索德托恩大学是瑞典政府于 1996 年建立的综合性大学,2000 年将冷战后新独立的波罗的海国家和其他欧洲国家的变化、发展作为自己的重点研究方向,并建立了波罗的海与东欧研究生院。波罗的海与东欧研究生院已经成为波罗的海国家以外,世界上关注该领域发展最大的研究生培养基地。东芬兰大学于 2011 年成立了维拉俄罗斯边境研究中心,开设了多门与俄罗斯发展相关的培养课程。

此外,冷战时期的相关研究机构也根据情势的变化,逐步作出调整。例如,瑞典国防研究中心 2001 年与瑞典航空研究所合并为国防研究局,仍隶属于国防部,但研究领域扩展至武器装备、危机管控、安全政策、信息处理与安全等方面;2006 年,Paasikivi 协会[10]外交政策研究基金会将芬兰国际事务研究所的管理权让渡给芬兰议会,并对研究所进行了改组,主要研究方向也从芬兰外交政策、国际关系理论和国际外交政策转变为国际关系和欧盟事务,以便更好地为国家决策提供学术性研究基础。

尽管学术型研究机构迅速增长,但多数仍处于初创阶段,研究力量相对薄弱,研究的系统性稍显不足,政策型研究机构仍发挥主导性作用。总体而言,斯堪的纳维亚国家从政府到学界,对于俄罗斯以及后苏联空间的关注度明显上升,研究投入也明显增加。近年来,斯堪的纳维亚地区俄苏研究学界内部,以及学界与官员之间交流沟通逐渐增强,一个重要表现是芬兰和瑞典分别于1989年和1997年成立了"芬兰-俄罗斯与东欧研究协会"和"瑞典-俄罗斯、中东欧、中亚研究协会",在推动对俄罗斯、中东欧和中亚国家了解的同时,搭建了一个国内外研究学者、官员、记者等专业人士之间的交流和沟通平台。在已经完成的美国、英国、日本的俄苏研究中,可以较为清晰地看出这些国家的俄苏研究有着自己的学术圈和交流机制,或可称为学术共同体,如日本密集、严谨的学会组织结构,即日本-俄罗斯·东欧研究联络协议会(JCREES)与下设的6个斯拉夫研究团体。斯堪的纳维亚地区的俄苏研究学界也正在通过机制化建设,朝着建设学术共同体方向迈进。

二、俄苏研究议题的扩展与丰富

随着斯堪的纳维亚国家对于俄罗斯关注点的增加,以及俄苏研究、培养机构的迅速增加,研究议题也随之扩展、丰富。对于俄罗斯政治、经济、社会发展、能源、北极战略、政策变化的研究在冷战后迅速增长。

世界中东欧研究理事会是当今世界上最重要的斯拉夫研究组织,其发起和组织的世界斯拉夫大会是俄苏研究领域最大的交流、沟通平台,每次大会都云集各个国家的斯拉夫研究学者。2010年世界斯拉夫大会由瑞典-俄罗斯、中东欧、中亚研究学会承办,因为参会学者的餐饮、住宿、交通需自费,斯堪的纳维亚地区俄苏研究学者参与本次大会较为便捷,所以参会学者人数众多,他们提交的会议论文从侧面也能够反映该地区俄苏研究的发展现状。斯堪的纳维亚地区参会学者总数达到 268 人,其中提交与俄罗斯相关会议论文的学者有 127 人。笔者按照政治、经济、外交、社会、历史、文化等主题对斯堪的纳维亚地区学者提交的论文进行分类(见图 1.3)。

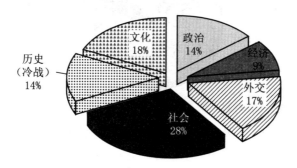

资料来源:作者根据 2010 年《世界斯拉夫大会会议手册》自制。

**图 1.3　2010 年世界斯拉夫大会斯堪的
纳维亚地区学者参会论文的议题分布**

从图 1.3 可以看出,与冷战时期的学术性俄苏研究比较,语言文化和历史研究的传统得以保持外,对于俄罗斯政治、经济、外交、社会发展的关注度明显增加。笔者在对参加 2010 年斯拉夫大会提交与俄苏研究相关会议论文的斯堪的纳维亚地区学者的梳理中,发现了一个有趣的情况:多数学者的研究领域并不固定在俄罗斯的国别研究,其研究成果可能还包括非洲、拉丁美洲、欧洲等地区或者国别;换句话说,他们并不是以国别为研究基础,而是以学科背景作为研究基础,比如研究能源经济的学者,他的成果中既包括俄罗斯能源企业发展,又包括中国、印度的能源战略,还包括中东、拉美、非洲地区的能源经济发展。

因为斯堪的纳维亚地区和国家缺乏美国、英国、日本对于俄苏研究的系统性总结,笔者为了更好地反映冷战后斯堪的纳维亚地区俄苏研究的新发展,对该地区 28 个从事与俄罗斯有关研究的院所、大学的冷战后俄苏研究成果进行了收集,共获得包括专著、研究项目报告、学术论文、研究简报、会议论文在内的 548 个样本(英文),并按照政治、经济、外交、历史、能源、北极等主题进行了分类、统计(见图 1.4、图 1.5、图 1.6、图 1.7、图 1.8)。

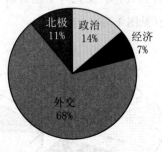

资料来源:作者自制。

图 1.4 丹麦各研究议题比例分布

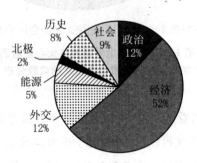

资料来源:作者自制。

图 1.5 芬兰各研究议题比例分布

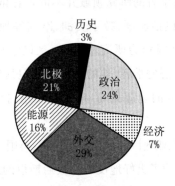

资料来源:作者自制。

图 1.6 挪威各研究议题比例分布

24

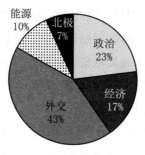

资料来源：作者自制。

图 1.7　瑞典各研究议题比例分布

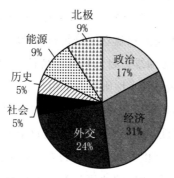

资料来源：作者自制。

图 1.8　斯堪的纳维亚地区研究议题比例分布

首先，从丹麦、芬兰、挪威、瑞典四国的统计结果来看，虽然各国在议题的涵盖面以及相应议题所占比例上有所差异，但从四国研究议题排序上可以看出，俄罗斯的经济、外交、政治、能源、北极问题均是研究的重点领域。从整个地区的综合统计来看，俄罗斯经济研究成果占总数的 31％，位居第一。这主要是因为前苏联加盟共和国摆脱了过去的计划经济体制，向市场经济体制转型，打开国门融入世界经济体系，其巨大的市场与商业潜力对斯堪的纳维亚国家非常具有吸引力。[11] 外交和政治的研究成果总量分列第 2、第 3 位，这是因为尽管军事对抗结束了，但是俄罗斯转型可能会造成社会的无序和混乱，难民问题、民族矛盾、经济动荡等可能会波及斯堪的纳维亚地区。因而关注俄罗斯国内政治走向，以及俄罗斯与其他前苏联加盟共和国，特别是与波罗的海国家的关系及其战略在该地区的俄苏研究中成为重要方面。

其次,冷战后,政策型研究机构仍在斯堪的纳维亚地区的俄苏研究中发挥重要作用,如丹麦国际问题研究所、瑞典国防研究所、挪威国际问题研究所,主要是因为政策型研究机构在资金支持和研究力量上更具优势。政策型研究机构通常都是由政府或者议会设立的,因此主要的行政和项目资金由政府部门提供。

政策型研究机构在研究力量的组织上不单单依靠自身的研究人员,还尝试与大学学者建立合作关系,大学学者或为政策型研究机构的兼职研究员,或通过项目为政策型研究机构提供专业服务。但是学者为了决策咨询撰写的间断的政策报告和短期分析实际上与决策部门所做的分析没有太大的不同。因而,瑞典学者莱纳·琼森呼吁,对决策最有力的是长期的学术研究和独立的分析,这需要消除学者与决策者之间的隔阂,学术研究必须维护自己特殊的地位。[12]这也从侧面说明,斯堪的纳维亚地区的俄苏学术性研究力量相对于政策性研究,仍然较弱。

值得注意的是,培养了解俄罗斯的实用性人才的热潮在后冷战时期也开始出现,针对俄罗斯的应用型研究也逐渐增多。例如,芬兰图库大学的泛欧洲研究所在俄罗斯经济发展方面非常注重培养的实用性,主要关注的是:第一,俄罗斯的地区与商业中心,为外国投资者和公司提供相关信息;第二,俄罗斯企业的国际商业行为,主要针对的是在芬兰的俄罗斯公司,以及其对于芬兰商业的影响。泛欧洲研究所除了与芬兰国家科学院、国家部委、国家议会、总理办公厅保持密切关系外,还与众多企业和商业机构拥有合作关系。

最后,斯堪的纳维亚国家的政治决策者与大多数其他国家的政治决策者相似,越来越倾向要求研究的直接应用性,他们强烈地感觉到需要更加专业的知识和分析。[13]因此,冷战后斯堪的纳维亚地区俄苏研究的另一个特点是实用性较强,主要表现在三个方面。首先,与斯堪的纳维亚国家密切相关的领域——能源、北极的研究迅速增长。俄罗斯作为欧洲能源的主要供应者,与斯堪的纳维亚地区有着密切的联系,俄罗斯的能源政策、战略对于其生产、生活有着重要影响;另外,挪威作为产油大国,与俄罗斯存在竞争关系,对于俄罗斯的能源政策走向以及能源企业发展格外关注。其次,斯堪的纳维亚国家与俄罗斯同为北极地区国家,在北极地区划界、资源开发、环境保护等方面既有共同利益,又存

在差异。冷战后,斯堪的纳维亚地区北极研究的重要研究对象就是俄
罗斯,以期了解俄罗斯的战略意图和利益偏好,推动斯堪的纳维亚国家
与俄罗斯在北极地区的国际合作。最后,面对俄罗斯转型可能带来的
经济机会,斯堪的纳维亚地区的学者不仅关注俄罗斯转型过程中的宏
观经济政策,而且注重对各产业的发展状况、银行金融市场的变化、劳
动力资源、投资环境、俄罗斯地区层面的经济发展特征的分析,甚至细
微到俄罗斯企业的组织模式、行为方式。

笔者认为,斯堪的纳维亚地区俄苏研究在冷战后出现的机构、人
员、投入增长,包括俄苏研究实用性等特点,与冷战后斯堪的纳维亚国
家的战略选择具有密切的联系。苏联解体后,芬兰利用解体后俄罗斯
国内转型期的混乱,迅速实现防务独立化,并加入欧盟。德国的重新统
一令挪威与丹麦感受到威胁,加之挪威与俄罗斯在巴伦支海、北极地区
的领土争端,令它们在安全上与美国的合作更密切。两极格局的崩溃,
令瑞典在冷战时期利用超然地位"左右逢源"来发挥影响力的策略失去
了基础,应经济发展的需求,瑞典逐渐改变了过去"武装中立"的外交政
策,加入欧盟,希望在欧盟框架内继续发挥影响力。所以,斯堪的纳维
亚地区缺乏美国、英国式的大战略考量,这与其国家体量和战略利益范
围直接相关,政策导向的驱动力是对自身安全和利益的维护。

第四节　冷战后斯堪的纳维亚地区俄苏研究框架

冷战时期,斯堪的纳维亚地区的俄苏研究是在苏联和原苏东集团
框架下展开的。在原苏东集团瓦解、苏联解体后,欧洲的政治和地缘格
局出现了巨大的变化:中东欧国家和一些前苏联加盟共和国相继加入
欧盟和北约,中亚国家获得独立。因而斯堪的纳维亚学者认为原有的
研究框架已经不适用新的情况了。他们认为亟须重新界定俄罗斯东欧
研究框架,从而在新情况下进行有针对性的和有效的研究。

对于斯堪的纳维亚地区的学者们来说,冷战时期的俄罗斯与东
欧研究属于地区研究。这些研究不是简单的按照地域来界定的,因
为这个领域的研究既包括斯拉夫国家又包括非斯拉夫国家,实际上
是那些在政治上属于原苏东集团的国家。在原苏东集团瓦解之后,

东欧研究领域主要针对的是拥有相似经验的前苏联加盟共和国。该地区学者们认为今天斯堪的纳维亚地区乃至整个俄罗斯、东欧研究正处于十字路口，要么回归到纯粹的斯拉夫研究，要么根据地域进行重新界定。[14]

斯堪的纳维亚地区的学者认为，俄罗斯、中东欧研究领域的重点需要转变，因为一些中东欧国家在苏联解体后相继成为欧盟和北约成员，应该在欧盟和北约扩展的框架下对这些国家进行研究。斯拉夫国家语言和历史研究的学者仍然属于俄罗斯中东欧研究领域，但研究中东欧国家的经济和政治学家因为这些国家政治和经济背景的改变，退出俄罗斯、中东欧研究领域。所以俄罗斯、中东欧研究所涉及的国家是那些未加入欧盟和北约的国家。莱娜·琼森认为，俄罗斯、东欧研究领域必须做出选择，要么集中于纯粹的斯拉夫研究，主要由语言学家和历史学家承担，要么更加集中于欧亚区域的东斯拉夫国家和非斯拉夫国家。莱娜·琼森支持后一种选择，并且主张应当予以高加索和中亚区域更多地关注，"因此，我们的研究领域应该被界定为俄罗斯、东欧和欧亚研究"[15]。

在研究路径上，斯堪的纳维亚学者认为在欧洲背景下对俄罗斯、东欧和欧亚展开研究是合逻辑的。琼森指出，苏联解体以来"欧洲"和"大欧洲"的概念已经改变了。这两个概念在当前的背景下更为宽广了，经常在欧盟扩大的背景下使用。因此，"欧洲"和"大欧洲"的概念成为了欧盟的同义词，但这只是在政治上对这些词汇临时的推测性理解。从地理和历史文化角度来看，欧洲的边界是乌拉尔山脉；从政治角度来看，欧洲的边界要向东推进很多，欧洲安全与合作委员会将所有的前苏联加盟共和国都包含其中，一直延伸到中国的边界。欧洲的概念范围要比欧盟大得多，"大欧洲"指的是按照欧洲安全与合作委员会界定的政治上的欧洲。琼森认为，随着东部国家之间的合作、欧洲组织的扩展以及欧洲国家介入高加索和中亚地区，欧洲安全与合作委员会界定的"大欧洲"的概念变得越来越适用了。她强调，2010年以来，"大欧洲"的问题变得急迫了，欧盟和北约在过去10年的承诺面临着一系列挑战：与俄罗斯、乌克兰、高加索和中亚地区进行更为广泛合作以及整合的目标实现了吗？这些承诺会令欧洲整合程度更好，还是创造了新的壁垒呢？欧洲整合的努力为欧洲与亚洲、中东国家之间更加紧密、广泛的合作铺平了道路还是在地区内造成了紧张形势呢？

从上述思考可以看出，斯堪的纳维亚地区的学者倾向于将原苏东地区分为三块，即俄罗斯、东欧、欧亚地区（高加索和中亚国家），[16] 这与冷战后世界范围内的趋势相吻合。但在研究框架方面，斯堪的纳维亚地区的学者提出了有别于美国、英国全球性研究框架的想法，即在欧洲框架下进行俄苏研究，这也形成了冷战斯堪的纳维亚地区俄苏研究中的一个重要特点——对于俄罗斯的外交战略、后苏联空间的政策、能源政策、北极战略的研究，大多是在欧洲背景下展开的。

第五节　冷战后斯堪的纳维亚地区俄苏研究特点的初判断

纵观斯堪的纳维亚地区冷战后俄苏研究的发展历程，不论机构、议题还是人才培养，都有了一定程度的进步，未来拥有更为广阔的发展空间。在统计数据的表面之下，需要提炼和注意的是该地区在俄苏研究方面的历史性特点或者说延续性特点。这些特点既是斯堪的纳维亚地区区别于美国、英国、日本、法国等大国俄苏研究的"身份标识"，也是该地区俄苏研究未来发展的基础。

特点一：斯堪的纳维亚地区的俄苏研究主要集中在中观层面。

瑞典、挪威、丹麦、芬兰四国构成的斯堪的纳维亚地区无论从体量还是影响力方面，都是国际体系中的小国，并且早在 19 世纪初就已经退出了国际政治的中心舞台。相对于美国、英国、法国、日本等大国，斯堪的纳维亚地区国家缺乏全球层面战略考虑的需要，其主要目标和利益在于维护本国和本地区的安全与稳定。这并不是说斯堪的纳维亚地区国家缺乏发挥作用的舞台，而是对其国际角色的客观描述。

在大国主导国际体系和权力格局的背景下，小国追求自身利益、发挥影响力的有效途径是国际组织。在冷战时期，斯堪的纳维亚国家，特别是瑞典和挪威以联合国为主要舞台，在维和、第三世界发展、难民等问题上发挥了重要作用。但是随着地区主义的兴起，欧洲经济一体化的良好进展，以及联合国作用的下降，瑞典、丹麦、芬兰选择加入欧盟,寻找新的舞台。挪威加入欧共体(欧盟)的过程出现反复,主要是因为挪威拥有丰富的渔业和石油资源,担心加入后,欧盟向低收入国家倾斜的政策会拉低本国国民生活水平。历史上被德国占领的惨痛记忆,使挪威加入欧共体(欧盟)最终被全民公投否决。但是挪威与欧盟建立了密切的联系,加之其北约成员国的身份,令挪威与瑞典、丹麦、芬兰在外交政策方面,主要是从欧洲角度出发进行政策考量。

上述战略考量反映在斯堪的纳维亚地区的俄苏研究中,即斯堪的纳维亚地区的俄苏研究主要集中在中观层面。在纵向上,研究的出发点集中在俄罗斯-欧洲框架下,而非全球格局框架;在横向上,研究集中在某一时段,如斯大林时期、去斯大林化时期及戈尔巴乔夫改革时期,大跨度、长历史时期的派普斯那样的"全景式"分析相对较少。

这种集中在中观层面的研究在后冷战时期主要表现在:第一,在外交层面,斯堪的纳维亚地区更加关注俄罗斯与欧盟,以及与邻国的双边的关系,特别是与波罗的海国家的关系。这不仅因为波罗的海三国与斯堪的纳维亚国家拥有密切的历史、文化联系,而且在地缘上,波罗的海国家是斯堪的纳维亚国家与俄罗斯之间的重要缓冲区,斯堪的纳维亚国家非常关注俄罗斯在该地区的影响;第二,在一定程度上,斯堪的纳维亚地区更加关注冷战后俄罗斯的能源和北极战略问题,因为该地区国家与俄罗斯存在能源竞争关系,并且与俄罗斯在北极地区划界和资源开发上存在争议;第三,在关注俄罗斯国家发展的同时,斯堪的纳维亚国家也注重俄罗斯地区,特别是与斯堪的纳维亚地区临近的俄罗斯西北部地区的政治、经济、社会发展状况。

特点二:斯堪的纳维亚地区的俄苏研究表现出一定程度的分散性特征。

对于斯堪的纳维亚地区冷战时期和后冷战时期俄苏研究机构、人员、议题的分析,反映出该地区俄苏研究相对分散的特征。冷战时期,俄苏研究主要由政策型研究机构承担,关注的重点在于苏联军事技术和军事战略的发展;而学术型研究机构的主要载体是高校中的俄语系和历史系,并没有形成研究团体或者研究规模。20世纪80年代末至20世纪90年代末,虽然学术型研究机构有所增长,对苏联解体和俄罗斯转型的关注度上升,但个人性研究仍是俄苏研究的主要形式。这与该地区高校的学科设置有关。

在斯堪的纳维亚地区大学的学科设置中,没有专门的国际关系学科以及国别研究院系设置。俄苏研究人员多是在各自学科领域内的研究上自发地对俄苏研究产生兴趣。从冷战时期的俄苏研究来看,研究人员多来自少数几所院校:隆德大学、乌普萨拉大学、哥德堡大学、奥斯陆大学、赫尔辛基大学、哥本哈根大学等。但是除乌普萨拉大学外,其他院校在冷战时期没有建立专门性的俄苏研究机构,大学内的专门性俄苏研究、培养机构多是在 20 世纪 90 年代末至 21 世纪初期建立的。因而还没有形成像美国、英国、日本那样的集人才培养、学术研究的俄苏研究群体。这与冷战时期斯堪的纳维亚国家的战略环境以及利益诉求有着一定的联系。

但这种分散性的俄苏研究情况也正逐渐发生改变。冷战后,随着战略环境的宽松,以及斯堪的纳维亚国家对于俄罗斯内政、外交发展、变化等信息越来越大的需求,四国纷纷建立专门性的俄苏研究机构和人才培养院系,即使没有建立专门机构的院校,也设立了与俄罗斯相关的研究项目。但短期内仍不能改变的个人性、分散性的整体状况。不过,这给未来斯堪的纳维亚地区的俄苏研究奠定了良好的基础。

特点三:冷战后斯堪的纳维亚地区注重对俄罗斯进行多学科研究。

冷战后,无论是政策型研究机构还是学术型研究机构,在俄苏研究中均强调以项目为导向的多学科研究,在实践中培养研究型和实务型人才,实现了以研促教、学研共长的良性发展模式,这与特点二中的学科设置直接相关。笔者对于 2010 年世界斯拉夫大会斯堪的纳维亚地区学者提交会议论文的统计,与冷战后对斯堪的纳维亚地区俄苏研究成果的综合性统计,在议题的百分比分布上并不吻合。造成这种差异的重要原因之一就是该地区学者强调俄苏研究应该更有系统地进行,保持交叉学科的合作与组织。[17] 政策型和学术型研究机构中的研究人员多有不同的学科背景,根据项目的不同,进行灵活组合,实现跨学科研究。因此,一些研究人员在项目框架下,根据自身的学科知识从事一段时间的俄苏研究,项目结束后则转向其他国别或领域的研究。

因此,斯堪的纳维亚地区的俄苏研究在一定程度上表现出分散性和流动性的特征。这不仅有利于俄苏研究的全面性、专业性,而且有助于年轻学者,甚至是研究生实际参与到俄苏研究的过程中。此外,值得注意的是,斯堪的纳维亚地区俄苏研究的开放性和国际性较高,不仅是学术型研究机构,而且政策型研究机构中都拥有外籍常规性研究人员。在很大程度上,扩展了研究视野,实现了知识、思想之间的交汇。

特点四:斯堪的纳维亚地区俄苏研究学者在研究路径和方法上呈现多元化,总体倾向于实证主义方法。

在斯堪的纳维亚地区的俄苏研究中,虽然能够感受到明显的欧洲中心主义,但相较于英国、美国的俄苏研究,其程度相对较弱,学术观点相对均衡。对于研究中体现出的欧洲中心主义,笔者认为应当客观的看待。首先,斯堪的纳维亚地区作为欧洲大陆的延伸,在精神和文化传统上与大陆国家、英国、美国系出同源,即古希腊和罗马文明,在民族和国家发展脉络上与上述国家也基本一致;其次,斯堪的纳维亚学者所接受的专业训练和传承的学术精神也与大陆国家、英国、美国具有较大的相似性。所以,在俄苏学术研究的立场上带有欧洲中心主义无可厚非,毕竟其价值观、思维方式等深层次因素影响着判断,不必过多地强调或者突出。

斯堪的纳维亚地区学术思想氛围较为开放、包容,不论是盎格鲁-撒克逊的经验主义,还是欧洲大陆的理性主义研究方法都被该地区的学者所吸收。因而在该地区俄苏研究在研究路径和方法上呈现出多元化的特征。比如,本书所重点研究的斯堪的纳维亚地区俄苏研究学者中,包括:新自由主义经济学派的奥斯隆德、苏特拉,新制度经济学派历史制度主义的赫德兰,国际关系英国学派的诺伊曼,国际关系现实主义流派的莱纳·琼森,比较政治学派的诺格德,专注于史料研究的罗森菲尔特。

纵观斯堪的纳维亚俄苏研究学者的方法论,总体均倾向实证主义,基于对事实的描述和分析,归纳、总结俄罗斯在某一领域或者某一时期的行为方式、认知特征,从而判断俄罗斯经济、社会、政治、外交的趋势或走向。他们并没有纠结于概念的辨析或者逻辑推导,而将重点放在了历史与现实的联系上。

在对斯堪的纳维亚地区俄苏研究进行分析和总结的过程中,笔者发现,不论是转型研究、外交研究,还是历史研究,斯堪的纳维亚学者们都会汇聚到一个根本性问题上,即俄罗斯是谁?它在世界中的位置是什么?这与世界上俄苏研究学者最常问的问题——俄罗斯是特殊的吗?一般性的理论是否能够适用于俄罗斯?——具有一致性,从苏联的迅速解体,到叶利钦经济、政治改革的功过是非,直至对普京政权直白的批判,都是围绕着"俄罗斯是谁"这个中心问题展开的。即使在今天,俄罗斯的内部也依然就这个问题进行争论。对于全世界的俄苏研究学者来说,它既是研究的"起点",又是所有问题得到解答的"终点"。

相较于以美国、英国为首的主要西方国家俄苏研究学者总体的反俄立场,斯堪的纳维亚俄苏研究学者的立场较为均衡,并没有出现明显的、情感上反俄的情况。斯堪的纳维亚学者认为戈尔巴乔夫属于"二十大之后成长起来的孩子",真诚地希望进行改革,延续苏联的"寿命"。虽然他在改革第三阶段变得保守,并最终导致了苏联的解体,但他们认为改革失败是因为体制内的固有矛盾,解体是苏联体制的最终命运,戈尔巴乔夫改革不过是"压死骆驼的最后一根稻草"。在对叶利钦的评价中,他们既承认叶利钦在苏联解体和俄罗斯改革成果的前段发挥的积极作用,又认为叶利钦对1993年后俄罗斯政治转型失败负有主要责任。特别是奥斯隆德,他认为叶利钦是一个悲情的革命者,在国家动乱的时候扮演了革命者的角色,将俄罗斯引上了市场经济和民主政治改革的道路;但叶利钦对杜马进行的武装打击令民主政治偏离了正常轨道。奥斯隆德强调,叶利钦只是一个革命者,当俄罗斯走向转型道路的时候,他的历史任务就已经完成,并不知道以后的道路应该如何走。

按照政治倾向和研究方法对斯堪的纳维亚地区俄苏研究学者的思想进行分析和界定,能够更直观地看出斯堪的纳维亚地区俄苏研究学者立场趋向均衡的特征。

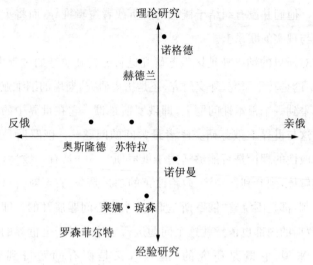

资料来源：笔者自制。

图 1.9　斯堪的纳维亚地区俄苏研究学者研究分布

　　笔者认为，斯堪的纳维亚地区俄苏研究的上述特点，与该地区研究力量分布、学科设置特征、学者专业背景息息相关，更为重要的是，与斯堪的纳维亚地区临近俄罗斯的地缘位置及其小国的属性有直接关系。上述因素决定了斯堪的纳维亚地区俄苏研究相对于美国、英国、日本，研究人员较为分散，流动性强，跨学科研究发展较为成熟；俄苏研究从本国利益和地区安全为出发点，议题集中在中观层面，更加注重研究的实用性；与美国、英国、日本相比，斯堪的纳维亚国家与俄罗斯在地缘政治权力的竞争上矛盾较小，研究观点相对更为均衡。

注释

　　1. "Hans Christian Andersen and Music"，http：//wayback-01. kb. dk/wayback/20101105080532/http：//www2. kb. dk/elib/noder/hcamusik/skandinav/index _ en. htm，最后访问时间 2012 年 9 月 10 日。

　　2. "Scandinavia"，*Encyclopædia Britannica*，http：//en. wikipedia. org/wiki/Scandinavia，最后访问时间 2011 年 3 月 2 日。

　　3. 详见［俄］拉夫连季主编：《往年纪事》，朱寰等译，北京：商务印书馆 2001 年版。

　　4. 详见 Stefan Hedlund，*Russian Path Dependence*，Taylor & Francis Group，2005，pp.26—32。

　　5. 齐嘉、曹维安：《"罗斯"名称的起源与古罗斯国家的形成》，载《历史研究》2012 年第 3 期，第 111—125 页。

6. Waldemar melanko, "A Few Remarks on Russian and East European Studies in Finland", *Slavic Eurasian Studies*, No.6, p.41.

7. Ibid., p.43.

8. Lena Jonson, "Russian and East European Studies in Sweden: New Challenges and Possibilities", *Slavic Eurasian Studies*, No.6, p.37.

9. Waldemar melanko, "A Few Remarks on Russian and East European Studies in Finland", *Slavic Eurasian Studies*, No.6, p.42.

10. Paasikivi 协会,一个为芬兰外交政策提供宣传和交流平台的论坛性组织,成立于1958 年,其目标是加强和稳定芬兰的外交政策。

11. 赫德兰教授 2011 年 3 月来访时,与作者交谈中表达的观点。

12. Lena Jonson, "Russian and East European Studies in Sweden: New Challenges and Possibilities", *Slavic Eurasian Studies*, No.6, pp.37—39.

13. Ibid., p38.

14. Lena Jonson, "Russian and East European Studies in Sweden: New Challenges and Possibilities", *Slavic Eurasian Studies*, No.6, p.37.

15. Ibid., p.38.

16. Ibid., p.39.

17. Ibid., p.39.

第二部分

冷战后斯堪的纳维亚地区的俄罗斯转型研究

第二章
新自由主义者视角下的俄罗斯资本主义"革命"

苏联解体被认为是 20 世纪地缘政治变化中最重要的事件之一。它不仅改变了第二次世界大战后形成的国际格局,而且引发了全世界学者、政治家对于社会发展模式、文明冲突、普适价值等根本性问题的思考与争论。作为这场争论中最重要的对象、对争论的走向有着重要影响的俄罗斯转型无疑受到所有人的关注。大部分的俄罗斯研究学者总是通过各种"棱镜"来解释俄罗斯发生的事情,很少有人能够深入到俄罗斯的内部去体验转型的发生和过程。而安德斯·奥斯隆德正是少数能够深入其中的人。

奥斯隆德,瑞典著名的经济学家,40 余年致力于原苏东国家,特别是俄罗斯的转型研究。在瑞典完成经济学以及俄罗斯、波兰的历史和政治学知识的学习后,奥斯隆德赴英国牛津大学攻读现代经济史博士学位,从事比较经济体系研究。他最初的想法是通过经验性研究来比较俄罗斯与波兰这两个共产主义国家,从而检查和审视共产主义的相似性。在牛津大学学习期间,奥斯隆德为了能够获得第一手的经验性材料,利用假期担任瑞典和挪威两国驻波兰港口城市——什切青(Szczecin)——的临时领事。

1984 年,时任瑞典驻莫斯科大使托尔森·奥恩(Torsten Orn)邀请奥斯隆德赴莫斯科撰写关于当时苏联经济情况的报告,使奥斯隆德有机会以瑞典使馆工作人员的身份近距离观察 1985 年至 1987 年的戈尔巴乔夫改革。随后,奥斯隆德赴美国凯南俄罗斯高级研究所访学,并在那里完成了自己的第一部著作——《戈尔巴乔夫的经济改革斗争》,系统的阐述了戈尔巴乔夫经济改革的进程,并全面分析了经济改革背后的主要行为者和政治斗争,该书受到了斯堪的纳维亚地区和美国俄苏学界的关注。访学结束后,奥斯隆德应斯德哥尔摩经济学院邀请,赴该院进行苏联和东欧经济的教学与研究工作。在奥斯隆德大力推动下,学院建立了专门从事苏联和东欧经济研究的研究所。

正是在这段时间,奥斯隆德引起了杰弗里·萨克斯和大卫·利普顿的注意,三名学者相互欣赏,并在社会主义国家转型方案的理念上取得了一致。1991年12月,奥斯隆德迎来了事业的高峰期,他与萨克斯、利普顿一起接受了叶利钦总统的邀请,作为政府顾问直接参与俄罗斯的市场经济改革。随着盖达尔和费德罗夫在1994年辞职,奥斯隆德与萨克斯也辞去了政府顾问的工作。作为对1991年11月至1994年俄罗斯经济改革进程的总结和反思,奥斯隆德从内部人的视角,完成了《俄罗斯是如何变成市场经济》一书,为从事俄罗斯转型研究的学者提供了大量素材和精彩的分析。

在担任俄罗斯政府经济改革顾问的这段时间,奥斯隆德与盖达尔、绍欣、费德罗夫、丘拜斯、彼得·阿文、谢尔盖·亚历山琴科(Sergei Aleksashenko)等俄罗斯改革者建立了友谊;并与当时俄罗斯著名的企业家、寡头古辛斯基、别列佐夫斯基等人有着一定程度的个人交往。凭着在俄罗斯政府和工商业界积攒的丰富人脉,他能够在离开顾问岗位后,继续获得大量信息,从而对俄罗斯后续的转型过程进行密切的跟踪研究。

扎实的学术功底加上深度参与经济改革的实务经验,为奥斯隆德赢得了极大的声誉。1994年,在乔治·索罗斯的引荐下,奥斯隆德为乌克兰总统列昂尼德·库奇马组织了经济改革顾问团队。顾问团队在几个月的时间内为乌克兰政府提供了大量关于自由化和公共财政改善的建议。作为政府顾问,奥斯隆德参与了乌克兰从1994年至1997年的经济转型进程。1998年,吉尔吉斯斯坦总统阿斯卡·阿卡耶夫(Askar Akaev)邀请奥斯隆德对吉尔吉斯斯坦政府的经济政策进行回顾,并提出建议。

奥斯隆德是世界上少数几个能够直接参与俄罗斯转型进程的"西方人"。相对于大多数的俄罗斯转型研究学者的理论性分析,奥斯隆德更像是个"讲故事的人",俄罗斯在后苏联时代转变的很多细节,特别是改革者与反对者之间的斗争,以及叶利钦总统在政治改革上的游移不定,由一位亲历者娓娓道来,就像是在读者面前展开了一幅波澜壮阔的画卷,显得更为生动、真切。他利用自己的专业知识,构建了严谨的逻辑和框架,以内部人的视角阐述、分析俄罗斯市场经济转型进程,总结、归纳了俄罗斯转型的经验和教训。

第一节　俄罗斯转型——一场资本主义"革命"

多数俄苏研究学者是通过间接信息,如新闻、俄罗斯国家和国际组织公布的统计数据,以及一些内部人所著的文献,来分析俄罗斯转型进程,判断俄罗斯转型结果。而作为少数几个能够直接参与俄罗斯转型进程的"外国人",奥斯隆德"更有资格来讲述这个故事……他以内部人的研究视角分析了俄罗斯是如何转变为自由市场经济的"[1]。

1990 年至 2007 年,奥斯隆德出版了 5 本个人专著,分别从 1985—1990 年,1991—1994 年,1994—1999 年,1999—2007 年四个阶段详细描述、分析了俄罗斯自由化、宏观经济稳定化、私有化、民主化四个方面的改革进程。许多俄苏研究学者将俄罗斯转型过程中出现的贫富差距拉大、生活水平下降、普遍的腐败、黑帮横行等一系列混乱归咎于"休克疗法"过于激进。但奥斯隆德的结论表明,俄罗斯进行的改革与最初的激进主义设想不同,实际上是渐进主义改革,正是因为不够激进,才导致了转型成本过高,特别是关键的民主政治改革被搁置,造成俄罗斯在普京时期重新回归了"威权统治"。所以,奥斯隆德近 20 年坚持反驳渐进主义改革支持者对于"休克疗法"和新自由主义理念的批评。笔者认为,他的目的并不是为俄罗斯转型进行辩护,而是坚定地维护激进主义改革方法和新自由主义理念的正确性。

仔细阅读奥斯隆德对俄罗斯转型的分析与反思,能体会到一名学者对于新自由主义学术理念价值的坚持。他没有陷入概念化的陷阱,而是通过对自由化、宏观经济稳定化、私有化、民主化等具体政策和进程的分析,来揭示俄罗斯转型模式的真实情况。相对于以共产主义国家转型为背景的宏观分析,以及针对某项转型政策或者某个人作用的微观分析,奥斯隆德研究的重点在于俄罗斯转型的过程,通过分析转型背后各行为体(个人或者群体)的目标、行为方式,以及它们之间的互动过程,呈现出俄罗斯是如何从激进主义改革理想落入渐进主义改革现实的。

奥斯隆德的核心观点是:

第一,俄罗斯经历了一场资本主义革命,时间是 1985 年至 2007 年;

第二,革命推翻了不能改革的苏联体制,但戈尔巴乔夫的改革无意间建立了一个巨大的寻租机器和寻租群体——国有企业经理;

第三,俄罗斯的经济转型实际上是渐进的,而不是激进的,因为受到国有企业经理、国家官僚的阻碍,改革政策既不连续,又缺乏综合性;

第四,因为激进改革政策的延迟,导致了较高的转型成本,但俄罗斯仍然建立了有效的市场经济体制;

第五,俄罗斯的资本主义革命发生了逆转,但不是在经济领域,而是在政治领域,民主改革失败,普京统治之下的俄罗斯回归到类似于沙俄时期的"威权统治";

第六,民主改革失败的直接原因是叶利钦选择了克格勃官员普京,根本原因是叶利钦和俄罗斯的改革者缺乏民主建设的理念与计划,在特殊政治时期搁置了民主政治改革;

第七,西方对俄罗斯没能执行激进的经济改革,以及民主政治改革失败负有重要责任,西方政府和国际组织没有提供足够的金融和智力援助;

第八,革命推翻旧制度后,会造成国家和制度的暂时失灵,从而出现执行激进改革的"机会之窗",这段机会期是非常短暂的,因此需要快速的制定和执行改革政策,包括经济的、政治的,一旦错过机会,反对力量将会明确自己的利益诉求,形成寻租集团和游说集团,收买政治,阻碍激进改革,不断扩大租金来源,从而形成转型的恶性路径依赖。

一、奥斯隆德的俄罗斯转型"革命"分析框架

在奥斯隆德看来,苏联解体与俄罗斯的后苏联时代转型是一个连续的过程,因为俄罗斯经历了一场革命——革命始于 1985 年 3 月 11 日,戈尔巴乔夫被选举为苏共总书记,结束时间为 2007 年,"因为普京总统的第二任期即将结束,并且成功地建立了一个威权体系"[2]。奥斯

隆德的判断建立在两个方面的基础之上:从性质上看,苏联解体与俄罗斯转型使俄罗斯发生了根本性的制度与社会变革,苏联共产党失去了统治权力,俄罗斯建立了一种具有一定民主形式的威权主义政治模式;计划经济体制彻底被自由主义的市场经济体制所取代,私有财产权得到法律的确认和意识上的尊重,私有制经济占据主导地位;马克思主义意识形态彻底消失,俄罗斯社会不再以阶级进行划分,社会群体和社会思想在后苏联时代均表现出多元化特征。

在过程的分析上,奥斯隆德吸收了毛乌(Mau)和斯塔罗杜布拉夫斯卡娅(Starodubrovskaya)关于俄罗斯革命程式化过程的结论:戈尔巴乔夫作为自由主义改革者无意间引发了革命;叶利钦作为革命的英雄不知道革命后该怎么做;普京变成了后革命时期的独裁者,像拿破仑或者斯大林,当人们对政治感到厌倦的时候,利用威权主义统治并巩固权力。奥斯隆德接受这种论断的原因在于其符合克兰·布林顿(Crane Brinton)在《革命的剖析》(*The Anatomy of Revolution*)一书中所提出的革命范式。通过对英国 17 世纪 40 年代革命、美国革命、法国大革命和俄国 1917 年革命的分析,布林顿建立了革命的步骤框架:第一步,温和者的统治;第二步,极端主义的崛起;第三步,政权的恐怖和优点;第四步,热月政变——后革命时期的稳定。[3]这种革命范式的原理图正好为俄罗斯 1985 年至 2007 年的发展构筑了研究框架。

鉴于广义的革命框架适用于俄罗斯转型,奥斯隆德得出以下四点重要结论:

第一,革命拥有其内在逻辑,并不是某一个国家所独有的。在 1985 至 2007 年中,俄罗斯的发展符合正常革命的逻辑,国家的独特性是第二位的。

第二,革命的特征是旧政权的制度崩溃了,甚至有时会停止运行。结果造成的国家失败要大于市场失败。

第三,因为几乎完全缺乏正式制度,政治领导人的权力范围和影响变得更大了。只要他们理解行政管理职能的局限性,就可以执行比平常更为深刻的改变。

第四,在激进化时期,不能选择克制。俄罗斯的问题不是改革过于激进,而在于一个关键性的改革,特别是政治改革,没有在短暂的革命时机下被执行。[4]

奥斯隆德上述四个观点看似各自独立，但是笔者认为它们实际上存在严密的逻辑性。首先，俄罗斯的转型进程符合广义的革命框架，所以俄罗斯在一般意义上是不特殊的，一般社会科学理论能够解释俄罗斯的发展进程。其次，革命的爆发导致旧制度不再具有合法性，革命者反对1917年社会主义革命建立的"乌托邦"，他们希望建立一个"正常的社会——富裕的西欧社会"。[5]所以，旧制度会停止运行而形成一段制度"真空期"，能够进行激进改革，推动尽可能多的改革措施。最后，制度"真空期"给予政治领导人更大的权力和影响空间，相对于正常条件，真空期允许最高决策者做出更为激进的决定。因为能力急剧减弱，所以政府需要专注于原则，而不是政策与管理的细节。在这种情况下，领导人的作用是至关重要的。

奥斯隆德建立的革命分析框架发挥了两个重要作用：首先，在框架内确定了不同群体所扮演的角色——能够直接影响革命进程的政治领导人，推动革命的改革者，阻碍革命的反改革者——从而把握革命的发展过程；其次，明确了政治领导人在革命进程中的突出作用，政治领导人的成长背景、理念，甚至是生活习惯都有可能影响革命的发展。

按照布林顿革命范式的逻辑，革命过程一般都会出现反复甚至逆转的过程，奥斯隆德通过分析革命中不同的行为者及其诉求，从而判断他们之间的互动过程是如何造成了革命的反复或者逆转。在俄罗斯资本主义革命的案例中，奥斯隆德认为戈尔巴乔夫担当的是旧制度改良者的角色，但却导致了旧制度的崩溃，而且局部改革加剧了制度扭曲，创造了一台巨大的寻租机器和国有企业经理寻租集团。叶利钦在他看来是革命的英雄，他不仅亲手推翻了旧制度，而且为俄罗斯指明了革命的方向——市场经济与民主制度。但因为思维惯性，叶利钦缺乏对西方市场经济，特别是对民主理念的了解，并且没有得到相应的智力支持，因而在新制度的建设过程中出现了迷茫、犹豫，甚至是错误，导致了改革的局部性和延迟。奥斯隆德强调叶利钦最大的错误就是对国有企业经理和原共产党官僚的姑息，因而形成了改革的阻碍力量；以盖达尔为首的改革经济学家团队，希望凭借专业知识帮助俄罗斯建立一个西方式的自由主义社会，但改革者忽视了政治的重要性，既没有与总统建立直接的联系,又没有与议会形成良好互动,更为严重的是,他们错将国有企业经理当成是改革的进步力量,与其合作,向其妥协,虽然通过一些局部的激进改革措施减少了租金来源,但未能将其根除。

奥斯隆德强调,国有企业经理与其游说集团是革命的反对者。在戈尔巴乔夫时期,他们支持改革,减少工业部委对企业的直接控制,从而增加了自身权力,利用获取廉价贷款、多重汇率、出口管制等多种方法进行寻租。"国有企业经理开始倾向于各种各样的市场经济,但又希望保留自己的特权,同时管制其他人",[6]这种"改革"倾向性迷惑了盖达尔团队,他们认为国有企业经理是可以合作的改革支持者。但在俄罗斯的经济改革过程中,国有企业经理通过游说集团以及政府中的代理人利用人民代表大会阻碍改革者执行自由化、宏观经济稳定化等解除管制的改革,因为管制是租金产生的重要源泉。

奥斯隆德指出,"大量的寻租是苏联体制崩溃和后共产主义早期的特点",[7]所以,后共产主义经济转型中最核心的事件,就是"希望建立正常民主和市场经济的自由主义改革者与希望以转型中的国家和社会的损失来赚钱的寻租商人、官员之间的斗争"。[8]奥斯隆德并据此提出了进行快速、简单、综合性激进改革的分析路径:改革者在与寻租者的斗争中,取胜的关键是能否在"真空期"或者"特殊政治时期",推动自由化、宏观经济稳定化、私有化、民主化等关键性改革措施,尽可能多的解除管制,减少甚至是消除租金来源,确立市场经济与民主制度基础。

二、奥斯隆德激进主义改革的基本逻辑

俄罗斯的转型过程引发了广泛关注,伴随着通货膨胀高居不下,人民财富大量蒸发,贫富差距迅速拉大,各国学者、官员对"休克疗法"所导致的俄罗斯国内经济条件恶化、人民生活水平下降,以及政府机构与官员的普遍腐败等问题进行了诸多批评,甚至认为俄罗斯的市场经济改革失败了。

作为俄罗斯转型"内部人"的奥斯隆德简单、直接、明确地回应了那些对"激进改革"的批评:激进改革的主张是正确的,俄罗斯建立了市场经济体制,但改革进程出现了过高的经济和社会成本——寻租,这种混

合的结果是因为俄罗斯的改革不够激进。换句话说,俄罗斯进行的是渐进主义改革模式。奥斯隆德不喜欢"休克疗法"的说法,他认为这是反对激进改革的人对激进体系性改革的嘲弄,[9]在他看来,真正的激进改革应该是波兰式的"大爆炸"(big bang)。

奥斯隆德认为,俄罗斯转型是为了彻底消除苏联体制所造成的经济、政治、社会扭曲,将俄罗斯恢复成一个"一个正常的社会",所以激进改革方法是建立在对苏联体制的认识的基础上。像大多数西方俄苏研究者一样,奥斯隆德接受了科尔奈关于苏联体制特征的观念:首先,社会主义经济是一个垂直的结构体系,国家-党对于企业、企业生产以及资源流动进行完全控制,实行集中化资源配置,以命令形式规定生产和交付;其次,党和国家相互渗透,为马克思列宁主义意识形态所主导,压制所有偏离或者反对党的政策的势力,财产私有权从法律和观念上被消除,国有制占据着统治地位;再次,苏联的预算体制是一个企业和国家进行讨价还价的软预算约束体制,对于企业来说,可以通过与国家的讨价还价获取足够的货币用于生产投资和发工资,因而缺乏更新生产技术和管理方法的激励因素;最后,因为缺乏真正的市场交换,货币失去了实际意义,大量的财政支出造成巨额隐性通胀,不仅会造成人民财富蒸发,而且会打击人民对货币的信心。

因而,在奥斯隆德看来,俄罗斯转型的任务就是全面的解除国家管制,主要包括四个方面的任务:民主化、自由化、宏观经济稳定化、私有化;转型的原则是快速、综合性、简单。这种主张源于"大爆炸"式改革的基本逻辑:首先,进行激进改革的"机会之窗"是非常短的,当一个国家崩溃时,绝大部分的国家机构、制度和社会力量都会处于暂时失灵阶段,在这个阶段,"(激进)改革的根本任务比随后各种利益集团变得有组织的时期更容易进行"[10]。其次,小利益团体,如国有企业经理、旧官僚、寻租贸易者也会利用政治真空期,以牺牲社会利益来攫取大量租金,并通过收买政治家来阻碍改革,扩大租金来源,所以转型期四项任务的核心目标就是抑制寻租,使转型国家走上市场经济和正常社会的"高速路"。最后,要利用短暂的机会期尽可能多的通过民主化、自由化、宏观经济稳定、私有化改革政策来抑制寻租,确立市场经济与民主体制,四个改革方面要快速、协调、连续地进行,以实现市场经济和民主体制的不可逆。

在奥斯隆德看来,恢复经济的首要步骤就是价格自由化,但是在货币大量过剩的情况下,执行自由化必然会引发价格上涨。要避免恶性通胀就需要严格执行宏观经济稳定政策,即减少财政支出,将预算赤字削减到最小,执行严格的货币政策,使用正实际利率。大规模私有化不仅能够使财产私有权在政治和经济上得到确认和尊重,而且能有效剥夺既得利益集团的租金来源,并且能够尽早实现生产和管理的重组,从而恢复和促进生产。在政治真空期,政治党派能够较为容易达成必要的妥协,可以尽早地举行真正的议会选举,并通过民主宪法。因为民主制度实现突破后,民主和共同利益就会占优势地位,推动改革立法的顺利通过,使改革者获得、巩固权力,有效地对抗旧体制的既得利益集团,从而巩固市场经济。

奥斯隆德强调,在改革机会期较短、绝大部分官僚和人民并不了解市场经济和民主制度的运行机制的条件下,要执行尽可能多的改革任务,理念和政策都必须是简单的,既要容易理解,又能够被快速执行,在短时间内实现改革的不可逆。他主张,越早、越简单的激进改革越好,"焦点必须集中在原则和速度上,而不是细节",如果决策者没有利用这一机会,寻租者就会替代决策者作出决定;"错误是不可避免的,但是最大的错误是等待,因为等待就意味着失败"。[11]

改革者是否充分利用了机会期,主要受到以下几个因素的影响:第一,转型前国家的民主化程度和市民社会的强弱;第二,领导人自身的改革理念以及对改革的支持;第三,西方的援助与支持。转型前的民主化程度以及市民社会的培育和养成作为转型的政治条件,对于转型国家是否选择市场经济、建立民主制度有着重要的影响。比如中东欧、波罗的海国家,具有相当程度的民主、自由主义政权和较强的市民社会,它们的政府希望转型为市场经济。[12]相对来说,俄罗斯只是具有一定程度的民主化,过去的精英成功地保住了权力,因而,市场经济改革受到阻碍。

奥斯隆德指出,在革命时代,特别是特殊政治时期,当国家机构和制度陷入停顿,政治领导人的作用就显得特别重要。领导人对于市场经济和民主的理解,将会塑造改革政策,并直接影响着改革者能否获得政治支持。[13]奥斯隆德再三强调,波兰"大爆炸"式的改革之所以能取得成功,是因为西方在机会期内提供了至关重要的金融和智力支持,而这些条件都是俄罗斯所不具备的。西方国家没有向俄罗斯提供稳定化基金和其他形式的金融援助,也没有减免债务;国际组织虽然最终提供了体制转型贷款,但错过了最佳时机,而且附加条件不够严格;更为重要的是,西方政府和学者没能向俄罗斯提供足够的智力支持。在客观上,共产主义国家向市场经济和民主体制转型缺乏成熟的理论;但在主观上,西方对于俄罗斯转型没有给予足够的重视,并且过于强调俄罗斯的特殊性,忽略了一般性社会科学理论对俄罗斯的适用性。

具体到转型进程,奥斯隆德认为机会期出现在1991年8月至1992年4月。[14]在机会期内,自由化改革执行不完全,能源价格没能自由化,出口仍然受到管制。宏观经济稳定化被延迟至1998年,宽松性货币政策和财政政策的持续存在为寻租集团提供了大量的租金。私有化是俄罗斯执行最为成功的改革,到2000年,私有经济占国内生产总值(以下称GDP)的60%以上,[15]私有企业在生产、管理方面进行了重组,表现出比国有企业更高的活力以及更好的市场表现。俄罗斯的民主化是场灾难,人民代表大会不仅成为寻租集团阻碍激进改革的重要工具,而且"府院之争"导致的流血冲突成为了俄罗斯萌芽期民主的污点,叶利钦选择普京作为继承人令俄罗斯彻底偏离了民主化道路,回归到"威权统治"。

综上所述,奥斯隆德认为俄罗斯的转型是局部的、延迟的、不连续的,转型结果是混合的,即俄罗斯建立了市场经济制度,进行了私有化,但民主改革失败了,最终形成市场经济与威权主义政治并存的混合结果。

所以,在奥斯隆德看来,俄罗斯进行的不是激进主义改革,而是渐进主义改革——"俄罗斯的问题不是改革过于激进,而在于关键性改革,特别是政治改革,没有在短暂的革命时机内被执行"。[16]笔者认为,奥斯隆德既没有将俄罗斯转型过程中的经济改革与政治改革割裂看待,又没有陷入市场经济与民主制度相互关系的逻辑判断中,而是将政治改革作为市场经济转型的一个重要自变量。奥斯隆德的理念表现出明显的新自由主义特征,他坚信市场能够比国家发挥更好的配置作用,主张国家对经济的干预最小化，即转变为"守夜人"型政府；在市场经济与民主的关系方面，奥斯隆德主张市场经济是"民主的必要但不充分条件"，[17]民主制度的建立对于市场经济改革政策执行的综合性、连续性是至关重要的。

第二节　俄罗斯资本主义"革命"进程的开启 ——失败的戈尔巴乔夫改革

1984年至1987年，奥斯隆德作为瑞典驻莫斯科大使馆的调研人员，近距离观察了戈尔巴乔夫改革。与大部分关注具体改革政策的研究不同，奥斯隆德的研究重点集中在综合分析"改革进程背后政治行为体和政治力量的博弈"[18]。奥斯隆德第一本个人专著的书名——《戈尔巴乔夫经济改革的斗争》直接反映了他的分析路径。他认为，改革支持者与反对者之间的较量破坏了改革的连续性和一致性，不仅没能挽救苏联，反而加剧了经济扭曲，导致经济危机，并最终促成了苏联的整体崩溃。

一、权力斗争阻碍了戈尔巴乔夫的改革步伐

奥斯隆德主要从三个方面论述了戈尔巴乔夫经济改革背后的权力斗争。首先，戈尔巴乔夫作为中央政治局内的激进改革者，受到温和改革者雷日科夫和反对者利加乔夫的掣肘，因为戈尔巴乔夫妥协的策略，导致改革政策的不一致性和缺乏连续性。其次，在戈尔巴乔夫与叶利钦的斗争中，叶利钦成为了激进改革者，而戈尔巴乔夫却逐渐走向保守，其根源在于叶利钦相信西方的市场经济体制，而戈尔巴乔夫则坚信"共产主义是好的"，能够通过改善而提高效率。最后，掌握实权的工业部委扭曲了领导层的改革意图，成为戈尔巴乔夫改革的主要阻碍，戈尔巴乔夫通过《国有企业法》削弱工业部委的权力，同时增加国有企业经理的权力来推动经济改革，但《国有企业法》并未规定国有企业经理对国家的责任，从而导致国有企业经理利用手中的权力和经济管制措施攫取大量个人利益，从而作为一个寻租集团崛起。

奥斯隆德指出,"直到 1990 年 3 月,他(戈尔巴乔夫)都没能使政治局支持他对国家经济的改革"[19],甚至在政治局失去最高权力之时,几乎半数的政治局成员都是经济改革的坚定反对者。这种情况导致加速经济增长、增加投资、打击酗酒、加强质量监管、完善工资体系、改善企业管理等改革措施之间缺乏一致性,进一步加剧了经济体系的扭曲。

他认为,在传统改革政策执行阶段,工业部委权力过大,扭曲政治局改革政策的情况浮出水面。"官僚机构从其拥有的更大权力和更多信息中获得了优势。许多法令只是勉强被执行,而更多法令成为官僚机构在斗争中削弱改革的工具。系统性矛盾因为零散的改变而恶化了。"[20]因此,在 1987 年,戈尔巴乔夫转向体制改革,削弱工业部委的权力,从而减小改革的阻力,争取国有企业经理对改革的支持。《国有企业法》《合作社法》《苏联企业法》正是体制改革的重要步骤。虽然企业越来越独立于工业部委,但是给予企业过大的、不负责任的自由,加之劳动集体会议和企业委员会的作用在 20 世纪 80 年代末逐渐下降,企业经理的权力逐渐扩大。1990 年俄罗斯的《企业法》令分支部委失去了实际权力,企业经理没有了"主人",完全自由。[21]

二、寻租集团——国有企业经理的崛起

奥斯隆德认为戈尔巴乔夫经济改革面对的是双重权力阻碍——政治局内部的权力掣肘,以及工业部委和地区党委对于改革政策的执行不力和扭曲。在这种情况下,戈尔巴乔夫希望通过国家体系内的分权和边缘性的自由化来推进更为激进的改革,并相信只有获得国有企业经理的支持,改革才能取得进展。奥斯隆德强调,"这些国有企业经理成为了关键的支持者,然而,他们只接受有益于自身利益的改革措施"[22]。戈尔巴乔夫的渐进主义改革实际上帮助国有企业经理建立了寻租的"温床"。因为经济改革,造成国家对国有企业的集中监管达到了最小化,同时没有要求其对国家的责任。改革引入不受限的合作社,允许不受管制的银行,实现对外贸易的局部自由化,这些都促进了寻租。

在奥斯隆德看来,国有企业经理的寻租手段主要有三种:

第一,《合作社法》允许商业银行作为合作社成立,它们利用低利率

获得大量通胀红利,并以最低名义利率吸收大量国家贷款,获得巨额通胀税。1990年俄罗斯中央银行与苏联中央银行通过压低课税和准备金争相吸引银行登记,使得商业银行获得更多的收入。大部分的商业银行都是国有企业出资建立的,并向国有企业经理的私有企业提供廉价的国家贷款,为其融资。

第二,对外贸易的自由化允许国有企业利用原材料较低的国内价格与较高的世界市场价格之间的差价和多重汇率进行套利。《国有企业法》允许企业保留剩余利润,新的合作社使企业经理将利润从国有企业转移到自己的私有企业成为可能。

第三,获取各种国家补贴。首先,寻租者声称取消粮食补贴将导致饥荒,从而迫使国家保留了粮食进口补贴性汇率;其次,国有企业经理强调工人还没准备好面对失业,要求国家增加对企业的直接补贴,由企业为工人继续提供社会保障;最后,通过易货贸易、拒付、抵消贸易等手段作为扭曲价格的工具,来获取政府的隐性补贴。

上述寻租行为的出现,奥斯隆德认为并不是戈尔巴乔夫有意为之,而是由于改革的局部性、渐进性造成的,根本原因在于苏联体制不合理——"政治化的经济决策、混乱的目标、扭曲的相对价格共同导致经济中大量的结构性扭曲"。[23]GDP扭曲的结构性特点在于国防和投资支出较高,而消费支出较低;在经济结构方面,苏联过于强调工业和农业的发展,而忽视了贸易和服务业;虽然苏联成功实现了城市化和工业化,但城市部门缺乏重新配置资源的机制,因为缺乏资本市场;苏联经济结构的另一个重要缺陷是资源配置的政治性,这种配置特点忽视成本,最终导致苏联经济的低效,虽然投入的物料不断增加,但最终的产出却逐渐减少;苏联经济结构第五个功能失调的特点是保护主义,这种保护主义应用于整个经济互助会,因为互助会内的贸易结构是政治化谈判的结果,所以实际上是政治需要。奥斯隆德强调,"苏联共产主义体制的僵化已经太过严重,所以在建立新的体制前,需要大量破坏旧体制"[24]。

因而奥斯隆德认为,苏联体制只能进行自上而下的改变。所以掌握最高权力就成为了在体制内进行改革的基础。"戈尔巴乔夫只有使自己屈从于共产主义体系的特质才能登上权力顶峰,包括共产主义体

51

系自我强加的、对于外部世界和现代社会理论的无视",[25]才有可能对体系进行"改善"。戈尔巴乔夫虽然是革命的发起者,也是导致苏联崩溃的主要决策者,这种结果除了苏联体制不可改革外,在一定程度上也取决于戈尔巴乔夫的行为方式。戈尔巴乔夫在口号上鼓励改革,但其实际行为却是在不断妥协——在1985年至1990年间的所有主要政策决定上,戈尔巴乔夫都是站在胜利的一方。奥斯隆德强调,戈尔巴乔夫倾向于妥协的缺点令他从未作出明确的选择或者制定明确的战略,执行妥协的局部解决方案,最终使得自己不仅不受欢迎,而且变得不再重要。

奥斯隆德认为,戈尔巴乔夫的根本缺陷在于相信苏联体制能够被改革。戈尔巴乔夫希望拒绝放弃苏联体制的基础,对其进行改善,但他的改革实际上破坏了旧体制,并且没能为苏联提供相应的替代性选择。对于戈尔巴乔夫改革的实际作用,奥斯隆德认为盖达尔对其的评价是十分中肯的:"他将政治自由化的魔鬼放出了瓶子之后,既不能控制它,又不能把它塞回瓶子。他不能够决定自己真正想要什么。戈尔巴乔夫最严重的缺点是他不能冒险作出必要的决定,然后彻底完成计划。"[26]从结果来看,戈尔巴乔夫的改革最终摧毁了苏联,但奥斯隆德认为,"这不是他的意图,但却使他成为了一个悲剧英雄"[27]。之所以称他为英雄,是因为戈尔巴乔夫改革暴露了苏联体制的缺陷,并且开启了俄罗斯的资本主义革命进程;说他悲情,是因为这并不是戈尔巴乔夫的初衷。在奥斯隆德看来,戈尔巴乔夫被看作是一个典型的过渡人物,因为温和革命进程最终将会被激进革命所取代。

第三节　俄罗斯资本主义"革命"的混合结果
——"市场成功、民主失败"

奥斯隆德强调,1991年下半年的莫斯科只有一位英雄,那就是叶利钦。他不仅促成了苏联的和平解体,而且作为俄罗斯历史上第一位民选总统,得到俄罗斯人民的广泛支持。叶利钦更大的成就在于为俄罗斯选择了一条走向市场经济和民主制度的道路。

从革命分析框架出发,奥斯隆德认为俄罗斯的自由化、宏观经济稳定化、私有化、民主化具有双重任务：第一，彻底解除对经济的管制，让市场发挥基础性的配置作用，建立运行良好的市场经济体制，实现经济的恢复与增长；第二，通过价格和贸易自由化以及汇率的统一，打破寻租集团利用国内外价格差和多重汇率套利的租金来源，执行严格的货币和财政政策，消除寻租集团从高通胀获得红利以及各种补贴的来源，通过快速私有化，剥夺国有企业经理牺牲社会利益而谋取个人利益的途径。简而言之，就是打击寻租，施加硬预算约束，迫使国有企业经理从专注寻租转向专注利润，实现企业重组，从而推动生产的恢复与增长。

在奥斯隆德看来，自由化、宏观经济稳定化、私有化、民主化改革执行的成功需要满足四个条件：第一，要在机会期（特殊政治时期）尽可能多的、快的予以推进；第二，四项改革要同时推进，互为助力；第三，政治领导人对于改革有着明晰的理念和计划，并能够付诸诸实施；第四，西方给予俄罗斯必要的经济、政治、智力支持。奥斯隆德强调上述条件在俄罗斯的改革中并没有完全实现，因而导致了改革的混合结果——"市场成功了，而民主失败了"。

一、特殊政治时期内并不"激进"的改革

奥斯隆德强调，俄罗斯改革的机会期很短——1991 年 8 月至 1992 年 3 月。因为需要两个月的时间来作战略准备，所以实际的机会期只有 5 个月。在机会期内，叶利钦作出了三项重要的决定：第一，签署法令禁止苏联共产党在俄罗斯进行活动，并要求从 1991 年 11 月开始允许总统以法令进行国家治理，为期一年，"顺从的议会赋予叶利钦改变政府结构、任命所有部长，以及以法令作出大量关于经济改革决定的广泛权力"；[28]第二，叶利钦快速、彻底地重组了政府，撤销所有工业部委；第三，叶利钦选择了以盖达尔为首的、由专业经济学家组成的改革团队。在此基础上，俄罗斯开始在自由化、稳定化、私有化三个方面同时推进改革。

1. 自由化
面临俄罗斯经济中商品大量短缺和高通胀的现实，奥斯隆德指出，

改革者相信应该以快速、综合性的解除价格管制开始向市场经济转型。1991 年 12 月 3 日,叶利钦签署法令解除价格管制,涉及 80％的生产价格和 90％的消费价格。虽然一些基本的日常消费品,如牛奶、牛肉被排除在最初的解除价格管制之外,但在 1992 年 3 月至 5 月这些日常消费品的价格就被自由化了。然而最为重要的能源价格被排除在解除价格管制之外。

1992 年 1 月 29 日,在盖达尔的说服下,叶利钦签署了将国内贸易自由化的法令。贸易自由化的目的是实现零售价格的完全自由,令国内贸易可以自下而上地发展。改革者希望将对外贸易体系自由化,进而统一汇率,使汇率适应市场,令卢布可以自由兑换,这一进程因为俄罗斯外汇储备耗尽而受到阻碍,造成了后来卢布极低的汇率。但改革者在 1992 年上半年成功的实现了近乎完全的进口解除管制。

奥斯隆德指出,因为受管制的石油和天然气价格远低于世界市场价格,出口许可证和出口配额仍然存在。政府只能引入一个复杂的体系满足出口者的要求,从而可以对出口者征税,确保出口者将一部分收入输回国内。

2. 宏观经济稳定

奥斯隆德指出,盖达尔在价格自由化之后的第二个任务是平衡国家预算,他试图削减一些主要的支出,保持高水平的税收。当政府试图控制中央银行、执行紧缩货币政策时,遭到了议会的拒绝。议长哈斯布拉托夫监管中央银行,他反对激进的市场改革。他提名经济学教授马秋欣担任中央银行主席,虽然马秋欣不属于任何阵营,并倾向于盖达尔,但哈斯布拉托夫对他的支持反而令改革派怀疑他。马秋欣执行的是一个适度严格的货币政策:一方面,他试图尽可能快的推动正数实际利率;另一方面,他允许货币供给大幅度增加。政府于 1992 年 4 月尝试金融稳定的政策,同时,议会开始发动对政府的攻击,6 月,金融稳定的尝试失败了。

奥斯隆德认为,改革政府虽然在建立市场经济方面取得了突破,但没有能够抑制通胀或者复兴经济。

如图 2.1 所示,货币供给增长与消费指数增长 1992 年 1 月至 5 月出现短暂下降后,在 6 月至 10 月间,货币供给量月平均增长率为 28%;1992 年 11 月至 1993 年 2 月的月平均通胀率上升至 26%。此时,俄罗斯已非常接近恶性通胀。货币周转率也在提高,这意味着通胀税骤然下落,因为人们不再持有卢布,而是转为持有美元或者商品。继任的中央银行主席格拉先科坚持俄罗斯不存在货币过剩的立场。

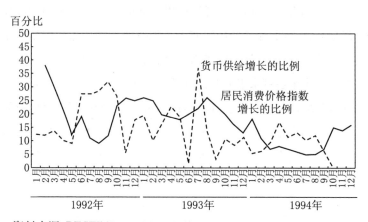

资料来源:RECEP(1993, 116—118)。

图 2.1　1992 年至 1994 年的月通胀率与货币扩张

奥斯隆德指出,造成宏观经济稳定失败的另一个重要原因在于保留了卢布区。从一开始,俄罗斯政府的所有外国顾问就建议俄罗斯卢布快速的国有化,而盖达尔本人在进入政府之前也有此想法,并认为这是建立货币稳定化的前提条件。但盖达尔对于细节问题的担忧,如印刷新的货币等问题,令他认为货币改革的技术准备需要 9 个月,致使货币改革延后。同时,卢布区 15 个中央银行竞相发放卢布贷款,造成通胀的恶化,而国际货币基金组织认为卢布区是个政治问题,倾向保持中立立场,即维持卢布区,并主张货币政策协调,但事实证明无效。费德罗夫虽然在 1993 年 9 月促成了卢布区的最终解散,但卢布区已经对宏观经济稳定造成了严重的伤害。

3. 私有化

奥斯隆德强调,进行私有化的主要目标之一就是确保企业经理不能侵占所有的资产；另一个目标是阻止原工业部委或者他们的下属单位控制企业。民主主义者和改革者则希望通过凭证分发进行大规模私有化，使每个俄罗斯人都能获得一份资产。丘拜斯在私下交流中告诉奥斯隆德，私有化的主要目标是"建立一个私营企业主阶层"，另一个重要的目标是提高企业效率，创造竞争性市场，实施快速私有化。

凭证式私有化的初衷是令每个俄罗斯人在 1993 年 1 月都会免费被分配一份私有化凭证，这些凭证可用于交易，从而鼓励较早的股权集中。奥斯隆德强调，丘拜斯确实夸大了俄罗斯人将从凭证式私有化中获得的物质利益，他声称一张私有化凭证价值一辆伏尔加汽车。虽然这种夸大在未来会带来很大的代价，但必须认识到，其目标不是平均主义，而是以私人所有权占支配地位为基础的正常市场经济。[29]奥斯隆德认为凭证式私有化取得了巨大的成功，它不仅是世界上规模最大的私有化，而且是俄罗斯市场经济改革中唯一得到连续执行的政策。到 1995 年，俄罗斯拥有 920 000 家私有企业，私有企业的绝对多数已经被建立起来了。

按照奥斯隆德"大爆炸"式激进改革的逻辑，大规模私有化之所以能够获得成功是因为特殊政治时期被有效利用了，他认为这完全归功于丘拜斯。因为丘拜斯设法令叶利钦相信了"私有化凭证是通往自由经济的车票"（the voucher——a ticket to a free economy）的理念，令叶利钦对私有化政策给予了坚定地支持，这种支持一直持续到 1994 年 6 月。

4. 激进改革戛然而止

1992 年 5 月，主张能源价格自由化的经济部长弗拉基米尔·洛普欣被叶利钦解除职务；6 月，三个经验丰富的国有企业经理作为副总理进入政府——维克托·切尔诺梅尔金（Viktor Chernomyrdin）是原苏联天然气工业部部长，接任了能源部部长，其余两位是格奥尔基·希扎（Georgy Khizha）和弗拉基米尔·舒梅科（Vladimir Shumeiko）。随后，执行严格货币政策的中央银行主席马秋欣被苏联中央银行最后一任主席格拉先科接替。

奥斯隆德认为,这三个人事变化标志着"特殊政治时期"激进化经济改革结束了。造成这种情况出现的原因在于民主化行动被搁置了。苏联解体后,通过非民主程序选举产生的人民代表大会作为议会机构得以保留,而勃列日涅夫时期的宪法仍然执行。在他看来,俄罗斯人民代表大会是在完全民主化之前选举产生的,组织较差,代表在变化的派系间流动。1992 年春,大约有三分之一的代表宣称自己是共产主义者,三分之一将自己称为支持叶利钦的,其余三分之一是流动的,他们将自己称为"沼泽"(marsh)。因为"沼泽"是用来出卖的,所以造成了大量的议会腐败,"沼泽"的票数大多流向了国有企业游说集团。这些所谓的人民代表,并没有代表他们的选民,甚至与选民没有联系,所以他们是既没有责任又没有义务。议会在国有企业游说集团的鼓动下成为了反对激进主义改革的主要阵地。

1992 年 4 月,哈斯布拉托夫动员议会多数反对叶利钦,提出两个要求:第一,更为宽松的、甚至是更高通货膨胀率的财政政策;第二,减少总统的权力,人民代表大会希望掌握所有的权力。这遭到叶利钦的反对。但是奥斯隆德认为,叶利钦"从谈判一开始就进行了让步",承诺在人民代表大会新的会议期到来前,以三个经验丰富的工业家代替三个部长,但并没有要求任何回报,他在作出妥协之前也没有与盖达尔进行商谈。[30] 从中可以看出,盖达尔并没有获得叶利钦的全力支持,改革者在政治上是孤立的。相对于改革者的孤立,阿尔卡季·沃尔斯基领导的俄罗斯工业家与企业家联盟较好地组织了国有企业经理集团,并积极在人民代表大会内部进行游说。

奥斯隆德强调,叶利钦"在 1991 年 8 月至 11 月是至高无上的,他本可以要求俄罗斯人民代表大会解散,人民代表大会可能会顺从地接受。没有这么做是叶利钦主要的'不作为'犯罪,也是后来俄罗斯民主失败最重要的原因"。[31] 他同时认为,这并不能完全归咎于叶利钦,因为叶利钦并不清楚民主制度,他身边的人对民主制度也没有很好地理解,而外国政治学家也没有给出相关的建议。但叶利钦的两项错误却是致命的,首先,他不愿意清洗旧官员,即包含国有企业经理在内的提名名单干部。奥斯隆德认为,叶利钦没有清洗包括国有企业经理在内的提名名单干部的决定是有意为之,经过深思熟虑的。叶利钦的这个决定保留了提名名单制度,使之成为了激进主义改革的主要阻碍势力。

叶利钦另一个致命的错误是与改革者保持了距离,奥斯隆德认为这与叶利钦的生活和交友习惯有关。首先,叶利钦嗜酒如命,而与他一起喝酒的人不是改革者,更多的是企业经理、克格勃官员、旧的共产党官员。其次,叶利钦喜欢泡桑拿,而与他一起泡桑拿的伙伴主要是保镖科尔扎科夫、国家安全局主席米哈伊尔·巴尔苏科夫(Mikhail Barsukov)、第一副总理奥列格·索斯科韦茨(Oleg Soskovets)、国防部长帕维尔·格拉乔夫(Pavel Grachev)、克里姆林宫管理局局长帕维尔·博罗金(Pavel Borodin),这些都是反对改革的人。据奥斯隆德得到的消息,其中几个人在叶利钦召集的酒会上与改革者大打出手。他强调改革者没能进入"桑拿浴集团",他们喝酒的习惯也不被叶利钦所喜欢,所以并未获得叶利钦的信任。之前布尔布利斯是叶利钦与改革者的纽带,当布尔布利斯被解职后,改革者与叶利钦的直接联系也就中断了。

二、民主化被搁置造成的混合改革结果

奥斯隆德指出,随着总统与议会冲突的不断升级,面对议会不断要求削弱总统权力,以及宏观经济稳定化被破坏的局面,叶利钦被迫解散了议会,引发了哈斯布拉托夫和鲁茨科伊领导的武装反抗。俄罗斯的民主化努力最终被鲜血所玷污。

面对紧张、复杂、戏剧化的改革过程,奥斯隆德认为改革取得了巨大的成就,但结果是混合性的。一方面,他认为俄罗斯市场经济的基础已经建立了:第一,对价格解除管制的程度是巨大的;第二,进口几乎全部自由化了,使俄罗斯成为了开放的经济体;第三,统一了汇率;第四,大量削减了军事开支,沉重打击了军工联合体;第五,大量的私有化实现了私有制,为随后的经济恢复打下了基础;第六,1992 年至 1993 年,大量小型私有企业产生,大约有 100 万家私有企业进行了合法登记。

但另一方面,这并不是一场"大爆炸"式的激进主义改革,"只是其中的一些改革措施是激进的,但激进的措施都成功了,而'温和'的政策失败了"。[32]最重要的能源和出口价格没有自由化,没能执行更为严格的货币政策,通胀率和财政赤字不断升高,没有及时解散卢布区,宏观

经济稳定化彻底失败。叶利钦保留了用法令进行统治的权力,没有及时的解散不具有代表性的人民代表大会,通过以分权为基础的新宪法,从而"动员人民反抗寻租者",反而令人民代表大会在国有企业游说集团的鼓动下成为阻碍改革的主要工具。这不是快速、综合性的激进主义改革,而是局部性的渐进主义改革。

在对失败原因的评估上,奥斯隆德并没有一味的偏袒叶利钦和改革团队,而是较为客观地进行了评估。

第一,在特殊政治时期,政治领导人没能利用巨大的影响力推进激进主义改革措施。在经济方面,他选择了盖达尔领导的专业经济学家团队,并辅之以萨克斯为首的国际顾问团队,大量关键性的经济改革政策在机会期内得到执行。而在政治方面,他自己不仅缺乏民主理念,也没有得到有效、及时的建议,认为民主化可以延后。叶利钦虽然亲手"埋葬了"苏联,但对于往昔的感情仍是真挚的,叶利钦的记忆和生活习惯使他愿意接近包括国有企业经理在内的提名名单干部集团,但这些人数次将改革置于危险的境地。对于激进主义改革的落空,奥斯隆德认为叶利钦负有"领导责任",因为"俄罗斯资本主义革命具有个人特征……革命的成功和失败都是他(叶利钦)个人洞察力和弱点的直接后果"。[33]

第二,奥斯隆德认为,盖达尔团队缺乏政治意识,他们是"高度精英主义的、远离群众"。[34]盖达尔自认为俄罗斯人民已经厌倦了过多的计划,而希望通过行动来呈现自己的计划。这种方法造成了两个严重后果:首先,普通俄罗斯人和精英都不知道什么是市场经济,并不理解改革系统性的必要,改革者需要一个有教育作用的、明晰的改革计划来帮助人民理解他们的政策;其次,盖达尔团队通过法令直接进行立法,认为自己没必要经常出现在议会并作出说明,改革者对于议会的轻视,造成人民代表大会的代表们认为自己被排除在改革计划之外,议员们因为没有感受到改革者的尊重而愤怒。奥斯隆德认为,盖达尔团队的另一错误在于将政治事务全权交给了叶利钦和布尔布利斯,没有试图与叶利钦建立直接的、密切的个人联系,所以不仅没有得到叶利钦的全力支持,而且失去了政治主动权。盖达尔最严重的错误是在 1992 年 4 月对国有企业经理的妥协——他向工业和农业发放补贴新贷款。实际上金融稳定化和盖达尔的政治命运都取决于立场是否坚定,"但他在原则上太容易让步了"。[35]

第三,国有企业经理公开反对改革,要求维持管制和补贴,从而获得更多的租金。国有企业经理反对"8·19"政变,支持叶利钦,改革者认为他们是进步的,却没有发现他们只想在旧体制崩溃的基础上攫取个人利益。叶利钦对于国有企业经理的目的也不清楚,并在1992年转向国有企业经理一方,破坏了改革。正是因为叶利钦和改革者对国有企业经理的误判,导致了宏观经济稳定化的失败。奥斯隆德认为,私有化之所以成功是因为私有化存在妥协的空间:国有企业经理能够"接受放弃一部分他们拥有的准产权给其他的持股者,用于交换对他们其余所有权的法律保证"[36]。

第四,西方在关键的时刻没有帮助俄罗斯的改革者,这是俄罗斯改革者没能完成激进主义改革的关键因素。首先,苏联解体之初,西方专注于俄罗斯承担的苏联对外债务,沉重的还债压力令俄罗斯从转型开始就背上了沉重的包袱。其次,作为转型主要资金和技术援助方的国际货币基金组织没有发挥积极的作用。在俄罗斯改革试图采用固定汇率或者与美元挂钩的汇率作为名义锚[37]来稳定宏观经济时,国际货币基金组织没有向俄罗斯提供稳定基金;在解散卢布区的问题上,国际货币基金组织置身事外,很多国际货币基金组织股东,特别是欧盟反对解散卢布区,没有帮助俄罗斯摆脱恶性通胀。因为缺乏必要的外部金融援助,"令改革者没有获得必要的政治影响力,没能在寻租者相互勾结之前就进行全面的激进主义改革"。[38]

第四节　导致资本主义"革命"混合结果的"罪魁"
——寻租的国有企业经理

马丁·沃克尔(Martin Walker)认为奥斯隆德对于俄罗斯市场经济转型的分析,"相比经济转型的论述……也可以看成是对俄罗斯后苏联时代政治史的分析"。[39]奥斯隆德自己也强调,"俄罗斯激进经济改革尝试的实践完全是由政治事件决定的"。[40]

1993年末,国有企业经理控制了政府,在"他们控制的这段时间内

（1994 年至 1998 年），改革进行得最少，私有化是唯一还在继续的改革"。[41]奥斯隆德认为，这再次说明俄罗斯的改革是局部性的、中途停止的。国有企业经理政府的政策目标是寻租，直到 1998 年 8 月的金融危机，才使延迟的宏观经济稳定和解除管制改革的社会代价变得明显。

一、国有企业经理阻碍宏观经济稳定

奥斯隆德指出，这些国有企业经理是"根深蒂固的寻租者，他们除了为自己的狭小的利益集团谋取物质利益外，不关心任何事"[42]。1993 年末的杜马选举令国有企业经理控制了政府和最强大的利益组织，拥有大部分大型企业的有条件的所有权，为了自己的利益操纵财政、货币和管制政策。他强调，主要的游说集团将国库当成了"自家的小金库"，令财政部一直处于弱势。他们驱逐了费德罗夫，任命第一副总理谢尔盖·杜贝宁（Sergei Dubynin）担任代理财政部长，而格拉先科作为"可靠的人"继续出任中央银行主席，这导致预算平衡逐渐被侵蚀。加之国有企业经理不知道如何在市场经济条件下管理企业，导致产出继续滑落。1994 年，官方统计产出下降达到了 13％。改革已进行了 3 年多的时间，但对于国有企业的硬预算约束从没有实现。

金融稳定理念的目标是令货币变得稀缺，迫使经理必须削减成本、出清存货和剩余供给，并在竞争中降低价格，通过生产他们最好的产品来扩大销售。但在奥斯隆德看来，俄罗斯出现了相反的情况。企业经理相信他们在政府中的朋友会令他们源源不断地获得补贴。无法实现金融稳定化延迟了企业的重组，企业经理逐渐不支付税款、银行贷款，也不向供给者支付货款，拖欠工人工资和退休金。他们不裁撤工人，目的在于从国家获得更多的补贴，阻碍了预期的失业问题。但是国有企业经理削减了工人的实际工资，这导致了长期的工资拖欠和工人的贫穷。

宏观经济迟迟未能实现稳定的恶果最终在 1994 年 10 月 11 日出现了，即"黑色星期四"，卢布的汇率在一天之内下降了 27％。货币危机震动了国家杜马和人民，国家杜马发起了对政府的不信任案。主要的经济决策者包括格拉先科，被叶利钦解职了，丘拜斯被任命为第一副总理，负责宏观经济政策，自由主义改革者亚辛被任命为经济部长，与丘拜斯共同进行财政调整。他们通过削减企业补贴、地方转移支付，使预算赤字大幅回落；加之与国际货币基金组织达成完全的支持协议，国际货币基金组织每年向俄罗斯提供 68 亿美元的金融支持，宏观经济最终在 1995 年出现好转的迹象。

奥斯隆德认为，这些措施只是暂时性的，因为财政调整没有完成。他强调，波兰和爱沙尼亚的成功经验表明：只能通过彻底的改变规则才能打击寻租者，诱使商人选择追求利润而不是新的租金。所以，合适的改革应该是打击寻租，建立一套促进生产的激励因素。[43]丘拜斯突然大量地削减补贴对旧寻租者的打击是很大的，新生代的私有银行家接替了旧的国有银行家，旧式的企业经理也将"商场"转移给新的商人。通过转变博弈的范式和规则，"商业由寻租向追求利润转变，打破了寻租游说集团"。[44]奥斯隆德口中的新商人正是"大名鼎鼎的"俄罗斯寡头。

二、俄罗斯寡头——实际上的逐利商人

因为不懂金融，蔑视营销，国有企业经理逐渐被俄罗斯寡头替代。显然，奥斯隆德并没有像许多俄苏研究学者那样将寡头与寻租者画上等号。换句话说，奥斯隆德对于俄罗斯寡头有着自己的独特的理解。他认为，俄罗斯寡头早期都是银行家，他们大部分来自知识分子家庭，在莫斯科几个最好的大学接受高等教育。他们善于交际，编织人际网络是他们的专长。随着市场条件的改变，寡头们从寻租者转变为投资人，由开发租金转向逐利。他们收购大型工矿企业，利用市场经济条件下的经营理念和专业人才完成企业重组，实现生产的恢复和增长。这些人专注于赚钱而不是统治国家，他们之间没有稳固的联盟，而且权力实际上非常有限。所以，奥斯隆德强调，将他们称为"财阀"（plutocrats）更为合适。

1. 最透明的私有化——贷款换股权

奥斯隆德指出，虽然凭证式私有化在 1994 年完成，但仍有很大一部分俄罗斯经济的股份掌握在国家手中，特别是那些最有价值的公司。

因为财政赤字问题仍然严重,私有化逐渐被视为一种财政解决方案。

但是贷款换股权拍卖从一开始就引发了尖锐的批评,批评者指责购买到拍卖企业的银行操纵了拍卖,因为有一些竞争者可以提供更高的价格,而组织并购得股份的银行利用不正当手段获得了竞拍优势。奥斯隆德认为,贷款换股权带来三个消极后果:首先,俄罗斯改革者不再信任丘拜斯,为了平息民愤,丘拜斯作为最后一个改革部长被叶利钦解职;其次,俄罗斯改革者失去了西方对他们最后的信任;最后,贷款换股权的争议性成为国家杜马中共产主义者和民族主义者反对私有化的借口。

面对几乎一边倒的批评声浪,奥斯隆德站到了支持丘拜斯的一方。他的观点如下:

第一,贷款换股权的初衷是好的。1995 年 9 月,也就是拍卖开始前 3 个月,奥斯隆德曾就贷款换股权与丘拜斯进行过面对面的讨论,丘拜斯表示他的目标是继续私有化,并认为贷款换股权是唯一可能的选择,以此替换掉那些阻碍进步的国有企业经理。丘拜斯自己承认他被迫作出了两项让步:第一,拍卖不对外国人开放;第二,拍卖价格比较低。[45]

第二,贷款换股权所筹集的资金对于继续为预算赤字融资的俄罗斯政府来说是十分重要的,而且金额也较为可观。

第三,奥斯隆德强调贷款换股权之所以会受到广泛的批评恰恰是因为这是俄罗斯最透明的私有化,因为所有的细节都是公开的。相比而言,在内部人私有化的企业中,如卢克石油和苏古特石油公司,没人知道交易的细节,争议反而小。

第四,从寡头掌握后的企业发展看,贷款换股权的作用是积极的。过去这些企业被国有企业经理掌控着,他们管理不善,偷窃企业资产。善于经营的寡头在获得企业控制权后进行了企业重组,并引入了先进的管理方法和生产技术,被拍卖的企业在 1999 年出现了明显的恢复。到 2001 年,尤科斯、西伯利亚石油公司、诺尔里斯克镍业公司登记的税前利润,扣除物价因素,分别提高了 36 倍、10 倍和 5 倍,尤科斯和西伯利亚石油公司引领了俄罗斯石油生产的恢复。

第五,"贷款换股权创造了寡头"的主张是错误的,他们在私有化之前就已经变得富有和有权势,而且只有一小部分寡头参与了私有化。

第六,在 1996 年总统选举之前,共产主义"威胁"是确实存在的,丘拜斯选择通过秘密拍卖的形式,以低廉的价格向新兴的商人出售 15 个主要企业的股份,"以换取商人为叶利钦成功当选提供大量资金"[46]。

基于上述原因,奥斯隆德认为,"俄罗斯的私有化计划从不是按照道德和平等主义原则设计的,而是根据功能性设计的,是为了使企业私有化,产生有能力的所有者而设计的,贷款换股份计划正是如此"。[47]加之政治考量,奥斯隆德认为,不应对贷款换股权有过多的非议,丘拜斯主导下的私有化是世界历史上最成功的、规模最大的私有化。

2. 被夸大的"寡头政治"

许多人相信自 1996 年叶利钦第二次当选总统至 2003 年 10 月霍多尔科夫斯基被捕为止,俄罗斯的政治、经济都是由为数不多的寡头所控制的;促使寡头参政的契机正是叶利钦 1996 年在民意支持率极低的背景下谋求竞选连任。奥斯隆德则提出了截然相反的结论:共产主义"复辟"的危险真实存在,并且是致命的;防止共产主义恢复是寡头、叶利钦、改革者共同的目标,所以政府与寡头进行利益交换在政治上是可以理解的。寡头政治在 1996 年总统选举之后就结束了,他们仅在 1996 年的前 9 个月中定期与俄罗斯的顶级政治家举行会议。

1995 年末和 1996 年初,俄罗斯国内关于共产主义将卷土重来的传言甚嚣尘上。奥斯隆德认为,寡头们担心共产党上台后会没收他们新获得的财产,因而在 1996 年的"达沃斯论坛"上相信了丘拜斯的主张,"如果久加诺夫当选总统,他将会取消几年来的私有化,这将导致流血冲突和全面的内战";[48]并且同意团结起来支持叶利钦,他们选择丘拜斯作为秘密的竞选管理者。从 2 月开始,主要的寡头开始定期会面,叶利钦的女儿塔季扬娜·季亚琴科成为他们与叶利钦之间的联络人。

在奥斯隆德看来,寡头主要从两方面对叶利钦的成功当选发挥了重要作用。首先,古辛斯基的独立电视台停止对叶利钦的批评,与别列佐夫斯基的全国电视网(ORT)为叶利钦提供积极的电视宣传。其次，寡头为叶利钦竞选提供了大量的资金，官方规定的竞选资金上限是300万美元，但一个寡头在事后告诉奥斯隆德，他们实际上为竞选提供了6亿美元。[49]作为回报，国家分配给寡头便宜的国家债券。

但是，奥斯隆德强调，寡头内部的团结仅维持到1996年总统大选之后，Svyazinvest国有控股公司[50]的股份出售导致了寡头内部的斗争，一方是古辛斯基和别列佐夫斯基，另一方是波塔宁。随着波塔宁在竞争中获胜，古辛斯基和别列佐夫斯基利用手中的传媒帝国开始渲染Svyazinvest的私有化是腐败的，并对丘拜斯为首的改革者进行攻击，迫使暂停四年后刚刚开始的宏观经济稳定改革再次中断。

俄罗斯寡头政治历史学者雅科夫·帕佩(Yakov Pappe)认为俄罗斯的"寡头政治"是："俄罗斯从来没有经济寡头政治……俄罗斯大公司联盟或者独立的商人是局部的、机会主义的和短期的。他们为了一个政治或者经济目的合作，同时，他们为了其他的事而相互斗争。唯一的大企业的广泛联盟出现在1996年总统选举时期……(但是)这个联盟只在选举前半年和选举后3、4个月内存在。"[51]

此外，奥斯隆德认为，1998年金融危机打击了大部分的寡头，7个主要银行寡头中，只有波塔宁和弗里德曼在1998年存活下来，也使得寡头政治持续到2003年的主张站不住脚。金融危机对寡头造成了根本性的改变。首先，大部分的银行寡头崩溃了；其次，商品生产者取代银行寡头崛起，主要是石油行业和金属行业；最后，存活下来的寡头除明确的公司战略，集中经营石油、金属、煤炭三个行业，同时将次要资产抛售。在经济上，"寡头们已经逐渐从寻租者向追求利润者转变，从国有资产的寄生虫向完全的所有者和投资者转变"。[52]随着寡头大量进行投资，获得巨额利润，向小股东支付红利，在奥斯隆德看来，他们已经具有了企业家精神，更像西方国家的大企业家了。

第五节 俄罗斯资本主义"革命"的终结
——普京治下的威权主义回归

对于普里马科夫政府，奥斯隆德并没有过多的评价。因为他认为这届政府实际上继续执行了之前的改革建议,特别是基里延科政府与国际货币基金组织和世界银行在 1998 年 7 月达成的大量协议,包括削减国家固定支出,减少预算赤字;加强中央财政权力;对寡头和大企业征税;快速将地区收入和预算外基金收归联邦政府。简而言之,即削减开支、增加收入、实现宏观经济的最终稳定,以及推动经济的货币化。加之卢布贬值,国际油价上涨,多种原因促成了俄罗斯 1999 年实现了 7％的经济增长。奥斯隆德认为,宏观经济的最终稳定大大加强了联邦财政的权力,依靠补贴和退税生存的国有企业经理和寡头失去了租金来源;地区长官也失去了对于联邦政府的权力和财政资源;俄罗斯共产党在国家杜马中被边缘化,最终接受了市场经济。

自 1991 年 11 月开始至 1999 年,俄罗斯市场经济转型不连续的、渐进的完成了除民主化外的自由化、私有化、宏观经济稳定化三大任务,为俄罗斯 1999 年至 2007 年的经济快速增长奠定了基础。所以奥斯隆德再三强调,因为经济持续高速增长而广受好评的普京实际上跟这些成就没什么关系,他"只是幸运的在正确的时间点上任了"[53]。

在对普京的认识和评价上,奥斯隆德明显缺乏像对待戈尔巴乔夫和叶利钦那样"抽丝剥茧"的耐心,他对于普京的反感、批评是直白、毫不避讳的。在称呼上,奥斯隆德称普京为"克格勃中校",在他看来,普京的执政思维和处事原则都是克格勃式的,并依靠原克格勃官员控制俄罗斯国家的经济、政治命脉。所以,普京是与"革命对立的",他的崛起标志着俄罗斯民主革命的终结,国家进入后革命的稳定阶段。[54]

奥斯隆德认为有两个原因促成了普京治下的俄罗斯向威权主义的回归。首先,叶利钦自己选择普京作为继承人,从而为普京的权力集中奠定了基础。其次,叶利钦统治时期未能进行彻底的民主化改革:一方面,府院之争导致了流血冲突,令人民对于民主政治产生了失望情绪,加之国有企业游说集团对于杜马决策影响产生的不良后果,使俄罗斯人对于政治逐渐厌恶。另一方面,虽然民主选举规则得以确立和执行,但 1993 年宪法建立的超级总统制赋予总统的权力过大,杜马的权力制衡作用未能发挥,而执法机制建设延后,使俄罗斯未能形成西方式的权力分散和制衡,这也为普京的权力集中扫除了制度性障碍。

奥斯隆德认为从普京的升迁之路来看,他很会讨好自己的前任,善于迎合有权势的高级官员,从而得到了叶利钦"家族"的赏识。最初选中普京的并不是叶利钦,而是叶利钦"家族",随后他被推荐给叶利钦。所谓的叶利钦"家族"指的是叶利钦家人和一些与之关系密切的官员和商人,核心成员包括尤马舍夫、塔季扬娜、别列佐夫斯基、阿布拉诺维奇、沃洛申。这五人都认为普京是合适的继任人选,因为普京的忠诚和坚定吸引了他们。在叶利钦最后执政的一年半中,病情严重,"家族"替他作了很多决定,其中就包括对普京的最初考察。

当然,最后选择普京的决定还是叶利钦自己作出的,但奥斯隆德认为叶利钦有可能被普京欺骗了,因为他最初以为普京的价值观与自己是一致的,[55]奥斯隆德强调,普京像戈尔巴乔夫一样从没有明确的表露过自己的理念,他称之为"主权民主"(sovereign democracy)的民主更像是威权主义统治的同义词。

在奥斯隆德看来,普京 2000 年至 2007 年的统治实际上是改革的倒退,是向沙皇俄国(尼古拉一世时期)的回归。因为他通过控制媒体、经济重新国有化、政治权力集中化,建立了由垂直权力统治的威权主义国家;经历了叶利钦时期的混乱,俄罗斯国家的有效控制再次回归,但既不透明、又不民主,国家干预重新出现。奥斯隆德强调,俄罗斯国家又回到了"家长"形式,即对所有事物都有权力,但却不承担任何责任。普京缺乏解除管制、法治和私有财产权利等理念。

"在担任总统的 8 年中,普京的主要努力明显是取消所有民主制度,建立威权主义体系",奥斯隆德总结道。

第一,普京抑制了主要的媒体。他能够继续通过电视控制人民,主要的政治新闻都是通过俄罗斯第一电视台(ORT)等国家电视台报道的。第二,控制地区州长。普京任命总统全权代表监督地区长官,执行联邦法律。还剥夺了州长在联邦委员会中的席位,因为联邦委员会委员需要任命,上院失去了重要性。随后,普京又取消了州长选举,由他自己任命所有的州长。俄罗斯权力集中的传统被恢复了。第三,普京通过尤科斯事件削弱了寡头的政治影响力。奥斯隆德认为,如果俄罗斯最富有的人的财产权利都得不到保障,那么所有人的财产权利都是没有保障的。不仅是单个的寡头,包括他们的组织——俄罗斯工业家企业家联盟,都失势了。第四,普京通过司法改革来改善俄罗斯的法院,同时将法官置于总统办公厅而不是地区长官的控制之下。第五,杜马选举失去了所有的民主内容,普京使用手段的范围很大——拒绝政党登记、取消候选人资格、非法骚扰、暂时逮捕、禁止公开集会,自由主义者和共产主义者都被边缘化了。第六,将部长会议的权力转移给总统办公厅。

奥斯隆德指出,这些制度性变化有一个共同的目标,即将权力集中到总统办公厅,依靠联邦安全局的"老兵"控制国家。"这些秘密警察通过大型国有企业控制了大部分的经济",监察和平衡被最小化了。普京剥夺了正式制度,如联邦议会、部长会议、地区长官的实际权力。结果表明,俄罗斯被广泛的去机构化(deinstitutionalization)了。[56]

奥斯隆德多次强调,普京的集中化不具有意识形态特点,不是向苏联体制的逆转。普京在政治、经济上的倒退是取消或者破坏叶利钦时期自由主义改革者已经完成的或者正在执行的市场经济,特别是民主改革措施。他指出,俄罗斯人对于 1913 年的俄国总是怀有一种深厚的感情,在他们的记忆中,那是俄罗斯最好的时代。苏联最后一个喜剧演员阿尔卡迪·赖金(Arkady Raikin)曾经说:"如果情况比 1913 年好,那么就已经很好了。"[57]但奥斯隆德认为,普京治下的俄罗斯的去机构化和被秘密警察所主导的特点,更让人容易回想起尼古拉一世时期的俄国。"普京治下的俄罗斯有一个特点,即陈腐的、过度集中的、威权主义国家与快速现代化市场经济之间的矛盾。这种沙皇主义的复活是一种怀旧之情的扭曲(monstrosity of nostalgia)"。[58]

第六节　奥斯隆德——新自由主义理念"坚定的"支持者

与大部分俄罗斯转型研究学者通过统计数据、档案文献、以及一些亲历者的叙述来分析评述俄罗斯转型不同,奥斯隆德更多的是凭借自己亲身的经历、近距离的观察和扎实的经济学功底。所以,他是少数几个能讲好俄罗斯转型故事的西方人。

在笔者看来,奥斯隆德是一位"坚定的"新自由主义者。尽管俄罗斯的"休克疗法"受到了广大俄苏研究学者和一些政治家的批评,但奥斯隆德从 1995 年开始就利用路德维希·冯·米塞斯和米尔顿·弗里德曼的自由市场学派的棱镜来解释经济转型,毫无畏惧地维护新自由主义的"激进主义改革"理念和理论。[59]他再三强调,俄罗斯的问题不在于改革过于激进,而是因为俄罗斯的改革从一开始就是渐进的,局部性的、延迟的、渐进的改革导致转型成本过高。所以新自由主义者主张的"大爆炸"式激进主义改革没有错误,东欧国家,特别是波兰改革的成功已经证明了这一点。

纵观奥斯隆德 1989 年至 2007 年的作品,他的思想表现出明显的连续性——他始终坚持市场才是有效配置资源的手段。奥斯隆德多次强调,共产主义的命令经济与市场经济分立于深渊的两侧,两者之间不可能妥协,更不可能融合。只有摧毁旧的命令体制,才能建立新的市场经济体制。[60]因为命令经济的核心是管制,与市场经济所倡导的自由交换是根本对立的。国家对经济的管制是"万恶之源",管制造成了资源配置效率低下、生产技术和管理革新停步不前、寻租等一系列经济扭曲。经济健康发展的前提是尽可能减少甚至消除国家对经济的干预,让市场发挥基础性的配置作用,而民主化所带来的权力分散与制衡能够削弱和限制国家的权力。鉴于苏联经济体制的严重缺陷,奥斯隆德认为只有进行根本性的体制改革才能挽救俄罗斯。所以,在他看来,俄罗斯转型实际上是一场抛弃国家管制经济体制,以建设市场经济体制和民主政治体制为目标的资本主义革命。

奥斯隆德强调,在体制革命中最为关键的是速度。因为改革机会期一般较短,只有在机会期内尽可能的实现自由化、稳定化、私有化和民主化改革,抑制寻租,才有可能真正建立市场经济和民主体制。但是,俄罗斯在特殊政治时期内,国内贸易没有实现自由化,货币和财政政策改革被延后,民主化从一开始就缺乏明确的理念,并被置于经济改革之后,造成俄罗斯改革实际上是渐进的。只有私有化改革基本上完成,才能在法律和实践上确立私有财产权。

奥斯隆德指出,尽管俄罗斯的改革计划并不完美,也存在来自国有企业经理和旧官僚的大量抵制,但"盖达尔团队的经济策略在很大程度上被执行了"[61],俄罗斯在 1994 年时就已经确立了市场经济制度。因为自由化的不完全,宏观经济稳定延迟至 1998 年才完成,民主化失败令改革者在政治上没有获得优势,导致俄罗斯实际上执行的是渐进主义改革,从而产生了较大的转型社会成本。也正是因为民主化改革的失败,使普京上台后,通过集中化手段,令俄罗斯回到了威权主义统治。

除了分析内部因素外,与萨克斯相同,奥斯隆德也花费了大量的篇幅来强调在激进主义改革阶段,西方未能及时地从政治上和经济上支持盖达尔政府是导致激进主义改革方案未能彻底执行的重要原因。[62]在他看来,西方之所以未能及时给予俄罗斯改革政府支持,是因为它们从一开始对俄罗斯转型的看法没有取得一致。一小部分但是有影响力的群体将俄罗斯视为西方文明之外的国家,希望继续保持俄罗斯的衰落并且将其排除在西方文明之外。在知识分子和决策圈中,持这种观点的代表人物是地缘政治学家亨利·基辛格(Henry Kissinger)和兹比格纽·布热津斯基(Zbigniew Brzeinski),他们主张,俄罗斯对于它的邻居是个威胁,而且未来也是,俄罗斯越弱,它的威胁就越小。[63]奥斯隆德强调,西方从苏联解体中获得了巨大的和平红利,但是以美国为首的西方政府却不愿意从中拿出很小的一部分帮助俄罗斯建立稳定基金,平衡宏观经济,面对叶利钦的请求,它们无动于衷。它们关注的是俄罗斯是否履行国际债务,叶利钦对此表示非常失望。虽然,在1992年中期,西方国家委托国际货币基金组织对俄罗斯进行经济援助,但是激进改革的机遇期已经过去,而且不会再出现。

在革命逻辑下,奥斯隆德给予了政治领导人足够的关注和分析,因为他认为在革命环境下,制度和社会力量较弱的时候,政治领导人在选择上的权力是巨大的,其理念将直接影响改革进程的发展。在奥斯隆德看来,"戈尔巴乔夫是一个好人"[64],他接受启蒙、现代化和国家化的理念,并希望能够改善苏联体制,但戈尔巴乔夫的上述理念是非常模糊的,更为重要的是,他没有放弃原有的理念,没有意识到苏联体制的扭曲已经到了无法改革的地步,只能崩溃。所以戈尔巴乔夫试图进行民主化、市场改革、联邦改革,但他并没有清楚地思考这些问题,混乱的行动引发了苏联体制的崩溃。

叶利钦虽然与戈尔巴乔夫年纪相仿,背景相同,职业生涯也类似,但他们两人是非常不同的两个人。奥斯隆德认为叶利钦是"一个反叛者、革命者",相比戈尔巴乔夫,虽然叶利钦更少与知识分子接近,但他对于理念更加感兴趣。他在狂热与抑制之间游移,酗酒和疾病扼杀了他的政权。奥斯隆德强调,叶利钦是一个革命的英雄,当他亲手埋葬苏联,并为俄罗斯选定市场经济和民主道路的时候,其历史使命就已经完成。因为他并不知道如何去建设市场经济和民主制度。因为叶利钦的不作为,经济改革不够激进和综合性,民主改革错失机会,而叶利钦最大的错误就是选择普京作为自己的继承人。

普京的理念和立场与戈尔巴乔夫、叶利钦是相对立的。奥斯隆德指出,普京属于愤世嫉俗的勃列日涅夫一代,而戈尔巴乔夫和叶利钦是赫鲁晓夫的解冻一代。普京的职业生涯是在克格勃开始和发展的,而不是在党内,所以普京的意识是克格勃的,核心在于控制。虽然戈尔巴乔夫和叶利钦都拥有西方的价值观,但他们对于西方知之甚少;而普京很了解西方,能够说德语和英语,但他憎恶西方的价值观。所以,奥斯隆德的结论是戈尔巴乔夫和叶利钦都是革命者,而普京却是一个修复者。

笔者认为,政治领导人的成长背景和思想意识对于其政策的形成具有一定的影响,注意到这种影响作用是奥斯隆德的优势。但他将这种影响作用看作是决定性的,特别是在普京的身上,有失偏颇。在笔者看来,不管俄罗斯在 1991 年至 1998 年之间进行的是激进主义改革还是渐进主义改革,俄罗斯的国家和社会秩序都经历了长时间的混乱。深受国家失败和混乱打击的人民需要的是一种稳定的状态和民族自豪感的激励。所以,第二次车臣战争、加强联邦权力、打击寡头是符合当时俄罗斯民众需求的。普京执政时期稳定的高民意支持率也证明了这一点。在生产普遍滑落、国家收入锐减的情况下,控制作为财政收入主要来源的能源产业,对于俄罗斯社会稳定,以及国家责任的恢复都是必要的。此外,面临北约和欧盟东扩所造成了战略压迫,重新整合、控制管道体系,也是制约西方压迫必要的战略手段。奥斯隆德在忽略上述客观情况下对于普京治国方略进行评论是不全面的。

奥斯隆德反复强调在革命的环境下,少量但是激进主义改革是可能成功的,越早、越简单的激进主义改革越好。[65]因为革命引发制度暂时失灵的"特殊政治时期"是短暂的,需要在反革命力量组织起来以前尽可能多的推进自由化、宏观经济稳定、私有化,特别是民主化改革。

改革措施应当集中于原则,而不是细节,要尽量简单,注重连续性和综合性。所以奥斯隆德激进主义改革方案的核心在"速度"。笔者认为,除了"特殊政治时期"短暂之外,奥斯隆德强调"速度"还有另一个原因。1989 年苏联就已经陷入到经济危机之中,到苏联解体时,经济危机已经非常严重,所以改革的另一个任务就是快速应对巨大的经济灾难。这正是奥斯隆德不认同渐进主义指责俄罗斯改革者忽视制度建设原因。面对众多的任务,需要确定优先顺序,采取果断措施打破管制实现经济的恢复和增长是首要的,而制度建设在经济实现自由化之后能够更为顺利地推进。

从逻辑上看,笔者认为奥斯隆德"大爆炸式"的激进主义改革措施在技术层面是成立的。苏联解体时面临的问题是:商品短缺,劳动生产率低下,缺乏实际运行的市场和货币体系,官僚和企业经理普遍不了解市场运行机制,国内生产与国际市场脱节,多重汇率导致的国内外商品价格扭曲,多年重复和效率低下的投资以及滥发货币进行补贴等错误导致高通胀风险,国内财政政策过于宽松而国际收入锐减造成财政赤字居高不下。解除不必要的国家管制造成的经济扭曲,建立市场经济体制,需要进行价格和贸易自由化,发挥市场的基础配置作用;进行私有化,推动法律和观念两个层面对私有财产权的尊重,从而鼓励人们进行投资,创造财富;执行严格的货币政策和财政政策,取消各种补贴,迫使企业适应硬预算约束,从而进行企业重组、管理与生产技术改革,进而提高劳动生产率。

但是否越早、越激进的改革就能解决俄罗斯的问题,还存在疑问。奥斯隆德对"大爆炸式"激进主义改革的理论假设是建立在东欧国家,特别是波兰改革成功经验总结的基础上。但无论从产业结构、国家体量,还是历史条件,俄罗斯与波兰都存在较大的差异。但奥斯隆德强调,俄罗斯与波兰的差异是量的,而不是质的:共产党在俄罗斯统治的时间更长,国家管制更为僵化,经济结构更为扭曲。所以,相对于波兰,俄罗斯需要的不过是更为激进的改革措施。

在笔者看来,这种简单的理论性套用,在一定程度上缺乏说服力。更为激进的改革措施是否能够降低俄罗斯的转型成本,更为成功的建设市场经济和民主体制已经不可能再次去检验,历史不存在假设。此外,作为内部人,奥斯隆德的有些认识和分析难免带有过多的主观性。一个明显的案例就是对于 1996 年总统大选的判断。奥斯隆德认为,当时共产主义复活的威胁是真实存在的。因而确保叶利钦再次当选总统,维护已经形成的改革成果是高于一切的目标,为了完成这个目标,即使手段存在一些问题也可以原谅,包括政府与寡头的利益的交换,以及西方政府责成国际货币基金组织向俄罗斯提供无附加条件的贷款,导致俄罗斯没有尽早实现宏观经济稳定。

但笔者认为,尽管叶利钦在第二轮通过与列别德联手才勉强击败久加诺夫,这并不能说明,没有寡头的帮助选民就一定会选择久加诺夫。叶利钦的支持率在选举前下降到极低的水平,是因为人民对 1991 年改革以来造成的社会混乱和生活水平下降产生不满。这不能成为政府与寡头进行利益交换,以及国际货币基金组织对俄罗斯区别对待的原因。这两项妥协正是导致 1998 年金融危机的重要原因。尽管奥斯隆德认为 1998 年金融危机是从外部冲击俄罗斯宏观经济问题的一次契机,但造成的代价确实太高了。

此外,笔者认为,新自由主义完全排除国家对经济干预的主张在实际经济运行中被证明是错误的。2008 年全球性金融危机的爆发正是因为缺乏国家对金融市场必要的监管。奥斯隆德忽略的是,解除管制不等于缩减国家责任。苏联解体后,普通民众面临存款蒸发、失业、缺乏社会保障等一系列挑战,这需要国家干预,并建立相应的社会保障体系。然而奥斯隆德却强调自由化的优先性,认为人民希望进行改革,所以准备承受一些必要的代价。他"一厢情愿"地认为,只要市场经济体制确立,俄罗斯经济就能够恢复和增长,人民生活水平也会相应提高,因为市场配置是最优的,民众会获得更好的商品和服务。但实际情况却恰恰相反,俄罗斯男性成年人平均寿命下降,新生儿死亡率上升,青年人为了获得更多的收入不愿意花时间接受教育,而从事走私、毒品交易、卖淫等不利于生产发展的行业。

奥斯隆德主张"大爆炸式"激进主义改革,以及上述出现的争议,是基于新自由主义理念一个基本假设:俄罗斯与其他国家,特别是西方国家没有什么不同,只要消除命令体制,俄罗斯就能够建立市场经济,社会科学理论特别是经济学理论对俄罗斯具有普遍适用性。俄罗斯是否特殊一直是俄罗斯国内思想界和国际俄苏研究学界争论的焦点,至今仍未有定论。

在笔者看来,如果单纯地强调俄罗斯的一般性,而简单的套用西方的社会科学理论以及制度经验,容易忽视历史、文化特性对俄罗斯的影响。俄罗斯从彼得一世开始,进行了漫长的西方化努力,虽然实现了工业化生产,但并未形成经济的良性发展以及西方式的分权体系。这说明俄罗斯历史、文化中的某些特性,如强烈的仇外主义、对于权威的服从等一直发挥着作用。奥斯隆德激进主义改革主张认为只要消除国家管制,实现自由化就能够建立市场经济和西方式民主制度的判断明显有些轻率。他强烈谴责普京恢复秩序的权力集中化过程是改革的倒退,但普京1999年至2007年的治理政策的一个明显的方向是恢复国家责任,特别是对于普通民众的责任,如建立稳定基金、实现货币平衡、增加退休金、完善社会保障体系等。

从俄罗斯改革的结果来看,笔者认为解除国家管制并不必然会实现市场经济的良性发展。苏联解体时,俄罗斯缺乏西方国家经过数十年甚至上百年建立的一系列成熟制度,导致一些"内部人"利用优越的位置和手中权力掠夺国家资产,造成贫富差距迅速拉大。这有悖于亚当·斯密自由市场实现共同福利最大化的主张。奥斯隆德对于20世纪90年代寡头侵占国家资产的行为视而不见,反而认为随着自由化、私有化、宏观经济稳定的实现,寡头会自动由寻租转向追求生产性利润。但是寡头寻租时就已经造成了巨大的社会代价,俄罗斯资本外逃居高不下,投资率持续低迷,经济对于原材料出口的依赖性高都体现出盲目自由化和私有化的消极影响。俄罗斯转型失败的经验提醒我们,应当重视转型过程中国家责任和制度监管的重要作用。

注释

1. Stephen Handelman, "Review: How Russia Became a Market Economy by Anders Aslund", *Annals of the American Academy of Political and Social Science*, Vol.545, pp.208—209.

2. Anders Åslund, *Russia's Capitalist Revolution: Why Market Reform Succeeded and Democracy Failed*, Peterson Institute for International Economics, 2007, p.2.

3. Ibid., pp.282—283.

4. Ibid., p.284.

5. Ibid., p.287.

6. Anders Åslund, *Building Capitalism: The Transformation of the Former Soviet Bloc*, Cambridge University Press, 2002, p.69.

7. Anders Åslund, 2007, p.3.

8. Anders Åslund, 2002, p.4.

9. Ibid., p.421.

10. Anders Åslund, *How Russia Become a Market Economy*, Brookings Institution Press 1995, p.292.

11. Anders Åslund, *Russia's Capitalist Revolution: Why Market Reform Succeeded and Democracy Failed*, Peterson Institute for International Economics, 2007, pp.6—7.

12. Anders Åslund, 2002, p.60.

13. Anders Åslund, 2007, pp.284—286.

14. Ibid., p.1.

15. Anders Åslund, 2002, p.443.

16. Anders Åslund, 2007, p.283.

17. Ibid., p.307.

18. David M.Kemme, "Review: Gorbachev's Struggle for Economic Reform: The Soviet Reform Process, by Anders Aslund", *Russian Review*, Vol.50, No.2 (Apr., 1991), pp.230—231.

19. Ibid., p.69.

20. Anders Åslund, *Gorbachev's Struggle for Economic Reform*, Connell University Press, 1989, p.112.

21. Anders Åslund, 1995, p.225.

22. Anders Åslund, 2007, p.53.

23. Anders Åslund, 1995, p.51.

24. Ibid., p.59.

25. Ibid., p.56.

26. Ibid.

27. Ibid.

28. Ibid., p.88.

29. Anders Åslund, 2007, pp.109—110.

30. Anders Åslund, 1995, p.94.

31. Ibid., p.102.

32. Anders Åslund, 2007, p.129.

33. Ibid., p.127.

34. Ibid., p.92.

35. Anders Åslund, 1995, p.296.

36. Ibid., p.126.

37. 所谓锚,就是用来稳定船的工具,借用在经济学中,锚是用来稳定经济运行,实现价格稳定计划,表现为某个货币政策目标。要发挥锚稳定价格的作用,可以有多种名义变量的选择,比如,某种商品——黄金价格,或某本币的外币价格——汇率等。通过设定这些名义变量的目标水平或变动率,进行货币操纵,实现价格稳定。

38. Anders Åslund, 2002, p.438.

39. Martin Walker, "Review: How Russia Became a Market Economy. by Anders

Aslund", *International Affairs*(*Royal Institute of International Affairs 1944—*),
Vol.71, No.4, Special RIIA 75th Anniversary Issue(Oct., 1995), pp.897—898.

40. Anders Åslund, 1995, p.58.

41. Anders Åslund, 2007, p.130.

42. Ibid.

43. Ibid., pp.145—146.

44. Ibid., p.147.

45. Ibid., pp.161—162.

46. Anders Åslund, 2002, p.298.

47. Anders Åslund, 2007, p.164.

48. Ibid., p.166.

49. Ibid.

50. Svyazinvest 是控制俄罗斯所有地区钢缆公司的国有企业。

51. Anders Åslund, 2007, p.172.

52. Ibid., p.184.

53. Ibid., p.197.

54. Ibid., p.200.

55. Ibid., p.202.

56. Ibid., p.274.

57. Quoted in Izvestiya, October 12, 1986.转引自 Anders Åslund, 2007, p.275。

58. Ibid., p.275.

59. David M. Kotz, "Review: Building Capitalism: The Transformation of the Former Soviet Bloc by Anders Åslund", *Slavic Review*, Vol.62, No.1(Spring, 2003), pp.147—148.

60. 详见 Anders Åslund, 1989, pp.232—233。

61. Anders Åslund, 1995, p.312.

62. 关于萨克斯对此问题的分析,详见[美]杰弗里·萨克斯:《贫穷的终结:我们时代的经济可能》,邹光译,上海:上海人民出版社 2007 年版,第 126—128 页。

63. Anders Åslund. 2002, pp.397—398.

64. Ibid., p.286.

65. Anders Åslund, 2007, p.7.

第三章

新制度主义背景下的俄罗斯制度变迁

新自由主义理论框架下的"休克疗法"不仅没有帮助俄罗斯实现快速的经济恢复和增长,反而令经济情况更加恶化。从而引发了学者对于俄罗斯转型替代性路径的讨论,赫德兰就是其中之一。相对于新自由主义的"拿来主义",赫德兰认为体制转型实际上是制度转变和观念转变的综合过程,只有行为体尊重并执行新的博弈规则,转向生产性的逐利行为模式,才有可能为新自由主义主张的技术性改革方案提供"土壤",真正实现经济的良性发展。赫德兰在新制度主义框架下,为俄罗斯转型提供了一条不同于新自由主义的,以产权制度和国家责任为改革核心的转型路径选择,引起了国际学界的广泛关注。

斯蒂芬·赫德兰(Stefan Hedland)教授是瑞典著名的经济学家、苏联和俄罗斯研究专家。他在瑞典著名学府隆德大学接受了系统性的经济学专业训练,于1983年在隆德大学获得经济学博士学位,并对苏联经济体制及其发展产生了浓厚的兴趣。作为高级研究员在瑞典苏联和东欧事务局短暂工作一段时间后,赫德兰回到隆德大学经济系从事研究工作。1984年赴乌普萨拉大学从事苏联与东欧研究和教学工作,1985年至1990年在隆德大学和乌普萨拉大学进行有关苏联、东欧的研究与教学,1990年至今,赫德兰一直在乌普萨拉大学从事俄罗斯、欧亚研究工作,现任乌普萨拉大学俄罗斯与欧亚研究中心主任。赫德兰教授曾赴哈佛大学戴维斯俄罗斯与欧亚研究中心、日本北海道大学斯拉夫研究中心和斯坦福大学进行访学和交流,在吸收先进研究方法和经验的同时,也建立了广泛的学术交往关系。

赫德兰教授在其研究中表现出深厚的理论功底,通过对经济学、社会学、政治学、认知心理学等相关理论的娴熟运用,结合比灵顿、派普斯、爱德华·凯南等对俄罗斯制度、历史、文化特点的分析,构建了一个逻辑严密的历史制度主义路径依赖分析框架,发掘俄罗斯转型失败的深层次历史、文化原因,为人们了解俄罗斯政治制度和文化发展的特点及其在俄罗斯转型过程中发挥的作用提供了新的视角,并为俄罗斯朝向市场经济和民主制度的转型提出了一个不同于新自由主义的方案。拜读过赫德兰作品的学者都对他的博学和对理论的掌控大加赞赏,其中就包括奥斯隆德。[1]

第一节　制度变迁——制度与观念的双重转变过程

　　相对于新自由主义强调自由化、宏观经济稳定化、私有化、民主化等市场经济基本博弈规则的建设,赫德兰更加关注制度建设与观念转变的互动。在赫德兰看来,体制转型是由制度转变和观念转变组成的综合性过程,制度设计与对制度的认同和支持同样重要,只有这两个方面都实现正确的转变,体制转型才有可能成功,市场经济才能良好运行。赫德兰以苏联体制本质特征的分析为起点,指出新自由主义理论前提假设的缺陷——忽视了人类行为的社会属性,进而指出俄罗斯转型失败的关键原因在于——行为模式没有转变,他引入新制度主义的路径依赖分析框架,探寻导致制度变迁失败的"历史惯性"因素。

　　对于苏联管制经济的缺陷,赫德兰与新自由主义学者奥斯隆德的看法相似,认为苏联经济体制通过层级管理体系进行价格管制,缺乏横向联系,造成效率低下、技术进步和管理革新停滞。除上述技术性特点之外,赫德兰更加关注苏联经济体系扭曲的根源——权力与财产权的关系。赫德兰强调,权力的垄断和压制私有财产权才是苏联体制不合理的核心所在。因为"权力偏好决定了激励体系形成"[2],也就是说,权力结构决定了利益分配。当权阶层通过权力垄断和压制私有财产权,消除自愿的横向经济联系,将资产配置的权力集中在领导人或者政治局手中。赫德兰强调,这种制度模式造成了苏联人两个普遍的行为特征:逃避规则和排斥生产性行为,而这两种行为在命令经济体制下是合理的自利行为。

　　赫德兰指出,由于压制资源的横向交换,生产者只能根据计划接收和交付商品,而没有必要进行市场营销、成本核算或者其他现代商业的管理行为,剩下的只是一个拥有人事部门的生产工厂,其管理的首要任务就是进行讨价还价以获取所需生产资料投入的配给文件,简而言之就是贿赂供给者,而不是消费者。缺乏财产权,这一点更为根本,企业不是法律主体,管理者和工人失去了创造超额价值的动力,法律管制导致企业没有破产的威胁,没有承担适当比例债务危险的能力。[3]这些不仅造成了苏联经济体系的效率低下,而且造成企业管理者缺乏生产性行为的激励。

　　赫德兰强调,透明度的缺失,不仅为特权阶层(官员和企业经理)提供了大量中饱私囊的机会;更重要的是,为依存和忠诚关系提供了基础,这种关系依赖于有选择的帮助和奖励,构成了命令经济模式的核心。代价是责任的缺失,以及各种腐败形式的出现,影响力博弈成为了苏联体系的真正标志。[4]因而,俄罗斯转型的核心问题在于如何打破权力的垄断和私有财产权的缺失,使行为体放弃对于权力和影响力的偏好,转向遵守规则。

　　但是,赫德兰在对"休克疗法"进行评估和失败原因的分析中发现,转型时期的俄罗斯行为者的行为模式并没有发生改变:领导人专注于个人权力,官僚和商业精英没有转向生产性行为,而是依赖统治者的权力从事再分配活动。权力与财产权的关系没有出现本质性的变化:以建立私有财产权为目标的私有化成为了统治者与商业精英之间的"权钱交易",权力使用的随意性显而易见,国家没有肩负起保护私有财产权的责任,导致行为者仍然偏好影响力博弈,而不是遵守规则。

　　造成这种结果的原因在赫德兰看来,主要是由于新自由主义框架的转型计划主要基于经济人工具理性的假设,忽视了俄罗斯原有社会规范对行为体行为的驱动力。西方经济学家和俄罗斯改革者简单地认为,解除管制的俄罗斯与西方国家没有区别,只要转型为市场经济,就能提高效率,而人们将会自动地适应和尊重市场经济下的博弈规则。因为他们相信,经济法则是超越不同国家文化和历史区别的,[5]经济人只关心结果,是有远见的。赫德兰强调,这只是新自由主义者一厢情愿的想法。约瑟夫·范·布拉班特(Jozef van Brabant)就曾经指出:"不像法律原则(规范性法律)和客观的发现(如物理学中的),经济法则只能通过人类的活动才能存在。"[6]人是生活在社会中的,受到历史、文化、宗教、身份认同、集体记忆等多重社会因素的影响,当人面对机会时,他们将会基于不完全的、可能是扭曲的信息作出决定,因而只有有限理性。

赫德兰认为,新古典主义经济学经济人假设的根源在于理性主义被引入经济学后,造成的理论假设简化。牛顿发现力学定律后产生了启蒙运动,人们利用牛顿发现的定律将世界描述为一个巨大的钟,所有的行动都可以用理性去理解,都可以预测。当理性主义和数学方法引入经济学研究之后,促成了经济学革命,经济学的理论假设也随之将人类社会简化,主流经济学家认为历史和文化特点不能、也不应该进入微积分学中。[7]因而,人的社会属性也被排除在分析框架之外,追求个人效用最大化的工具理性成为了一种不需要证明的假设。新古典主义经济理论假设将人类社会简化的另一个表现是,在其他条件不变和完全信息条件下的研究边际变化。然而,这两个条件在真实的社会中很难实现,行为者经常会面临一种"以普遍不确定性为标志的非常规情况,以及同时出现多重利润的额外边际变化"[8]。

赫德兰指出,理论假设简化的结果就是,适用性的无限扩大。因为新古典主义经济学认定经济人都是相同的——具有工具理性、有远见的,随时准备利用机会实现个人效用的最大化。由此推论,每个国家的状况都是一样的;而经济人追求个人效用最大化的行为将会令他们自动服从市场规则,实现经济的最优均衡。在此基础上形成了一种简单理念,即放弃命令经济体系的俄罗斯和其他国家是相同的,能够快速向市场经济转型,实现经济增长和良性发展;而俄罗斯人因为乐观的经济前景,会自动支持市场经济,并在市场经济框架下进行自利。但此观念忽视了社会规范有可能造成行为者旧有行为模式的延续,抵制正式规则的转变。赫德兰认为,社会规范与正式规则和执行机制共同构成了制度。社会规范是正式制度在行为体心理层面的内化,从而驱动行为模式的转变,对正式制度有支持作用——赋予其合法性。正式规则有可能在一夜之间改变,但是社会规范的形成是一个观察、学习、分享的过程,需要长时间的影响才能转变。所以,如果社会规范没有转变,而单纯地强调正式规则的作用,将会形成行为者仍延续旧有行为模式的局面,导致正式规则无法获得合法性而失效,继而发生改革的逆转。

因而,赫德兰得出结论,"休克疗法"之所以失败,原因在于,虽然改变了正式的博弈规则,但是没有改变原有的社会规范,导致改革不仅没有成功,反而恶化了经济情况。他强调,制度变迁要想成功,就必须实现正式制度和非正式规范的双重转变;要想转变社会规范,就必须认识到形成偏好影响力博弈、逃避规则这种社会规范的制度根源,彻底改变原有的制度矩阵[9]。他主张,这需要回到历史,探寻俄罗斯制度演进中的特点。在他看来,权力-财产权关系模糊造成的、以偏好个人影响力博弈、逃避规则、追求重新分配逐利行为为特征的行为模式,并不是在苏联体制下才开始出现的,而是有着深刻的历史根源。

第二节　制度变迁的关键——打破路径依赖

赫德兰认为,新古典主义经济学最大的缺陷就在于将个体行为者的行为动机简化为工具理性,即随时准备好利用机会,实现个人效用的最大化。对于新古典主义经济学家来说,个人作出决定的背景是想当然的,工具理性虽然提高了预测能力,但却忽视了影响行为的不确定性因素。因为行为者是生活在社会中的,受到文化、宗教、意识形态等多种因素的影响,其行为动机是嵌入在社会结构中的。换句话说,行为者在面对不确定的情况下,可能不会向前看,而是回头看,即根据以往的经验作出选择。新古典主义经济学理论恰恰忽视了行为动机,用道格拉斯·诺斯的话来说,"主流经济学专注于选择,但是却忽视了选择的背景"。[10]因而,历史对于新古典主义者来说并没有太多意义,但是对于新制度主义者来说,历史意味着一切。赫德兰认为要寻找俄罗斯转型失败、逆转的原因,就需要找到造成俄罗斯行为者行为偏好模式的制度矩阵特征,这种制度矩阵特征往往有着深刻的历史烙印。

为了在历史中寻找到答案,赫德兰引入了道格拉斯·诺斯提出的路径依赖理论。在赫德兰看来,诺斯的路径依赖理论为分析制度变迁过程中为何会发生逆转,以及旧制度为何会得以保留,提供了理想的分析路径。诺斯主张,制度不仅包括我们能够看到、听到的法律、法规等正式规则,而且包括以国家作为独立第三方的执行机制和更为重要的非正式规范。"正式规则可以被视为一个社会制度矩阵中的政策方面；非正式规范是体系的'政治文化'，是绝大多数人对统治者政策的反应；执行机制通常指那些与法治相联系的制度"。[11]正式规则可以通过法令在一夜之间进行改变，但非正式规范只能逐渐地改变，而执行机制的作用是确保正式规则被支持。笔者认为，制度三要素的解释力源于两个假设：第一个假设，规范能够为规则提供合法性；第二个假设，执行机制必须是可信的、持续性的，能够影响规范的转变。从这两个假设中可以得出一个关于制度变迁的核心结论，"制度变迁中最重要的是，如果不能远离或者改变已存在的规范体系，必然会导致制度变迁的失败，或者产生强有力的反作用"[12]。

一、路径依赖理论的基本逻辑

路径依赖是指人类社会中的技术演进或者制度变迁具有类似于物理学中惯性的特征，一旦进入某一路径（可能是好的，也可能是坏的），就会对这一路径产生依赖。路径依赖理论源于经济学理论中对技术改变的研究，用于解释在技术发展和创新条件下，为什么生产者会持续选择使用效率相对低下的某些技术问题。道格拉斯·诺斯将技术变迁中的自我强化机制引入到制度变迁的分析中，用以解释为什么所有的国家没有选择相同的发展道路，一些国家长期陷入贫困，无法摆脱低效制度的问题。对于制度的基本作用，诺斯认为："制度是一个社会的博弈规则，更正式些，是人为设计的限制性条件，用以塑造人们之间的互动。因此，制度能在人类的政治、社会、经济领域的交换中构建激励因素。随着时间的变化，制度变化塑造了人类社会发展的方式，所以是理解历史变化的关键。"[13]简单来说，一些人制定规则，用以管理他们与其他人之间的互动，另一些人则通过建立各种组织等方式应对新规则，这样有助于拓展获利的机会——生产性的或者重新分配性的。因此，新制度经济学者主张，制度变迁中也存在路径依赖，一个国家的经济发展一旦选择了以回报递增为特点的制度安排，强化机制将会造成锁闭效应，从而对这种发展路径产生依赖。

赫德兰支持路径依赖是基于低效制度的主张，并认为两种力量形成了路径依赖——回报递增和有巨大交易成本的不完全市场。笔者需要强调的是,这实际上修正了新古典主义经济学边际收益递减和完全竞争市场的基本假设。在制度变迁环境下,如果行为者对某一种制度安排的持续投入造成回报递减的话,那么行为者将会选择调整或者放弃这种制度安排。但在现实世界中,一些经济落后国家的制度安排却表现出较强的延续性,这说明制度安排可能存在回报递增,使得行为者继续投入以保持这种制度安排。完全竞争市场是经济学中的一种理想状态,在这种市场状态下,行为者能够获得全部信息,买卖双方自觉接受市场价格,过去的经验不会对行为者的决定产生影响。但在现实条件下,这种理想状态是不可能达到的:随着市场范围的扩大以及专业分工的发展,交易成本[14]也随之增加,而行为者获得的是不完全的反馈信息,行为者对于周围世界的认知会影响他们的选择。因此,在回报递增和有着巨大交易成本的不完全竞争市场的条件下,次优制度安排有可能存在,并因为制度的锁闭效应而得以保留。

赫德兰指出,如果创设的制度是以回报递增为特点的,将会抑制生产性活动。在这种制度条件下形成的各种组织和利益团体,会利用现有的限制性条件获取利益,与制度形成一种共存共荣的关系。在这种社会中,存在着奖励“海盗行为”(重新分配性活动)的支付矩阵(pay off matrix)。[15]各种组织和团体就会为那些有助于重新分配性活动的知识和技术进行投资。[16]因为投入的不断增加,使各种组织和利益团体更加依赖以回报递增为特点的制度安排。即使这种制度的效率会越来越低,因为考虑“沉没成本”,他们也不会轻易地选择退出。在此基础上,赫德兰认为,如果一个社会存在奖励“海盗行为”的制度矩阵,一定是源于财产权利缺乏保障;而存在这种制度矩阵的社会长时间被锁闭在次优均衡的路径依赖中。[17]

赫德兰强调,在有着巨大交易成本的不完全竞争市场条件下,信息反馈是碎片化的,受信息不完全反馈和意识形态影响的行为者的主观心理将会塑造路径。[18]随后,不仅偏斜的路径和持续的表现不佳会占上风,而且从历史中获得的认知也会影响行为者作出的选择。[19]在这一过程中,意识形态发挥着重要作用,不仅会将奖励“海盗行为”的制度结构合理化,而且还会对社会的表现不佳作出解释;结果,经济将会发展出强化现有激励因素和组织的政策。在路径依赖理论中,意识形态是指被广泛共享的心理模型,而心理模型是由个人认知系统所创造的,是对周围环境解释而形成的内在表现。赫德兰强调,"心理模型一旦形成就会被不断加固,很难被改变",[20] 这是因为"未来记忆"(memory of the future)在发挥作用。神经生物学家戴维·英格瓦(David Ingvar)的研究发现,为了处理每天大量的信息,人的大脑会发展出一种"未来记忆",这是一种播放机制,能够过滤掉那些不符合个人对未来感知的信息。[21]通过这种过滤,"解释环境"的任务将会得到极大促进,而且很难被影响。

从赫德兰的路径依赖理论的分析框架中,可以获得两个重要信息。首先,历史是重要的,历史的重要性不仅是因为回报递增可能会影响特殊制度安排的创立和保留,而且在不完全竞争、不完全信息和高交易成本的条件下,行为者也会被锁闭在对周围世界认知的模式之中,从而影响他们未来的决定。其次,相对于制度矩阵(正式规则),意识形态(非正式规范或者社会规范)的作用更为重要,因为将奖励"海盗行为"的社会结构合理化、为社会不良表现提供解释的意识形态一旦形成,就会持续抵制正式规则的改变。

需要注意的是,赫德兰反复强调,路径依赖不是决定论,或者政策失败主义。路径依赖分析的是制度锁闭效应如何、以及在什么方面可能会产生影响。虽然这种锁闭效应很难被突破,但不等于说无法被突破。路径依赖分析的意义在于提醒潜在的改革者在进行政策设计时要谨慎。首先,要突破一种既有的观念,即所有国家都是相同的,同一种经济政策将会在所有的文化背景下产生同样的结果。"只有准确的考虑和寻求阐述路径依赖结构——正式规则和非正式规范两个方面,并以此为基础提出改革建议,才有希望取得进步。"[22]

二、赫德兰打破路径依赖的逻辑

新古典主义经济学理论简化了人类行为动机的复杂性,将历史、文化等因素排除在外。但新制度主义经济学家认为,历史影响力会防止理性的"向前看"效用或者利益最大化。更具体地说,"当历史妨碍市场力量消除差的制度化解决方法时,历史就变得很重要".[23]因此,赫德兰主张,人类的行为动机是嵌入在社会结构中的。根据这种结构性或者文化性的观点,制度被视为现象,即"超越了个体行为者,具有不可变的社会文化特征,这种社会文化特征会决定行为。"[24]

笔者需要强调的是,赫德兰的路径依赖分析框实际上扩大了新古典主义传统的解释范围,同时坚持根植于新古典主义的主要假设。赫德兰并不否认行为体追求个人效用最大化的目标,但是因为受到不完全信息的影响,行为者追求合理效用和利润最大化的行为有可能导致对次优均衡的持续逆向选择。这可以解释为是个人偏好的排序导致了某些类型的集体不理性反应,而不是外部强制力所导致的。因而,他主张自利的理性工具行为必须考虑嵌入到社会结构中,并以社会规范的力量作为补充。

赫德兰指出,市场调节不是万能的,因为不受限制的自利行为有可能会堕落为纯粹的贪婪,从而损害公共利益。因此,需要引入国家的作用。当谋求个人利益堕落成贪婪时,国家应该进行干预,在防止市场失效的同时,又不压抑合法的寻求自我利益的行为。因此,他强调,国家应该像"看门人"一样,将宏观层面的公共规范植入到微观层面,并内化为个人规范。只有当两个层面流畅地联系起来,才能期望个人规范出现,从而支持良好的经济表现。

市场的第二个缺陷是不能降低交易成本。随着市场的扩大、产量的增加,规模经济会降低转换成本,同时,由于市场复杂程度的增加,也造成了交易成本的增加。仅依靠市场自身是不能降低交易成本的,解决的方法总是带有集体产品的特点,即所有人都可以免费使用的产品或者服务。赫德兰认为,很难找到所有人共同分担集体产品成本的方法,这就需要国家承担。"(现实世界中)因为缺乏个人行为利他主义的激励因素,所以市场和国家需要共同努力,以保证个人行为符合集体利益".[25]

基于上述分析,赫德兰强调,应当将国家视为一个独立的行为者,重视国家的责任,而不是放任自由。"(国家)在多大程度上承担契约的第三方执行者和不可侵犯的财产权保护者的责任,决定经济将有怎样的表现".[26]

因此,打破路径依赖需要做到:第一,建立正确的正式规则,即制度不具有回报递增的特点,使支付矩阵奖励生产性行为;第二,引导心理重述,改变原有社会规范,促使行为者认同、支持生产性行为,从而为新的正式规则提供合法性。国家在这一过程中发挥着至关重要的作用。从赫德兰的逻辑来看,完成上述目标需要经历三个步骤:

第一,确立以私有财产权为核心的正式博弈规则。以回报递增为特点的制度矩阵的核心是权力-财产权关系的模糊,导致获得财富的方式是重新分配。这需要行为者与权力者建立依附关系,因而行为者偏好个人化关系和影响力博弈,降低了对法律的需求。在这种情况下,行为者是普遍逃避规则的。所以必须将财产权从权力中分离出来,确立以私有财产权不可侵犯性为核心的法律体系,明确划分私有财产权与国家权力的界限,保护私有财产权。在这方面,赫德兰认为"休克疗法"中的改革建议是充分的。

第二,国家作出可信的承诺(credible commitment),限制自己随意破坏私有财产权的权力。"要保护财产权,要么需要统治者克制和抑制自己使用强制性力量,要么需要限制统治者的权力,以防止随意没收财产,"[27]即"激励性"(motivational)可信承诺。这需要统治者和被统治者都为自己找到信守承诺的理由,要求统治者构建一种博弈规则,令统治者和选民在"激励相容"(incentive compatible)的条件下,都有兴趣遵守规则。从而形成制度的自我强化,这有助于支持性规范的形成。"激励性"可信承诺强调非正式规范与正式规则的共同转变,从而为正式规则提供合法性。

第三,建立独立的司法机关,严格执行以法律为基础的博弈规则,通过执行机制持续的可信性引导心理模型"重述"的发展,逐渐改变社会规范,为正式规则提供合法性。在市场经济中,重复博弈的经验会告诉行为者,背叛不是合理的策略,相互学习将会形成一种心理模型的汇聚,从而导致规范——如契约必须遵守,将内化在政治文化和商业道德准则中。

赫德兰强调上述努力,时间是关键。这需要数个前后相继的政府领导层持续地证明其改革承诺,才能有效地引导心理重述的完成,从而改变非正式规范,促使行为者为更好地掌握生产性行为技巧而进行投资,促进市场繁荣。所以,打破路径依赖的关键挑战是坚持走在正确的道路上。

在构建路径依赖分析框架的基础上,赫德兰将叶利钦时期主要行为者的行为方式与古代俄罗斯和苏联时期行为者的行为方式进行了对比。他发现,不同时段的行为者的行为方式在很大程度上存在一致性:偏好个人影响力博弈、普遍逃避规则、对统治权力的依赖等,是行为者进行重新分配性活动的基础。这可能说明,驱动行为者行为的旧有社会规范仍在发挥着作用。为了证明这一点,赫德兰通过对俄罗斯制度演进史的分析,发现因国家不负责任而导致的财产权模糊是俄罗斯从古至今的制度特点,也是俄罗斯人普遍逃避规则这种社会规范的根源所在。

第三节　俄罗斯制度变迁的历史循环
——"未能打破的路径依赖"

赫德兰指出,俄罗斯是研究制度变迁中路径依赖的天然案例。但他并不是简单地将路径依赖的分析框架套用在俄罗斯国家的制度演进上,而是将俄罗斯制度史嵌入到路径依赖分析框架中,指明具有回报递增特点的俄国制度矩阵最初创设的历史环境和自我强化过程,分析正式规则如何内化为行为者的心理模型并形成社会规范,以及数次改革发生扭转的原因。最为重要的是,赫德兰明确指出了俄国制度矩阵下的权力-财产权关系,以及在此关系基础上形成的经济发展模式。

赫德兰从留里克王朝建立开始,认真分析了基辅罗斯、莫斯科公国、沙俄帝国、直至苏联的制度特点,在派普斯、爱德华·凯南、比灵顿等关于俄罗斯制度和政治文化、精神研究的基础上,赫德兰创造性地使用路径依赖理论工具,分析俄罗斯制度建立的初始条件、自我强化机制与统治规则相适应的社会规范(意识形态)的形成过程,总结出俄罗斯制度矩阵中的本质特征,以及在此制度矩阵下俄罗斯人行为方式的特点。

在俄罗斯的案例中,赫德兰认为,俄罗斯早期——莫斯科公国——

专制制度的形成具有历史偶然性,但这一制度体系具有明显的回报递增特点,即财产权不明确,由这一制度矩阵创造的特殊利益集团——贵族、官僚——依赖统治者的权力,通过重新分配活动获取利益,逐渐发展出将这种制度矩阵和社会结构合理化的社会规范。赫德兰指出,专制制度矩阵并不是俄罗斯唯一的选择,当这种制度矩阵的效率越来越低的时候,统治者也会改革——彼得一世改革、叶卡捷琳娜二世改革、亚历山大二世改革等。但是统治者始终不愿分享权力,使得政府不愿承担第三执行方和保护私有财产权的责任。加上令专制制度合理化的社会结构合理化的心理模型的抵制作用,造成了俄罗斯数次西方化改革的逆转。

赫德兰强调,布尔什维克建立的苏联实际上是俄国制度矩阵的重建。统治者的权力仍然不受限制,不过是沙皇变成了党的中央委员会;压制私有财产权;取消独立的司法体系;党的精英转变为新的"服役贵族"和官僚阶层,通过重新分配性活动获取利益;最为重要的是,布尔什维克投入巨大的精力和物质创造了新的意识形态,促进苏联体制和社会结构合法性,实际上是在新环境下对俄国精神的继承和强化。

对于俄罗斯国家的制度演进史,赫德兰将其分为了四个阶段:(1)基辅罗斯时期。基辅罗斯是一个以商业为纽带的松散城市联盟,以商业为基础的制度发展与同时期西欧的发展相似,甚至更好,主要表现在诺夫哥罗德。(2)莫斯科公国时期。作为基辅罗斯可能继承者之一,莫斯科远离通商道路,自然条件恶劣,发展出以农耕为基础、以强制资源动员为手段的专制制度,并征服了诺夫哥罗德,自此与西欧制度发展"分道扬镳"。(3)沙俄帝国阶段。俄国专制制度经彼得一世改革达到顶峰,同时也开启了俄罗斯的西方化进程,经历了多次西方化改革,但都遭到逆转,布尔什维克革命终结了俄罗斯真正与"过去"决裂的可能性。(4)苏联时期,布尔什维克进行了彻底的体系转变,希望建立新的乌托邦世界秩序,但实际上是重构了俄国制度模式,不过是披上了"马克思主义的外衣"。

一、基辅罗斯的遗产

在赫德兰看来,俄国专制主义制度模式是从莫斯科公国开始建立的。尽管莫斯科公国的"前任"并不是专制国家,但是基辅罗斯的历史遗产连同政治制度对莫斯科公国的专制主义具有重要影响。

在基辅罗斯的遗产中,最为重要一项是财产权利的缺失。赫德兰的分析表明,这是由基辅罗斯的经济发展方式所衍生出的国家管理方式和权力-财产权观念造成的。基辅罗斯的创立者瓦良格人作为武装贸易者来到东斯拉夫土地上,与拜占庭之间稳定的贸易收入成为他们主要的收入来源。理查德·赫利(Richard Hellie)指出,基辅罗斯在 10 世纪的国家特性不过是由贡品收集构成的,社会是由部落构成的,决策通常是通过协商一致产生,就社会金字塔的结构而言,各阶层之间是相对流动的。[28] 所以,赫德兰认为,基辅罗斯与拜占庭之间的商业贸易可以被视为这样一种情况——基辅大公建立私人贸易公司,邀请波雅尔贵族和商人加入其中,共享收益。基辅大公并不是实际上的统治者,而是所有王公的领袖,与其他王公之间是平行关系而不是垂直隶属关系。因而,赫德兰将基辅罗斯界定为一个组织松散的、由波雅尔贵族和商人统治的商业联邦。

因为可以通过贸易获得收入,所以基辅罗斯的王公们并未对土地开拓实现真正的依赖,王公在领地上的主要目标不是收取地租,而是获得可用于贸易的贡赋。因而也就没有形成后来在莫斯科出现的等级性依赖关系。赫德兰指出,专注于贸易意味着统治精英未能建立起与领地任何实质性的联系,也就不会出现对于各种法律规定的需求,但这种需求正是西欧产生分权的驱动力。《东斯拉夫法典》(Russkaya Pravda)是基辅罗斯第一部真正的法典,产生于 12 世纪,是一部习惯法法典,在整部法律中找不到任何土地所有权的主张。[29] 赫德兰强调,引入土地财产权是西欧发展的主要驱动力,但基辅罗斯缺乏这种制度。

此外,赫德兰认为,基辅罗斯的横向继承制度[30]阻碍了世袭君主政体的建立,不能发展出西欧那样的封建秩序,同样导致了土地财产权的主张被压抑。基辅罗斯的继承制度源于"智者"雅罗斯拉夫的遗嘱,他采用了横向继承体系,即继承在兄弟间进行,当所有兄弟都过世了,最年长兄弟的长子才能继承王位。克柳切夫斯基将之称为"罗塔体系"（rota system）。这造成统治精英不会形成个人封地意识，但发展出一种集体遗产的意识。这是因为统治精英并未将土地视为主要财富，因此，缺乏土地所有权成为"罗塔"继承体制关键的组成部分。不存在土地所有权，王公与领地之间缺乏明确的联系，这意味着罗塔体制王朝的成员没有必要或者需求与当地的政治组织进行互动，也就不可能促进共和国，甚至是民主政治制度的产生。[31]

12世纪，十字军第四次东征导致了拜占庭经济衰落，基辅罗斯统治精英从贸易中获得的收入快速下降，因而转向了其他收入来源的领域——农业和小规模制造业。随着土地所有权和收取地租重要性的不断提升，维系基辅罗斯联邦的商业纽带开始瓦解，其他城市获得了越来越多的独立性。"罗塔体系"中次要城市的周边地区开始挣脱束缚，邀请自己属意的王公作为统治者。随着王公人选的逐步增加，分裂的过程也越来越快。[32]赫德兰指出，在这一过程中，罗斯的中心北移，东北罗斯的统治者逐渐专注于榨取地租，从而导致了"封地"（appanage）的出现。"封地"是统治者为了供养自己的子孙而留出的土地。[33]随着"封地"的不断开拓，某种私有财产权概念开始出现。更重要的是，这些"封地"的王公是大公的亲属或者儿子。王公成为固定的，并且拥有按照自己的意愿在继承者之间决定财产分配的权利，这开始向世袭领地（votchina）理解的转型，过去被接受的公共王朝财产（common dynastic property）在所有者家族内垂直传递。[34]但赫德兰强调，封地同时也带来了消极影响，因为世袭领地被一代代的继承人逐渐细分，基辅罗斯陷入了内部分裂阶段，土地的"分散性"越来越强。这也是基辅罗斯无法抵御蒙古人侵袭的重要原因。

赫德兰指出，尽管东北罗斯出现了私人土地所有权的观念，但这种观念仅限于统治者阶层。封地王公被分配给处女地，需要自己清理土地，招来外部农民进行生产，因而这些王公将这些土地视为自己创造的，他们理所当然的能够在这片土地上行使权力。这种权力和财产融合的态度渗透进所有权制度中，"形成了东北罗斯与罗斯其他部分以及整个欧洲的根本区别"，[35]也成为了莫斯科专制主义制度矩阵的基础。

　　除了缺失以财产权为核心的法制体系外,赫德兰认为基辅罗斯的遗产还包括东正教影响与东部草原民族频繁相互征伐的恶劣安全环境。东正教所产生的文化和社会影响,有助于形成俄罗斯独特的意识形态,为莫斯科专制主义制度模式提供了至关重要的合法性基础。与草原民族之间的频繁战争,迫使自然条件恶劣的东北罗斯必须集中大部分人力、物力用于安全保障,从而产生了对强制资源动员体制的需求。

二、俄罗斯专制主义制度矩阵的崛起

　　蒙古入侵导致基辅罗斯最终陷落。在赫德兰看来当时存在三个可能的继承者:立陶宛、诺夫哥罗德、莫斯科。立陶宛一开始并不是东斯拉夫人的一部分,但是在基辅罗斯崩溃之后,立陶宛大肆占领基辅罗斯的土地,顶峰时期,立陶宛四分之三的人口都是罗斯人。但是立陶宛皈依天主教,与波兰合并,令自己失去了"继承资格",并在意识形态和军事方面与莫斯科相互敌对。

　　赫德兰认为,如果诺夫哥罗德成为基辅罗斯的继承者,那么俄罗斯可能走上与西欧相似的发展道路。在基辅罗斯因为失去贸易商路成为"商业死水"之后,诺夫哥罗德却凭借着与汉萨同盟的密切商业联系而崛起。与基辅罗斯不同的是,诺夫哥罗德建立了以诺夫哥罗德城为中心的、广阔的殖民贸易帝国。1136 年,诺夫哥罗德宣布完全的独立,退出"罗塔体系",诺夫哥罗德人民保留了自己挑选王公的权利,并逐渐发展出一套给予法律管理下的民主制度。首先,诺夫哥罗德实现了分权。1016 年雅罗斯拉夫"赐予"的法律明确划分了王公与波雅尔贵族之间的权力范围;12 世纪末,迫使王公签订服务条约,约束其权力——只有在维彻或者相关被选举的官员的协调下,王公才能行使职权;维彻在立法和缔结条约方面享有完全自由。其次,诺夫哥罗德"授予了公民与西欧国家公民一样的权利,甚至在某些方面的权利还超过西欧"。[36]

　　赫德兰提请研究者注意的是,诺夫哥罗德虽然发展出与同时代西欧相同的制度结构,但是并没有模仿西欧的文化。从诺夫哥罗德编年史中可以看出,诺夫哥罗德人对斯堪的纳维亚国家的发展没有任何兴趣。其焦点仍集中在被东正教特殊化的"俄罗斯土地"上。托马斯·努南(Thomas Noonan)主张:"宗教情感超越了政治分歧,并将俄罗斯土地与非东正教地区分割开来。"[37] 所以,赫德兰认为,是宗教而不是蒙古桎梏造成了中世纪俄罗斯与西欧的分歧。诺夫哥罗德最终败给莫斯科的原因在于没有为建立强大的军事力量投入必要的资源,这种发展模式是不可持续的。

他指出,如果说诺夫哥罗德是基于民主制度的商业帝国,那么莫斯科就是一个典型的专制主义军事国家。莫斯科建立了基于强制资源动员机制的强大军事力量,从而使莫斯科能够有效地维护国家安全,并对外征服,但专制主义制度模式并不是给定的,而是一种历史的偶然。

1. 莫斯科崛起与制度建设初始条件的偶然性

赫德兰认为,莫斯科崛起的偶然性体现在三个方面。首先,莫斯科的地理位置。莫斯科在基辅罗斯水道系统中的战略位置使其具有两个优势:第一个优势,莫斯科是基辅罗斯向东北罗斯迁徙停留的第一站;第二个优势,莫斯科位于北部和东部较大公国的背后,令莫斯科遭受侵袭的程度较小。这两个因素有助于快速地汇聚人口,为莫斯科王公带来了越来越多的税收。

其次,王室控制力的增强。封地俄国时期,土地不断地细分不仅导致土地的碎片化,而且逐渐削弱了公国的实力。从伊凡一世开始,莫斯科背离了平等分配封地的原则,大公通过遗嘱将大部分的财产分配给长子。尽管将财产集中在一个继承人手中是至关重要的,但更为重要的是莫斯科王室有的好运气:第一,莫斯科王室没有旁系分支;第二,年长的王公通常是兄弟中唯一幸存下来的;这两点降低了内部损害的危险。赫德兰强调,这是一种偶然状况,但经过长时间的发展,在单一血统内进行王位继承被接受为莫斯科古老的传统。[38]

最后,以农耕为主的生产方式。相较于基辅罗斯,东北罗斯的自然条件更为恶劣,已经适应当地自然环境的土著居民将农业视为补充性生产活动。但是从基辅地区迁徙来的罗斯人在不利的自然条件下严重依赖农耕。赫德兰强调这虽然是一种偶然,但可能是俄国制度模式产生的最为基本的原因。[39]此种依赖性产生了两个重要影响:第一,农业生产效率低下,迫使统治者加强控制以榨取更多的资源;第二,村社中的集体主义意识和对权威的服从性得到加强。

2.莫斯科专制统治的建立

赫德兰指出,莫斯科专制体制的建立经历了四个步骤。

首先,统治者垄断了权力。莫斯科大公通过权力的不断集中和巩固,将王位继承转变为自己家族的实际特权;将过去大公仅仅是公爵中居首位者的秩序转变成为真正的独裁者秩序。独裁原则正式确立之后,统治者为了抑制波雅尔贵族逐渐增强的自由趋势,开始着手解决他们手中的可继承土地——包括封地和授予土地[40]。

其次,剥夺波雅尔贵族的权利,建立服役土地制度(поместье)。莫斯科大公通过两个与土地集中有关的步骤,将世袭土地体制(вотчина)转变为服役土地体制,即服役才可获得统治者授予的土地。第一步,缩减服役公爵的数量,破坏波雅尔贵族的实际自由;第二步,通过没收和允许大公胜利后在支配奖励服役土地方面获得更大的自主权,增加了无主土地的可用性。赫德兰强调,将统治者无责任的权力与服役者有条件的财产权利结合在一起,具有深远的影响。因为当需要发动战争的时候,统治者不需要与有土地的贵族进行讨价还价,而可以通过命令,征用人力和物质资源。[41]由于莫斯科普遍缺少贸易和资源财富,大公没有钱支付波雅尔贵族的酬劳,因此进一步发展出了供养制(кормление),即允许官员在他们负责管理的土地上收取财物,养活自己。因此,包括继承财产权利和自由离开权利的法律规则体系转变为无规则的服役义务,因工作获得工资的契约权利被基于统治者意愿分发奖励所取代。自下而上的私人企业家精神和创新体制被遏制了。

再次,强加集体责任,进一步加强控制,防止背叛。因为强制服役,变节和背叛的危险也随之增加,莫斯科大公开始加强对服役者的控制,强加集体责任(порука)。服役的波雅尔贵族和公爵们被迫宣誓服役期间不会离开,还要提供担保人担保他们的忠诚。慢慢地,对于提供担保的人数要求也不断增加,此外,还要求服役贵族缴纳保证金,以防止背叛。集体责任产生了一个依赖和从属于统治者权力的政治阶层,根深蒂固而且长久。[42]

最后,将封地阶段早期的农民转变为农奴。莫斯科大公为了满足自己对资源越来越大的需求,榨取的对象逐渐指向农民。为了将地租榨取最大化,需要确保有足够的劳动力资源,所以需要抑制农民的流动性,将农民固定在土地上。1649年法典正式引入农奴制。

赫德兰指出,随着农奴制的建立,莫斯科专制体制的建设正式完成。贵族和农民被剥夺了自由流动的传统权利,同时也被剥夺了财产权利以及使用正当法律程序的权利。"莫斯科大公在自己可继承的土地上像上帝一样行使完全权利,整个东北罗斯都是他的个人财产。"[43]

在赫德兰看来,当时高度没有规则的环境下,莫斯科以最大限度榨取资源的方式建立的正式规则体系是合理的,而且获得了巨大成功,使国家能够将力量集中在严格受限的目标上——"保持军事安全、政治秩序,更准确地说是避免政治混乱"[44]。但是,这一规则体系对社会制度矩阵的其他方面造成了严重的附带损害(collateral damage)。附带损害之一就是有效压制了所有要求执行正当法律程序的权利,这为俄罗斯法律体系的长期发展设定了方向。赫德兰强调,俄国后来普遍性问题的根源在于司法权分配逐渐集中于大公法庭,以及法官的逐渐腐败。附带损害之二是供养制(кормление)以及后来的授予土地制(поместье)有效压制了货币交易。这两个附带损害导致了基础性规范体系的转变,令国家与社会的界限逐渐消失了,权力-财产权的关系也模糊了。因此,莫斯科专制主义制度矩阵具有明显的回报递增特点,缺乏正式博弈规则,存在显著的交易成本。

赫德兰认为,莫斯科强制性资源动员模式的历史动力,预示了专制主义下经济增长和力量投送具有周期性,即每次革命后,都是独裁主义旧秩序的恢复。这里的核心含义是,俄罗斯的历史发展展示了一种制度模式的持续性,即使面对巨变,依然能够保持延续性。[45]

3. 支持专制统治的意识形态的形成

在确定莫斯科专制主义制度具有回报递增特点、缺乏正式博弈规则、存在显著交易成本后,赫德兰转向了路径依赖形成的第二驱动力——在信息反馈不完全条件下形成的支持性共有心理模型——意识形态,研究意识形态是如何为专制主义制度安排提供合法性的。在分析专制君主、波雅尔贵族和农民心理模式的转变过程后,赫德兰认为,东正教会在这个过程中发挥了重要作用。

为了实现沙皇垄断权力的合法性,教士将拜占庭王权高于教权的理念引入莫斯科,宣称沙皇是上帝在人间的代表,人们必须完全服从沙皇。在宣传过程中,为了使统治者接受教会保护者的身份,东正教士将莫斯科塑造为君士坦丁堡的继承者,引入了"第三罗马"理论。赫德兰认为:"俄罗斯后来的扩张和弥赛亚主义的形式,以及布尔什维克的第三国际,都可以被描述为莫斯科'第三罗马'的直接扩展。"[46]支持"第三罗马"理论的,来自塞尔维亚的流亡教士还帮助莫斯科统治者编造宗谱,将弗拉基米尔大公的祖先回溯到罗马帝国皇帝。因而,东正教会请求莫斯科大公使用拜占庭皇帝和专制君主的头衔——"沙皇"(tsar/samoderzhetsцарь\самодержец),[47]成为"全罗斯的主人"。尽管"第三罗马"理论与莫斯科统治者的要求不相关,但是与罗马帝国皇帝的联系,以及专制君主头衔所代表的绝对权力,是有助于确立其统治的合法性的。

赫德兰强调,波雅尔贵族阶层对于专制主义制度合法性的支持是非常重要的。莫斯科不管统治权力理论的正当性有多强,也需要统治阶级的支持才能进行统治,因为统治者也是统治阶级的一部分。波雅尔贵族和较小的王公本来可以有效挑战专制体制,因为在基辅时期大公不过是波雅尔贵族的领袖,不具有独裁权力。但是莫斯科大公通过引入新的贵族等级——御前重臣(окольничий)、杜马贵族(думный дворянин),来削弱波雅尔贵族对专制君主的影响力。

另一方面,赫德兰认为,波雅尔贵族之所以接受等级体系和专制君主的垄断权力,是深思熟虑的结果。这种思考也促成了波雅尔贵族心理模型的转变。首先,莫斯科在经历组织性变迁后,贵族失去了有效挑战专制统治的平台,实际上已成为沙皇的奴仆,所以即使贵族真的想要挑战也很难进行。其次,当贵族接受了成为沙皇奴仆的现实后,发现等级体系是有好处的。他们服从统治者,不仅可以保证贵族之间的和睦,不用害怕卷入内战的危险,而且可以从沙皇处获得稳定的、不费力的收入。再次,专制君主对于背叛行为设立了严厉的处罚措施,并建立政治警察执行"言行法"(слово и дело),加强对波雅尔贵族的控制。最后,双重的非正式连带责任——贵族成员间相互担保以及告发和谴责背叛行为的义务,大大增加了背叛的成本。赫德兰认为,通过得失权衡,贵族接受自己是沙皇奴仆的地位是一种合理的策略。随着这种信息的长期传播,会造成参与者的认知失调,并改变贵族的心理模型,最终形成了一种社会思潮——为沙皇服务是每个人神圣的义务。在莫斯科人的心理世界中,为沙皇服役是保持他们自由和尊严的条件。莫斯科人认为,如果一个人没有主人,那是一个可怜的人,会遭受侵犯和侮辱。但是如果一个人去服役,特别是为沙皇服役,将会得到主人强大的保护,并分享主人的尊严。[48]波雅尔贵族的这种心理反映出世俗统治体系的自我强化特征,背后的驱动力在于宫廷内外的人在世袭统治体系的延续性上有很强的既得利益。

赫德兰指出,相对于专制君主和波雅尔贵族,农奴的心理模型转变较为容易。这主要是因为村社制度的保留和延续。虽然农民被变为农奴,但村社制度得以保留,这是因为农民认为这种组织形式是有益的。村社给农民的心理模型造成两种影响:集体主义意识和对于权威的服从性。村社的出现和发展是为了保证集体的生存,而不是增加个人财富,因而在村社中,集体利益居于首要地位,任何威胁集体利益的个人行为都会受到谴责。为了保证集体生存,村社强制安排生活的所有方面,因而产生一种严厉的权威结构,村社是由长者治理的,他们的决策不能被质疑,更不用说反对。因而,赫德兰强调,农民从一开始就没有产生出任何权利观念。[49]

东正教会通过两种方式让上层强加的义务在农民的心理层面合理化、合法化。第一,向农民宣传沙皇是全俄罗斯的主人,其权力是神授的,受神的庇护。沙皇是所有子民的父亲,农民完全信任沙皇,将错误要么归咎于上帝的惩罚,要么归咎于大臣的奸佞。第二,逐渐向农民灌输宿命论,以及面对来自统治者的暴力时,要有顺从的观念。

三、专制主义意识形态持续抵制西方化改变

支持专制主义意识形态的形成,向以强制资源动员为目标的正式规则提供了合法性,形成了亚历山大·格申克龙所说的"急动性"经济发展模式,即由军事需要所驱动,国家主导的资源动员会反复形成冲刺型的快速经济发展。但是,赫德兰强调,由于政府的过度榨取,经济快速发展一段时间后就会让位于长时段的停滞,因为巨大的投入已经超过了人民能够承受的极限,长时间的经济停滞是不可避免的后果。以安全为驱动的经济发展模式导致了一个被广泛接受的俄罗斯历史发展"定律"——战争胜利将会带来旧体制的巩固,战争失败将会引发彻底的改革。每次战败,统治者总是通过自上而下的干预——引入西方正式规则——作出改变。但下层的反应与所谓的工具理性相反:下层行为者坚持逃避或者扭曲新规则,而不是适应和遵从。其结果是"产生不可抑制的市场(irrepressive markets)、普遍的贪污,以及对高度个人化影响力博弈的偏好"[50]。

赫德兰指出,非正式规范抵制改变的第一次表现是在"大混乱"后罗曼诺夫王朝的建立。伊凡雷帝的残酷统治引发了国内农民叛乱和外部入侵,莫斯科公国最终崩溃。他认为贵族阶层本可以利用这次机会迫使被选举出来的新沙皇签订权力契约,限制王权,引入私有财产权,然后走上与西方相同的发展道路。但是贵族阶层选择继续服役,重建了专制主义制度安排,原因在于专制统治被波雅尔贵族视为物质收益的稳定来源,波雅尔贵族通过形成新形式的组织和规则体系进行有效的利益的开发,并且逐渐发展出一套规范体系,即使当他们的物质利益变小,也能阻止对专制统治任何形式的挑战。波雅尔贵族对精英等级体系进行了大量投入,加之政治联姻,减弱了其认知失调效应,发展出一种特殊的忠诚观念,有效地阻止了退出选择。波雅尔贵族精英阶层中出现的为沙皇服役是荣耀观念的社会规范,有助于压制任何内部企图破坏等级体系的成员。[51]

在赫德兰看来,俄罗斯的历史研究中存在两个相对的派别。一派

主张"连续性理论",代表人物有理查德·赫利(Richard Hellie)、爱德华·凯南(Edward Keenan)、理查德·派普斯(Richard Pipes)和马绍尔·坡(Marshall Poe)。他们借用马克斯·韦伯的"世袭国家"的概念,认为权力和财产权之间的界限已经被消除了,派普斯甚至主张俄国将进化为一个独特的国家,不需要同其他国家或者体制进行比较,"世袭政权本就拥有权利,不需要贪污其他的东西"。以马丁·马里亚(Martin Malia)为代表的另一派主张,自彼得一世开始直到1917年十月革命前,俄国与其他欧洲国家一样,走在同样的道路上,只有50年的落后而已。布尔什维克革命是一个分水岭,导致俄罗斯开始了不同于欧洲的路径:"苏维埃俄国代表了与欧洲标准最大的分歧,俄国开始了它自己的脱离正轨的发展。"[52]

笔者认为,从赫德兰的分析来看,他没有明显的偏向某一个派别,而是分别对其作出修正,以路径依赖理论对两个派别的观点进行了融合。他指出俄罗斯从彼得一世就开始了持续的西方化努力,直到布尔什维克政权偏离轨道。彼得一世改革、叶卡捷琳娜二世改革、亚历山大二世改革虽然引入一些西方的正式规则以促进经济增长,但均遭到逆转。主要有两个原因。第一,引入的制度并未触及专制主义制度的核心——权力垄断,拒绝授予公民权利,缺乏独立、公正的司法制度;第二,贵族阶层已经内化的"服役民族精神"拒绝改变,制度矩阵表现出很大的延续性。

1. 专制主义的顶峰与西方化改革

彼得一世被誉为俄国历史上最伟大的沙皇,但是学界对彼得一世的看法却出现截然不同的看法。一种认为,他是一位伟大的自由主义改革者,打开了朝向欧洲的窗户,并使俄国不可逆转地踏上了通往西方的道路。另一种看法则认为,彼得一世是反基督者,是俄罗斯警察国家的创始人、指令经济的创始者。赫德兰认为,这两种看法都是正确的,不能分立看待,是一个问题的两个方面。在他看来,彼得一世改革有两个目的:第一,俄国米哈伊尔时期被波兰击败,迫使俄国必须加强自己的战争能力;第二,希望将俄国现代化,"结束其拜占庭式的过去,进入欧洲大家庭"[53]。彼得一世改革的本质是增加指令和控制效率,而不是允许更多的、自下而上的主动性;同时,彼得一世认为,1722 年引入的基于功绩晋升的终身服役体系——"官秩表"(Табель о рангах, table of Ranks)是加强控制效率的重要手段,实际上彼得一世并不允许自下而上的企业家精神出现。

赫德兰强调,彼得一世试图用合理性和现代性来取代东正教信条,但这种现代性只被一小部分首都的精英所接受,而包括地区贵族、新出现的商人和企业界阶层、受到良好教育的处于初级发展阶段的俄国知识分子,特别是占人口绝大多数的、信奉东正教的农民-农奴,都将改革视为魔鬼行为。这导致精英与其他阶层或集团之间的关系出现裂痕。

2. 未能打破的路径依赖

爱德华·凯南认为俄罗斯在彼得一世后没能进行连续性改革,但赫德兰不认同这一观点。在他看来,俄罗斯进行了多次体系性改革和文化转型的尝试,但都失败了。彼得一世改革带来的国家战争能力大幅度提高,俄罗斯国家的安全得到保障。但是重要的外部改变没能带来制度矩阵内部根本性的重置——专制统治发展为基于法律的分权体系,服役秩序向不断增强的竞争和私有企业方向发展,城市商业的发展需要包括形成西欧市场经济发展必要条件的权利和特许状。赫德兰认为,这说明路径依赖已经内化,即莫斯科公国时期由制度矩阵激发出的"组织战略和非正式规范体系已经牢固确立了"。[54]

赫德兰将后彼得时代的调整分为了三个阶段。第一阶段,1725 年至 1762 年,贵族提高了自己的地位,损害了专制统治,但是缺乏替代逐渐被侵蚀的旧秩序的选择;第二阶段,1763 年至 1881 年叶卡捷琳娜二世与亚历山大二世改革对于旧制度矩阵的核心特点进行猛击,进行自上而下的改革,但没有形成积极的、可持续的转变,他认为主要是因为内生性的抵制因素在发挥作用;第三阶段,1881 年至 1917 年亚历山大三世时期至布尔什维克革命,亚历山大二世被刺杀,令改革进程发生彻底逆转,在极端保守顾问的启发下,亚历山大三世即位之初就引入了紧急状态法,控制的不断强化最终导致了 1917 年的布尔什维克革命的发生。赫德兰认为，俄罗斯启蒙运动造就的激进改革者虽然有良好的意愿，但未能打破莫斯科时期形成的制度框架体系。

赫德兰强调，后彼得时代最重要的特征是服役义务逐渐被侵蚀。从机会和自利的观点看，这种变化会促使波雅尔贵族进行商业冒险，从而出现一个基于多数的、竞争的、自下而上发起的经济体系。但实际结果是，波雅尔贵族压倒性地倾向于继续服役。他认为，这是出于比较优势的理性考虑和遵守"服役民族精神"两个方面综合考量的结果。

叶卡捷琳娜二世不仅与那些启蒙哲学家成为朋友、互相保持通信，而且允许引进他们的作品并进行翻译，从而影响了改革计划。赫德兰指出，她建立的立法委员会引入了将权力与基于规则的经济分离的概念，她也通过《贵族宪章》确认了财产权和法律诉讼程序。但是立法委员会没有向叶卡捷琳娜二世提出授予个人权利的建议。这里传递出的信息是俄罗斯制度矩阵的核心，即对正式规则和公正执行机制概念的厌恶。[55]因而俄罗斯并没有像美国一样创造出宪法秩序，形成基于规则的市场经济的基础。普加乔夫起义令贵族陷入恐惧，他们相信，如果国家权威出现一点点弱化的表现，农民会把法律掌握在自己手中，进行谋杀和偷窃。另一方面，起义令专制国家将贵族视为合作伙伴。赫德兰认为，上述观念造成了叶卡捷琳娜二世改革的逆转。

亚历山大一世进行的自由主义改革在亚历山大二世时期达到了顶点。亚历山大二世的大改革被视为"伟大的实验"。废除农奴制为提高农业效率，以市场为基础将资源转入制造业部门铺平了道路。他引入的司法改革与叶卡捷琳娜二世的启蒙理念再次接合，同时提出司法独立的可能性；他所进行的地方行政改革，最终形成地方自治组织运动，为民族自觉和更大的自下而上主动性做好了准备。但是赫德兰认为，亚历山大二世的改革仍未偏离莫斯科公国的路径——拒绝任何对专制君主权力进行宪法性限制。亚历山大二世断然拒绝召开国家立法会议的要求："绝不能出现贵族议会！"[56]

赫德兰强调，俄国真正开始与其过去决裂是从 19 世纪的最后 10 年开始的。在谢尔盖·维特的领导下，俄国经济进入了快速增长的阶段，但维特的工业化却代表了一个违反市场逻辑的案例。维特面临的主要挑战是缺乏国内资本，需要外国投资。但他却选择对农民加以重税,并强迫他们将生产的剩余粮食用于出口,以便进口亟须的生产资料。赫德兰指出,维特的改革偏离了工业化的"正常"形式,初级部门的生产率没有达到允许资源向制造业转移而不伤害初级部门生产的水平。

20世纪初,俄国因为饥荒和混乱爆发了1905年革命,尼古拉二世接受了大量的妥协。《十月宪章》第一次允许俄罗斯国家杜马举行选举,引入了保证全部权利和自由的基本法。赫德兰认为,俄罗斯帝国本质上开始向民主制度建设发展,一个重要的证据就是斯托雷平的土地改革。他指出,土地改革实际上是希望重置俄罗斯制度矩阵的微观基础——允许家庭不参加村社,打破村社对农民自由的限制,将分配给他们的公有土地确定为私有财产,彻底打破村社传统的保守结构。斯托雷平的改革不仅加强了私有财产权的地位,而且缩小了农业的相对规模,有利于资源转移到以市场为导向的工业生产中。但是农民仍受旧有心态的控制,"他们坚信只有公共分配所有私人掌握的土地,才能克服所有的困难"[57]。

赫德兰认为,斯托雷平的西方化改革向着成功的方向前进,这可能是俄罗斯历史上最接近成功的一次,但所有的努力都被布尔什维克革命所中断。纵观两个多世纪的后彼得时代发展,一方面是俄罗斯精英西方化的持续过程,而另一方面是重复的机构干预,阻碍引入民主的正式构成部分和基于规则的市场经济。改革-逆转的周期性记录显示,一些因素持续地发挥作用,抵制西方化正式规则的改变,包括官僚机构中强大的既得利益集团和那些支持独裁、反对市场管理的、深深嵌入制度矩阵中的社会规范。[58]与同时代西欧发展路径的根本不同之处在于,俄罗斯在正式规则改变的时候,缺乏西欧那种由城市文化所引发的深层次法律与精神转变。后果就是,俄罗斯没有发展出有特色的城市"中产阶级",而中产阶级构成了欧洲发展的基础,他们是现代经济发展的驱动力。

四、苏联——现代化伪装下的莫斯科制度矩阵重构

十月革命建立了世界上第一个共产主义政权,尽管中断了19世纪

末以来的西方化努力,但这仍是一次"俄罗斯朝向欧洲的运动"[59]。赫德兰强调,布尔什维克进行彻底的体系性改变是为了建立新的乌托邦世界秩序,但实际上重构了莫斯科公国的制度矩阵。要想理解苏联体制的本质,需要借鉴科尔奈对于社会主义经济体系的"基因工程"解释框架来分析,即一旦进行了几个基本步骤后,其余的程序就会自动完成。布尔什维克进行的第一步是引入权力的垄断,党的领导层掌握着所有权力,而这种权力不根据正式规则使用,没有正式的、公正的外部执行机制,像专制君主一样保留了不负责任的核心特点。第二步是宣称彻底的国有化,引入"人民财产"的概念,实际上压制了私有财产权。赫德兰认为"人民财产"概念没有实际意义,因为所有人都拥有,实际上就是没人拥有,其目的在于压制合法的经济产权制度。第三步是引入庞大的中央计划官僚机构,因为压制了财产权和货币之后,布尔什维克需要创造"协调机制"以替代市场的配置作用。赫德兰指出,一旦压制了货币交换,布尔什维克就需要回到莫斯科公国向服役者提供报酬的方式——封地和供养土地,滋生出普遍的贪污腐败。第四步是为了抵御外敌,发动大规模的工业化运动,以实现军队的现代化,手段同样是对农业部门的强制榨取。布尔什维克利用资本主义国家的威胁恢复了莫斯科时期的仇外情绪,从而将强制榨取政策合法化。

赫德兰认为,苏联的建立与历史上的改革有不同之处。在制度矩阵建设的同时,布尔什维克投入巨大精力引入了一种包容性的国家意识形态,令社会主义体制区别于专制体制。通过向社会主义体系灌输自己的"意愿",国家意识形态与垄断性权力构成了苏联体制的"灵魂与身体"。[60]实际上,早在20世纪80年代末的研究中,赫德兰就提出了苏联国家意识形态的重要作用。布尔什维克建立的正式规则压制了经济和政治自由,使用国家意识形态清除了所有可能存有的启蒙理念和愿望的痕迹。虽然这导致了官方宣传与个人认识之间的认知失调,但是意识形态不断地灌输,迫使行为者进入了一个长期假装、辩护、自我欺骗的过程,封锁了那些令人讨厌的现实。这也是在苏联经济停滞、衰退的情况下,社会保持相对稳定的重要原因之一。[61]赫德兰强调,不管是"苏维埃人"(Soviet Men)的观念还是仇外心理,都是源于古代莫斯科的意识形态。[62]

基于苏联制度矩阵特点的分析,赫德兰认为苏联重构了莫斯科公国的制度矩阵,不过是专制君主变为了党的中央委员会——政治局,服役贵族变为了党的精英,官秩表变为了罗名制(номенклатура),东正教构建的精神世界变为了马克思主义国家意识形态。这种制度矩阵特点的延续性表现出较强的路径依赖。所以,他认为苏联的衰落和崩溃,符合格申克龙所说的"急动性"规律——国家主导的强制性资源动员发展,在经历冲刺型发展后,因为资源和人民的承受能力已经耗尽,会陷入长时段的停滞,并最终崩溃。

第四节　叶利钦时期制度变迁的失败
——"休克疗法"成为"掠夺盛宴"

苏联解体后,俄罗斯开启了新一轮以西方化为目标的制度变迁。赫德兰强调,西方出于冷战意识形态惯性,对新自由主义转型方案的普适性大肆宣传,造成了苏联解体之初,俄罗斯政治领导人和主要改革者对于转型进程和结果的盲目乐观。他们与西方国家、国际金融组织利用俄罗斯普通民众急于摆脱苏联体制扭曲造成的经济衰退和生活困苦的迫切愿望,发动了一场轻率的、不负责任的改革。

他指出,"休克疗法"忽视了社会规范在转变行为体行为模式,为正式规则提供合法性方面的关键作用,导致偏好重新分配行为的寡头阶层,利用叶利钦对于个人权力的偏好,将改革变成了一场"掠夺的盛宴"。而本可以推动俄罗斯实现制度变迁双重过程的西方国家及其主导的国际金融组织,在冷战意识形态的驱动下,对于政治领导人的不负责任和寡头的掠夺保持了沉默,酿成了道德风险。在内外原因的共同作用下,叶利钦时期的俄罗斯转型归于失败,并为普京治下的威权主义回归铺平了道路。

对于"休克疗法"对俄罗斯经济、社会造成的巨大损害,赫德兰认为瓦西丘克的总结最为精辟。1996 年,叶利钦再次当选总统后,《消息报》(Финансовые Известия)的经济评论员叶甫根尼·瓦西丘克(Евгений Васильчук)撰文指出:"俄罗斯快速进入智力和工业的完全退化,财政紊乱,犯罪精英形成,地区分离出联邦之势明显。"[63]通过对国内生产总值、投资率、基尼系数、"人口指数"(headcount index)、"贫富差距"(poverty gap)等主要经济指标的评估,赫德兰指出,1992 年至1998 年的改革导致了俄罗斯经济漫长的恶性衰退——经济总量螺旋式下降,生产投资严重不足,贫困化大幅度加重,社会保障体系几近崩溃。在他看来,"休克疗法"在俄罗斯完全失败,主要在于以下四个原因。

第一,盖达尔团队执行了一个轻率的改革计划。

实际上,早在 1990 年 7 月美国休斯敦举行的七国集团峰会上,七国首脑就决定由世界银行、国际货币基金组织和经济合作与发展组织组成工作组对苏联经济进行详细研究,提出改革建议,并以此作为西方提供援助、有效支持改革的标准。赫德兰认为,七国集团工作组的建议是专业、全面并具有可行性的,"七国集团工作组自始至终都在强调需要综合性的改革,即与狭隘的专注于'休克疗法'正好相反"。[64]工作组认为:"短期内实现稳定,需要在财政、货币和外部领域开始结构性改革,并且还需要在所有制安排、企业管理、价格、劳动力市场等方面进行系统性改革。"[65]七国集团工作组的建议,主要包括稳定化政策、打击自然垄断、私有化、应对货币过剩等方面。特别是私有化,工作组的建议强调,作为运行良好的市场经济的必要前提条件,私有化是非常重要的。"为了鼓励个人的主动性,必须从一开始就保证私有财产权受到保护。"[66]"要想在快速行动的愿望与大规模执行政策的不可能性之间取得平衡,必须使用灵活的方法……需要以国民收入填补经济改革带来的成本——包括重组可运行企业的成本,清算银行资产负债表的成本,已经积压的、必要的基础设施投资费用——因而国有资产只能出售而不能赠予。"[67]

在赫德兰看来,国际货币基金组织、世界银行和经济合作与发展组织工作组的建议是系统性的,而且工作组强调,在进行上述改革的同时,需要大量相关制度创设的配合,所以需要大量时间进行审慎思考和谨慎执行。然而,在 1991 年秋,叶利钦并没有接受工作组的建议,"集中在叶利钦身边的那些'年轻的改革经济学家'执行了一个粗陋的改革计划,而这个计划并不是从国际货币基金组织和世界银行的建议中得出的"[68]。赫德兰认为,这是因为叶利钦需要一个以俄罗斯优先的改革方案,从而增加自己作为俄罗斯领导者的合法性,才选择了以"俄罗斯优先"为理念的盖达尔团队,因为盖达尔令叶利钦相信改革很容易就能完成,"新的体系可以被简单地安装,就像是在硬件上安装软件那么简单"。[69]改革者将复杂的社会重建过程过分简单化了。他们认为,以快速自由化和彻底私有化作为工具,就能够建立运行良好的市场经济。但实践说明,这些行为反而为大量的寻租和掠夺创造了机会。

第二,叶利钦专注于个人权力。

赫德兰认为,叶利钦承诺将俄罗斯转变为西方式的"正常社会"的任务,实际上是"在法治的基础上,建立民主、分权、以市场为导向的国家"。这应当在民主、分权的政治制度下,通过建设和遵从法律规范来促进市场经济的良性发展。但是,叶利钦从一开始关心的就是个人权力。赫德兰认为,证明这一观点的证据源于以下几个方面。

首先,叶利钦选择盖达尔团队只用了 18 天时间。当时,他深刻地体会到明显的离心力,确认保留联盟是不切实际的,而且他希望成为俄罗斯真正的领袖,获得切实的个人权力。叶利钦命令盖达尔在六个月内完成经济改革(盖达尔自己也接受了)。[70]他并不清楚经济改革所面临的困难,他需要的只是快速的成功从而加强自己作为统治者的合法性。叶利钦之所以选择盖达尔团队,是因为他看到了盖达尔团队可能带来的利益。盖达尔团队由专业的经济学家组成,他们倡导的是西方的经济理念,能够用流利的英语与西方人交流,这有助于叶利钦争取西方的政治和经济援助。

其次,叶利钦并没有毫无保留地支持盖达尔团队的改革,反而采用制衡办法来制约改革者,他留用了几名原苏联的官僚,包括尤里·斯科科夫(Юрий Скоков)、奥列格·洛博夫(Олег Лобов)和米哈伊尔·马列伊(Михаил Малей)。此外,赫德兰认为,叶利钦让盖达尔团队独自为经济改革奋斗。在他们与最高苏维埃的斗争中,叶利钦置身事外,直到最高苏维埃威胁到自己的权力,他才介入其中。叶利钦优先选择个人权力议程,将改革者置于了一个孤立、冲突的位置。

最后,赫德兰认为,叶利钦对"懦夫博弈"[71]行为方式的偏好,也说明了他专注于个人权力。在西方的政治学理论中,政治进程是通过不同利益集团之间的妥协来推动的,既保持了竞争性,又实现了政治发展。但在叶利钦的政治哲学中,没有看到妥协的概念,他明显偏爱对抗性政治形态。从与戈尔巴乔夫的角逐到与最高苏维埃(哈斯布拉托夫)的"兵戎相见",叶利钦采用了"懦夫博弈"(chicken game)的策略。

通过上述分析,赫德兰认为叶利钦将个人权力置于国家和人民利益之上,当他选择权力议程优先的时候,就没有给经济改革留下多少空间。赫德兰强调,这都是叶利钦的主动选择,而不是被迫作出的决定。叶利钦的个人权力议程侵蚀了经济改革,从而付出了极大的政治、经济代价。

第三,寡头是赤裸裸的掠夺者。

赫德兰指出,轻率的改革计划和叶利钦将个人权力议程置于经济改革议程之上,为寡头的掠夺提供了绝佳的机会。在他看来,"聚集在叶利钦身边的人开始积聚起巨额财富,这些人被称为'寡头'(oligarchs)",[72]包括政治和经济精英。他们依靠与权力的直接或者间接联系掠夺财富,而不是创造财富;从行为偏好上来说,寡头倾向于重新分配而不是增值性生产。赫德兰强调,虽然寡头对俄罗斯政治具有较大的影响力,但依赖的是总统的权力,他们没有属于自己的权力基础。因为"俄罗斯总统实际上充当了官僚机构与那些密切联系政治的经济势力之间的仲裁者,这才是叶利钦权力的真正来源,但这种权力需要以源源不断地分配利益为代价"。[73]

关于寡头掠夺的手段,赫德兰指出,寡头通过不正当的私有化交易进行财富的重新分配,因为大规模私有化的"赠与"性质,导致"内部人在事前就已经得到保证,他们将会继续控制'他们的'企业"。[74]随着政府预算赤字的迅速增长,政府开始了"货币私有化"(money privatization),为预算提供资金。但货币私有化却成为叶利钦换取政治支持的奖励形式,即1995年的"贷款换股权"。赫德兰指出,"贷款换股权"预期总收入为8.7万亿卢布,实际所得为7.6万亿卢布,看起来是成功的。但被拍卖资产的价值被严重低估了,中标者也是预先决定好的。"政府从一开始就没有打算偿还贷款,所以,抵押的股份实际上从交易的那一刻起就被提供贷款的银行没收了。"[75]赫德兰强调,叶利钦成功地利用"共产主义幽灵"为权力与财富的交换提供了借口——银行家提供政治支持,确保他的个人权力。作为回报,叶利钦向"忠诚于他的"寡头授予财富。这表现出财富的获得依赖于权力,两者间的界线是模糊的,本质上与俄国时期统治者与被统治者间等级性的、非互惠性的权力关系相同。

第四,西方不负责任地干预俄罗斯转型。

苏联解体后,西方洋溢着胜利的喜悦,而这种情绪是建立在政治经济体制和意识形态"完胜"苏联的基础上的。西方的政治家和学者认为,俄罗斯社会已经摆脱了所有共产主义的束缚,能够像西方社会一样运行,因此俄罗斯愿意并且能够进行快速的转型。

赫德兰强调,西方将这种观念灌输给俄罗斯的改革者,因此,盖达尔团队认为所有的国家都是相同的,可以直接使用"舶来品"。赫德兰认为,这种理念对俄罗斯的转型造成了严重的危害,因为他们忽视了两个重要前提。首先,制度性转变包括正式规则和非正式规范两方面的改变,西方和俄罗斯改革者忽视了非正式规范的改变,没有为正式规则的改变提供充分的合法性。其次,市场转型需要人力资本的积累,主要是掌握市场经济知识的人才,因为苏联绝大部分的人,特别是政治领导人,并不知道市场经济是如何运行的。在不了解的情况下,很难争取他们对改革的支持。因此,在赫德兰看来,苏联解体后的俄罗斯,在政治和经济上并不是传统的第三世界国家,应当被当作一个特殊的案例,西方和俄罗斯改革者最大的问题就是没能认识到俄罗斯的特殊性。[76]

赫德兰认为,西方因为受到意识形态的驱动,无原则地支持俄罗斯转型,不仅没有帮助俄罗斯完成市场经济和民主制度的建设,而且引发了道德危机。

第五节　普京时期制度变迁的逆转
——"莫斯科公国"的重建

相较于莫斯科公国、沙俄帝国和苏联,赫德兰认为叶利钦时期行为者的行为偏好并没有发生根本性变化,符合他所总结的莫斯科公国制度矩阵下行为模式的特点:统治者偏好不负责任的权力,不接受对于权力的限制;权力与财富之间的界限模糊,精英的财富获得依赖于统治者的权力,对于财富的占有是暂时性的,财产权没有保障;正式制度的改变依赖于自上而下的形式,没有统治者的支持,改革不能进行。按照赫德兰的逻辑,正式规则的改变并没有带来驱动行为体行为的社会规范的改变。虽然法律和实际的私有化过程确立了私有财产权,但是国家并未能作出可信的承诺,即限制自己破坏财产权的权力,导致寡头依赖权力对财产进行重新分配,而人民对于"休克疗法"所确立的正式规则表现出普遍的怀疑,正式规则的合法性遭到侵蚀。从而为普京治下"莫斯科公国"的重建,奠定了基础。

在赫德兰看来,首先,普京没有加强有利于市场经济发展的法制建设,而是选择了与莫斯科公国时期相似的惩罚性议程。其次,普京建立了垂直性的权力结构,加强权威,实现权力执行的有效性。最后,控制媒体。从赫德兰提出的打破路径依赖的必要条件来看,普京的上述政策与有利于经济良性发展的行为相反,即与社会进行真诚对话,对洛克式的社会契约作出可信承诺。赫德兰强调,如果接受心理模型的共享是成功作出可信承诺的必要条件,那么可以认为普京没有尝试开启关于政府承诺可信的共有心理模型的重述进程。相反,普京仍然满足于不透明的权力和影响力博弈,不允许广大民众参与。

赫德兰认为,随着普京开始第二个总统任期,莫斯科公国再次被重建了。"作为无冕沙皇的弗拉基米尔一世,普京希望实现一种与古代沙皇、大公没有多少不同的统治"。[77] 在他看来,政府对于私有化是否继续含糊其辞,说明权力和财产融合的传统仍然在发挥作用;杜马被削弱,说明权力仍然是不负责任的;切断与叶利钦时代"家族"的所有联系,说明俄罗斯总统再一次像真正的、传统的专制君主一样统治。虽然普京关注公共参与,但他像彼得一世一样,不允许任何形式的双向沟通,或者对他权力任何形式的挑战。赫德兰指出,对于寡头和官僚来说,这一信息是明确的,屈从于总统的人能够继续得到"供养",并进一步收到有利可图的"授予产业"。莫斯科秩序复活最重要的方面是国家的稳定性与某个人联系。如果普京突然消失,那么俄罗斯就会陷入体系精英之间的自相残杀状态。[78]

赫德兰强调,普京重构的莫斯科公国制度矩阵与俄罗斯人的心理模型是相契合的。俄罗斯人"对一党国家感到舒适,将秩序置于自由之前,对媒体的审查制度也没有意见。所有这些都说明,他们希望俄罗斯再次成为一个强国,他们认为国家更多地介入经济生活是实现这一目标的路径"。[79] 21 世纪的俄罗斯也展示出同苏联一样的俄国制度连续性,包括政府的独裁模式、模糊的财产权利、依赖于统治者个人意愿的现代服役贵族的出现。仇外情绪的不断增长,也提升了安全和爱国主义的重要性。

通过对俄罗斯制度变迁史的系统分析,赫德兰指出,仅仅通过彻底的自由化引入市场经济是有缺陷的。失误之处在于改革者以及他们的西方顾问没有试图为新规则提供合法性,因而也丧失了引导公众心理模型进行重述的机会,而成功的心理重述可以产生一套新的、支持正式规则的非正式规范,为新的博弈规则提供合法性支持。因此,赫德兰反复强调,俄罗斯未来的发展在于国家作出可信的承诺。只有国家作出可信的承诺,行为者才会相信为了保证长期收益而牺牲短期收益是合理的,从而出现相应的心理模型转变,转向生产性行为模式。

尽管困难重重,但赫德兰坚持认为,在俄罗斯面前仍然存在朝向市场经济和民主政治发展的选择。因此,俄罗斯面临的主要任务是重新引入包容性的政府。他强调,如果俄罗斯经济想进入可持续增长的轨道,必须消除"流动强盗"的消极影响。否则,持续的资本外逃和对外国投资的阻碍将会造成灾难性的后果。这一任务就像是重建"固定的强盗",不仅需要将榨取最优化,而且要促进生产性投资期限的增长。更重要的是,政府要保证公共物品的供给,从而实现以消费者主权和法治为基础的可持续发展。这才是俄罗斯政府必须要作的真正选择。

因此,从赫德兰的逻辑来看,俄罗斯改革者所面临的真正挑战不在于经济政策领域,而在于民主制度的建设。只有建立负责任的政府,才能期望真正的进步。这不仅要求坚定地保证言论自由,而且还要真正地授予人民可执行的个人权利。赫德兰希望:"未来,俄罗斯可能会拥有一位进行充分'自制和限制'的统治者,令政府向'强化市场型政府'(market-augmenting government)[80]的方向发展。"

第六节　俄罗斯打破路径依赖的希望
——"国家作出可信的承诺"

在上一章的分析中,笔者总结了奥斯隆德的基本观点,即激进主义政策并没有错,只是俄罗斯未能完全按照设计执行。但是新制度主义学者赫德兰将批判的矛头直指新自由主义的激进改革政策,认为俄罗斯改革者和其西方支持者执行的是一个冒险的、未经仔细考虑的政策。他们忽视了制度在体系性转变过程中的重要作用,凭着轻率的假设将俄罗斯推向了崩溃的边缘,导致俄罗斯再次偏离了西方化的路径。

相对于奥斯隆德集中于改革政策的经济学分析,赫德兰将俄罗斯的改革进程置于更为广阔的"历史"背景下进行考察。其基本假设是俄罗斯从古至今的制度变迁存在较强的路径依赖,因而后苏联时代的改革失败、逆转具有深层次的历史制度原因。因此,赫德兰将研究重点集中于找寻俄罗斯制度矩阵中的具有回报递增特点的制度安排,并据此提出打破俄罗斯制度变迁的路径依赖,为俄罗斯转型提供一条可行的路径选择。

凡是阅读过赫德兰作品的人无不为他的博学所折服,[81] 在赫德兰的历史制度主义分析中,他综合运用了经济学、社会学、政治学、管理学,以及认知心理学的理论和知识。他对于俄罗斯历史的了解和熟悉程度更让人惊叹。在学术观点上,他承袭了制度主义学派从熊彼特到戴维,再到诺斯一直以来的主张:现代社会科学不断专业化的学科分支模式,使分析失去了穿透力,导致解释力不足,因而他呼吁回归古典主义。赫德兰在作品中指出,经济学最初是作为政治经济学出现的,关注的不只是经济规律,而注重考查政治、社会对于经济发展的影响。就连经济学的创立者亚当·斯密也重视政治、道德在经济发展中的作用。但是新古典主义革命将政治学、社会学排除在外,专注于经济增长理论,忽视了政治、社会等其他变量。在方法论上,赫德兰采用了整体主义方法。他认为,新古典主义经济学的个体主义方法论强调个体行为者的工具理性衍生出的一种不切实际的假设——所有国家都是相同的。赫德兰强调,应当关注个体行为者的社会属性,他主张个体行为是被社会规范所引导的,其行为模式应当从社会、文化、制度的现象中寻找解释。

但是,强调个体行为的社会属性不是对新古典主义经济学研究方法理论基础的挑战,用他自己的话来说,是对新古典主义理论框架的补足。新古典主义理论在经济人工具理性假设下认为,市场调节能够实现最优均衡。但是赫德兰认为,在不完全竞争市场条件下,交易者获得的反馈信息是不完全的,因而市场存在交易成本,行为者在有限的信息下可能根据掌握的知识和过去的经验作出选择,这种选择有可能不是工具理性假设中的最优情况。换句话说,行为者的理性选择有可能形成次优均衡。那么如何解决不完全信息所带来的交易成本和次优选择问题呢? 新制度主义者认为是合适的正式博弈规则,但是正式规则可能因为执行成本较高以及与原有道德不一致,导致约束力有限。赫德兰认为,需要发挥社会规范对个体行为约束力作用,来补足正式规则的局限性。鉴于新的正式规则有可能与原有社会规范不一致的情况,需要发挥重复博弈的学习效应,即通过持续的、公正的执行,使行为者相信,遵守新的正式博弈规则是符合个人利益的,从而将遵守规则内化为新的社会规范。

在笔者看来,在这个逻辑中有两个重点。第一,合适的正式规则。正式规则在防止自利行为陷入短期贪婪的同时,又不阻碍合法的冒险行为。第二,社会规范对于正式规则的支持性作用。社会规范实际上是正式规则内化为精神的表现,能够对破坏公共利益的行为进行自我约束。所以路径依赖理论强调行为者行为偏好中的历史、文化影响,以及时间的重要性。

赫德兰依照上述理论逻辑,通过对俄罗斯制度演进史的分析,总结出了俄罗斯制度矩阵的特点:专制国家不负责任,缺乏可执行的私有财产权利;独立的司法机构缺失,导致权力使用的随意性;行为者不信任规则,偏好重新分配的短期收益。他据此提出打破路径依赖的建议:国家作出可信的承诺,承担保护契约和私有财产权的责任;建立以可执行的私有财产权为核心的一系列法律;通过长时间的公正法律执行,使遵守法律内化为社会规范,从而令行为者选择生产性行为。

笔者认为,赫德兰虽然强调国家间存在差异性,使用大量的史料和理论工具分析俄罗斯制度矩阵的特点,但在他的分析中一直存在着一个隐形的比较对象——西方国家的制度矩阵特点。赫德兰提出的关于私有财产权的确立所引发出的一系列对于法律和民主制度安排的需求,实际上源于对西方崛起经验的总结。关于打破路径依赖的建议,也是建立在西方国家制度特点的基础之上。相对于良性发展的市场经济,赫德兰对于普京建立的威权主义体制的前景是失望的,他认为俄罗斯在制度上又回到了莫斯科专制主义制度路径依赖的轨道上,甚至将普京称为现代俄罗斯沙皇。在经济上,俄罗斯回到了国家驱动经济发展的模式,他认为随着资源和人民承受度被耗尽,俄罗斯将再次陷入崩溃。

赫德兰利用路径依赖分析框架,对于俄罗斯制度演进史的梳理,逻辑严密,史料详实,很有说服力。但笔者认为,他对于俄罗斯转型完全失败的判断,有待商榷。

第一,在笔者看来,虽然"休克疗法"没能将俄罗斯带入发展的快车道,但是基本的宪法秩序和市场经济制度得以确立,相对于模式僵化、经济效率低下的苏联体制来说仍是一个不小的进步。虽然叶利钦对俄罗斯在 20 世纪 90 年代的国家混乱负有责任,但不应当将他的功绩完全抹杀。

笔者认为,对于 20 世纪 90 年代的经济衰退和混乱,叶利钦作为领导人确实具有不可推卸的责任,但是赫德兰却将一些因为外部限制而造成的错误也归咎到叶利钦的主观故意上,这是有些偏颇的。比如,赫德兰将叶利钦使用法令代替立法推进改革措施解读为他对于权力的贪恋。在当时国家、政治体系已经崩溃的条件下,以总统法令暂时替代需要经过冗长程序才能颁布的法律来推进改革措施,是可以理解的,也是可行的办法。奥斯隆德就强调,苏联国家、政治体系和经济体系多重崩溃的情况是一种极端的危机,俄罗斯的改革应当被看作一种危机解决过程。[82] 在危急情况下,叶利钦使用非常规手段也是一种客观的选择。

第二,笔者认为赫德兰将普京削弱地方权力、建立统俄党、控制媒体解读为莫斯科专制主义制度的重构,有些以偏概全。从戈尔巴乔夫改革时期开始,俄罗斯就出现了离心化趋势,地方政府利用联邦体系不健全的漏洞获取了大量的权力,不仅削弱了联邦的权威,而且造成联邦在财政、税收、预算等方面的弱势,这对于国家统一和发展来说是明显不利的。如何保护处于"幼年期"的俄罗斯议会体制,又不引发叶利钦时期的政治混乱成为了普京亟须解决的问题。笔者认为,虽然统俄党的出现在一定程度上限制了议会竞争,但保持了政治稳定和立法程序的效率。

第三,新闻自由被西方国家称为第四种权力,成为社会监督权力机构的有效工具。但笔者认为,新闻自由需要建立在合法的基础上,而不应当被称为肆意攻击政府和领导人,歪曲事实的"法外之地"。垄断新闻业的寡头,利用手中的电视台、电台、报纸、杂志攻击、歪曲普京恢复秩序的努力,实际上也是对民众知情权的一种侵害,而且妨碍了政府政策的有效执行。上述情况,在一定程度上被赫德兰忽视了。

2008年金融危机以来,世界范围内掀起了一股反思新自由主义政策的热潮,同时新兴国家的发展模式也成为政治家和学者们热议的对象。在这些争论中,人们开始认识和探讨发展模式多元化的可能性。世界各国不同的历史文化造就了不同的价值观和发展路径,虽然人们普遍赞同民主、法治是人类共同追求的目标,但也应当认识到西方制度模式背后历史、文化的特殊性。其他国家可以借鉴西方成功的经验,但"照搬"很可能会造成"水土不服"。

在笔者看来,俄罗斯现有的体制,虽然存在一定的局限性,但是"休克疗法"确立的宪法秩序和市场经济制度都得到保护和延续,并且实现了人民渴望已久的社会稳定。2000年以来,俄罗斯经济保持了高速发展,虽然受到全球金融危机和石油价格下跌的打击,但经济形势保持了乐观局面,特别是社会福利水平相较20世纪90年代,有了大幅度提高。俄罗斯已经从苏联解体初期的地区性大国恢复了世界性大国的地位,并积极参与国际政治、金融新秩序的建设。具有俄罗斯特点的新发展模式不仅得到了国内人民的支持,而且逐渐获得国际社会的认同。

赫德兰对于俄罗斯未来前景的消极推测也存在的一定合理性。以能源出口为导向的经济发展不仅容易受到国际原油市场变化的冲击,而且过于依赖能源出口有可能会导致"荷兰病"的危险,不利于产业结构升级和技术创新。从目前的情况,俄罗斯扭转了20世纪90年代国内混乱的局面,联邦体制逐渐稳固,社会保障体制也逐渐完善,进一步改革的呼声也会逐渐增强。如果普京不能在政治体制和经济结构方面继续推进改革,有可能会遭到在野党派和新兴中产阶层的反对。

尽管赫德兰通过路径依赖分析框架得出的结论在学界仍有很多争论,[83] 但是他将俄罗斯的历史研究、文化研究、政治研究和经济研究进行了有机结合,确实为俄苏研究提供了一种新的视角和方法。特别是在俄罗斯制度演进史的分析过程中,对于诸多重大问题的解读和界定,如将基辅罗斯界定为一个松散的商业联邦,彼得一世的西方化改革实际上是为了加强专制主义,俄罗斯基于安全考虑的强制资源动员发展模式等,对于我们更好地了解和认识俄罗斯是有益的。

更为重要的是,赫德兰为俄罗斯的进一步改革提供了一条新的道路选择。市场经济的良好运行需要完善的制度体系予以支持,赫德兰注重制度改革切中了要害。在赫德兰打破路径依赖的改革建议中,居于核心地位的是私有财产权的保护,而这是进行自由横向交换的基础。私有财产权是一系列可行的法律权利,需要得到国家强制力的保护。因而国家需要通过立法限制自己破坏私有财产权的权力,并通过独立的执行机构确保自己和其他行为体遵守市场经济条件下的博弈规则。从而彻底转变俄罗斯人的行为偏好,走上正常的市场经济道路。赫德兰强调,心理重述需要长时段、持续的、一致的影响,因而需要几届政府甚至几代人的时间。在他看来,转型进程缓慢不等于停滞,有反复不等于倒退,需要的是国家和民众作出持续的努力。

注释

1. 参见 Anders Åslund, "Review: Invisible Hands, Russian Experience, and Social Science: Approaches to Understanding Systemic Failure by Stefan Hedlund", *Slavic Review*, Vol.71, No.4(WINTER 2012), pp.912—915; Hilary Appel, "Review: Russian Path Dependence by Stefan Hedlund", *Slavic Review*, Vol.65, No.2(Summer, 2006), pp.393—394。

2. Stefan Hedlund, *Russia's "Market" Economy: A Bad Case of Predatory Capitalism*, Taylor & Francis Group, 2003, p.23.

3. Stefan Hedlund, *Invisible Hands, Russian Experience, and Social Science: Approaches to Understanding Systemic Failure*, Cambridge University Press, 2011, p.57.

4. Stefan Hedlund, 2011, p.59.

5. Ibid., p.20.

6. Ibid., p.21.

7. Ibid., p.26.

8. Ibid., p.18.

9. 制度矩阵，指的是构成制度体系的一系列制度安排。

10. Stefan Hedlund, *Invisible Hands*, *Russian Experience*, *and Social Science*: *Approaches to Understanding Systemic Failure*, Cambridge University Press, 2011, p.27.

11. Stefan Hedlund, 2005, op. cit., p.128.

12. Ibid., p.129.

13. North, D. C. Institutions, *Institutional Change and Economic Performance*, Cambridge: Cambridge University Press, 1990, p.3.

14. 交易成本的概念是新制度经济学派引入到经济分析中的，最早由诺贝尔经济学得主科斯(R.H.Coase)提出。

15. 支付矩阵又称报酬矩阵、收益矩阵、赢的矩阵，是博弈参与者的策略选择与相应收益所组成的矩阵。

16. 关于建立"海盗行为"的支付矩阵的详细论述，参见 D. North, "Towards a Theory of Institutional Change", Barnett, W.A., Hinich, M.J. and Scofield, N.J.(eds), *Political Economy*. Cambridge, Mass.: Cambridge University Press, 1993。

17. Stefan Hedlund, 2003, p.28.

18. Stefan Hedlund, 2011, p.225.

19. Stefan Hedlund, 2003, p.281.

20. Ibid., p.291.

21. Ibid., p.292.

22. Stefan Hedlund, 2005, p.12.

23. 关于赫德兰对于行为动机的论述，详见 Stefan Hedlund, 2011, pp.197—203。

24. Ibid., p.160.

25. Stefan Hedlund, 2011, p.148.

26. Ibid., p.155.

27. Stefan Hedlund, 2003, p.301.

28. Stefan Hedlund, 2005, p.39.

29. Ibid.

30. 横向继承制度区别于纵向的世袭继承制度，权力和财产不是在父子之间传承，而是在兄弟之间传承，即上一任大公去世后，由大公最年长的兄弟继承王位，直至大公最年幼的兄弟过世后，才由子侄辈继承王位。赫德兰认为，这种横向继承制度可能是基辅罗斯在与南方游牧民族长期的贸易和战争关系中学习来的。

31. Stefan Hedlund, 2005, op. cit., p.41.

32. Ibid., p.42.

33. Ibid., p.79.

34. Stefan Hedlund, 2005, op. cit., p.79.

35. Ibid., p.81.

36. Stefan Hedlund, 2011, p.175.

37. Stefan Hedlund, 2005, p.62.

38. Stefan Hedlund, 2005, op. cit., p.89.

39. Stefan Hedlund, 2003, p.294; Stefan Hedlund, 2005, p.76.

40. 授予土地是封地时期奖励军事服役者的一种土地制度，授予土地可继承。

41. Stefan Hedlund，2005，p.119.

42. Stefan Hedlund，2011，p.120.

43. Stefan Hedlund，2005，p.98.

44. Ibid.，p.132.

45. Stefan Hedlund，2011，p.122.

46. Stefan Hedlund，2005，p.119.

47. 沙皇，俄语，源于拉丁语中的皇帝(Caesar)和德语中的皇帝(Kaiser)。

48. Stefan Hedlund，2005，p.151.

49. 对于村社的详细论述,参见 Stefan Hedlund，2003，pp.286—287。

50. Stefan Hedlund，2011，p.172.

51. Stefan Hedlund，2005，p.168.

52. Stefan Hedlund，2011，pp.122—123.

53. Stefan Hedlund，2005，p.177.

54. Ibid.，p.189.

55. Ibid.，p.207.

56. Stefan Hedlund，2011，p.129.

57. Stefan Hedlund，2005，p.238.

58. Stefan Hedlund，2011，p.252.

59. Ibid.，p.131.

60. Stefan Hedlund，2005，p.244.

61. 详细内容参见 Stefan Hedlund, Kristian Gerner, *Ideology and Rationality in the Soviet Model. A Legacy for Gorbachev*, Routledge, 1989。

62. 苏维埃人类似于东正教所宣传的,俄罗斯人首先是一个基督徒;仇外心理源于东正教宣传中对天主教世界的敌视、惧怕、怀疑。

63. Stefan Hedlund, *Russia's "Market" Economy: A Bad Case of Predatory Capitalism*, Taylor & Francis Group, 2003, p.345.

64. Ibid.，p.115.

65. *The Economy of the USSR*, The World Bank Report, Washington, DC, 1990, p.1.

66. Ibid.，p.17.

67. Ibid.，pp.26—27.

68. Stefan Hedlund，2003，p.120.

69. Stefan Hedlund, *Russian Path Dependence*, Routledge，2005，p.272.

70. Stefan Hedlund，2003，p.149.

71. 懦夫博弈,博弈论中的一种经典案例,行为者在博弈中互不相让,博弈结果是必有一方损失。

72. Stefan Hedlund，2003，p.278.

73. Ibid.

74. Stefan Hedlund，2005，p.255.

75. Ibid.，p.256.

76. Stefan Hedlund，2003，p.112.

77. Stefan Hedlund，2005，p.306.

78. Ibid.

79. Stefan Hedlund，2011，p.109.

80. 强化市场型政府,曼努尔·奥尔森提出的概念,指的是一个政府足够强大,能够创立和保护财产权利、执行契约,但同时限制自己剥夺个人财产权利的行为。

81. 即使强烈反对赫德兰观点的奥斯隆德也表示,赫德兰是一位博学的学者,他对于众多学科的理论运用十分娴熟。参见 Anders Åslund,"Review:Invisible Hands, Russian Experience, and Social Science:Approaches to Understanding Systemic Failure by Stefan Hedlund", *Slavic Review*, Vol.71, No.4(WINTER 2012), pp.912—915。

82. Anders Åslund, 2012, p.913.

83. 对于赫德兰俄罗斯制度变迁中的路径依赖分析评价,可参见 Hilary Appel,"Review:Russian Path Dependence by Stefan Hedlund", *Slavic Review*, Vol. 65, No. 2 (Summer, 2006), pp.393—394; Don K.Rowney, "Review:Russian Path Dependence by Stefan Hedlund", *Russian Review*, Vol.65, No.1(Jan., 2006), pp.162—163; George Blazyca, "Review:Russia's 'Market' Economy:A Bad Case of Predatory Capitalism. by Stefan Hedlund," *International Affairs(Royal Institute of International Affairs)*, Vol. 76, No. 1 (Jan., 2000), pp.183—184; Anders Åslund, "Review:Russia since 1980: Wrestling with Westernization. The World since 1980 by Steven Rosefielde;Stefan Hedlund," *Russian Review*, Vol.68, No.4(Oct., 2009), pp.722—723。

第四章
比较政治经济学框架中的原苏东国家转型分析

　　以新自由主义理论为基础的"华盛顿共识"转型方案在一些原苏东国家中并没有取得成功，特别是在苏联的主要继承国——俄罗斯——的转型中。"华盛顿共识"方案不仅没有实现经济的快速增长，在政治上，之前的民主化努力逐渐被威权主义所取代。这种差异化的结果引发了俄苏研究学界广泛的反思和争论。有学者和专家指出，新自由主义放之四海皆准的主张——只要市场经济体制确立，经济增长和民主化等好处就随之而来——只是一厢情愿的幻想，"华盛顿共识"方案的适用性脱离了单个国家的具体环境和历史条件。此种观念催生出许多基于转型国家独特性的理论和实证研究，奥勒·诺格德（Ole Nørgaard）对于原苏东国家的转型比较分析就是其中较为代表性的成果。

　　奥勒·诺格德，丹麦政治学家，奥胡斯大学政治学系主任，比较政治学教授，萨尔茨堡研究会撰稿人。他还兼任丹麦社会科学研究委员会委员，是丹麦律师和经济学家协会、苏东地区研究协会北欧委员会、丹麦政治学协会、全美政治学协会、国家政治学协会会员。诺格德先后在哥本哈根大学和奥胡斯大学获得政治学哲学博士和法学博士学位，曾赴莫斯科国家与法律研究所、斯坦福大学等地进行访学。除学术研究外，诺格德教授还曾在欧盟援助原苏东国家的机构和项目中担任丹麦的代表，并以丹麦援助项目负责人和双边大学合作项目负责人的身份亲自前往多个原苏东国家进行田野调查。

　　诺格德教授将原苏东国家 1989 年至 1998 年间的转型模式和实际效果在多学科框架下进行比较分析，总结成功经验和失败教训，为其他国家的转型提供具有普适性的指导理论。他研究的起点是从反思新自由主义开始的。新自由主义的转型理念认为民众对于苏联制度的普遍排斥,为市场化经济和民主化政治的快速建立提供了基础,并且简单地认为,民众能够迅速适应市场经济重新制定的博弈规则。

诺格德认为新古典主义经济理论将人类社会过度简化,令新自由主义者忽视了苏联体制本身的特点及其结构性制约遗产。而国际金融机构和西方主要国家对于新自由主义理念指导下的转型方案进行了"狂轰乱炸"式的宣传,令一些转型国家的精英和民众相信,市场经济能够简单、快速地实现,经济增长和民主紧随而来。但实际情况证明,剧变后的体制并非如想象般处于制度真空之中,原有制度、价值观、思想和行为方式并没有随着苏联体制的崩溃而彻底根绝,而且通过各种政治反应作用于经济制度改革。民主建设的失败延缓或者阻碍了经济改革,造成一些国家经济状况的恶性衰退,引发社会动荡。

因此,诺格德对于原苏东国家转型进行比较分析的目标是回答如下问题:为什么有的国家能够在实现经济和福利增长的同时,民主得以巩固,而另一些国家做不到? 如何才能实现市场化经济和民主化政治转型成功的双重目标? 一言以蔽之,就是通过解释在转型过程中,经济制度改革与民主化之间的关系,来提供更为适用性的转型方案。面对涉及面如此之广的一个问题,诺格德并没有陷入理论推导的"泥沼",而是采用了科学实证主义研究方法,建立了严密的逻辑分析框架。第一,针对民主化与经济改革之间的关系进行假设;第二,基于以往的研究成果,确定影响经济改革和民主化建设的要素;第三,通过相关性分析,明确分析要素之间的关联性,从而建立民主与经济改革之间的关联性;第四,根据相关性作出结论,证实假设。在具体的研究方法上,诺格德将量化分析引入比较政治学研究,基于比较统计法和个案分析法,将经济制度变革作为因变量,民主化作为自变量,对原苏东国家在转型模式选择、转型成本的社会反应、社会反应作用于经济制度变革的政治途径、政治制度模式对经济制度变革的影响等方面进行比较分析。最终,诺格德认为,限制经济制度变革的结构性制约因素同样对政治制度变革形成制约,一旦突破政治上的结构性制约,建立良好的民主政治制度,将会推进经济制度变革的进一步发展,而经济的增长又会使民主进一步稳固,两者的互动将会形成良性循环。

第一节　转型比较分析的基本逻辑
——民主政治决定经济变革进程

原苏东国家在决定开始朝市场经济和民主政治转型的时候，都因为受到新自由主义者宣传的美好前景的影响，而接受了"休克疗法"的改革方案。诺格德认为这种情况的发生，是原苏东国家人民对于新体制能够彻底替代苏联体制的迫切渴望，与新自由主义理念风行世界、掌握话语霸权所产生的狂热的混合结果。这种混合造成了一种幻象——市场经济可以一蹴而就，没有什么痛苦；以保护个人权利为基础的民主政治会自动生成。但是很快，原苏东国家都经历了生产崩溃，这是它们始料未及的，随后生活标准、社会福利等一系列社会指标大幅度滑落。经济衰退在许多国家引发了强烈的政治反应，造成一些国家的经济转型出现了明显的降速，甚至是停顿，而民主化也发生了倒退。

诺格德认为，新兴民主制度受到威胁甚至破坏，在一定程度上源于经济制度转型带来的社会成本。这些成本是由经济体制的初始条件所决定的，在更大程度上是由国际组织和本国精英联合推行的经济模式和转型战略所致。经济衰退令那些曾经积极参加改革的普通民众迫于生计，逐渐退出政治活动。将政治的实际操作领域留给那些没有经过民主培训、脱胎于旧体制的精英手中。这些精英为了按照新自由主义理念制定经济改革计划，不惜以牺牲民主为代价。令诺格德感到痛心的是，西方主要国家的领导人和媒体竟然对这种做法表示支持。他强调，西方主要国家固执地认为民主制度只能由新生的资本主义精英强加给不情愿的民众。然而，当所谓的民主制度成为本国精英们的寻租工具，滋生出大量腐败、犯罪，引发社会衰退之时，民粹主义者利用社会中出现的绝望心理和寻找替罪羊的情绪进行蛊惑煽动，令民众开始普遍怀疑新生民主制度的合法性，从而令民主制度处于危险之中。

基于上述观察，诺格德提出如下研究的前提假设。从长远来看，除了少数拥有相当丰富的自然资源的国家外，经济制度和政治体制决定了一国能否成功地实现为本国国民创造更美好生活的愿望。经济制度限定了如何使物资、人力和金融资源高效运作的激励机制。然而,这种促进经济发展和福利增长的经济制度能否存在,首先取决于政治体制。政治体制决定着这种经济制度能否以一种可持续的民主方式分配公共产品。[1]

为了证明上述假设,诺格德选取了 20 个具有一定代表性的原苏东国家作为比较分析的对象,包括:中东欧国家,波兰、罗马尼亚、捷克、匈牙利、斯洛伐克、保加利亚、斯洛文尼亚、阿尔巴尼亚;波罗的海国家,立陶宛、爱沙尼亚、拉脱维亚;原苏联主要的加盟共和国,俄罗斯、白俄罗斯、乌克兰、哈萨克斯坦、吉尔吉斯斯坦、土库曼斯坦、乌兹别克斯坦、摩尔多瓦;以及深受苏联体制影响的亚洲国家蒙古。之所以选取这些国家,一方面是因为研究所需要的数据相对丰富;另一方面更为关键,是因为它们具有高度的可比性。首先,这些国家的经济与政治制度在共产主义体制下大致相似。其次,它们在制度路径依赖,社会对改革的要求方面较为相近,但这些国家在建立各自的市场经济和多元民主时,却选择了迥然不同的转型战略。无论是按照经济制度的变革,经济增长的传统标准,还是根据他们提供给公民的福利或者民主发展水平来衡量,这些国家的成功水平截然不同。[2]

尽管诺格德选取的研究对象具有高度的可比性,但是各国的情况仍然千差万别,如何将这些差异性置于同一研究框架下,诺格德引入了量化回归分析方法。首先,诺格德将影响转型进程的结构性要素进行分解——初始条件、外部环境与改革战略;然后在结构性要素的基础上将这些要素再次进行分解,分离出在研究对象国内具有共性的,对于转型发生、经济变革战略选择、社会成本、政治制度模式等进程产生影响的基本因素,包括苏联体制的遗产、历史文化基础、民众动员程度、旧体制精英在转型后的地位和行为模式、发起和推动转型的施动者等。诺格德通过相关的统计数据将影响因素指数化或者指标化,从而对影响因素与制度战略选择进行回归分析,一方面,确定哪些影响因素确实发挥了影响,影响的程度有多大;另一方面,通过影响因素之间的相关性联系确定民主影响经济制度变革的路径。

在完成上述工作后,诺格德确立了完整的分析逻辑框架(见图 4.1)。

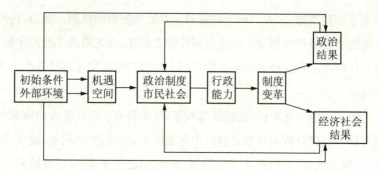

资料来源:奥勒·诺格德:《经济制度与民主改革:原苏东国家的转型比较分析》,上海:上海人民出版社 2007 年版,第 10 页。

图 4.1 诺格德原苏东国家转型比较分析的框架

从诺格德的框架可以看出,转型国家的初始条件和外部环境共同决定了改革机遇空间的深度和广度。在机遇空间时期,转型国家在民众反体制(苏联体制)动员的基础上建立民主政治制度以及改革政府。改革政府在初始条件和外部环境的结构性制约条件下,通过政策措施制定并实施经济制度变革战略。经济制度变革带来的经济社会成本影响了民众和旧体制精英对于民主政治的态度,并通过一定的政治途径影响政治决策乃至政治制度结构;而新的政治制度又将反作用于经济制度变革,从而形成一种民主与经济制度变革的影响循环。简而言之,就是初始条件和外部环境共同影响了经济制度变革的战略,战略执行后产生的经济社会成本导致了政治制度变化,从而决定了经济制度变革之后的进程。

结合诺格德的详细论述,笔者认为,他的逻辑清晰、严密,最后的结果也证明了其最初的前提假设。各国在相应的初始条件下,选择了各自的经济制度变革模式和政治制度变革模式。变革模式是否适应突破初始条件的要求,成为原苏东国家转型结果差异化的第一个"岔路口"。鉴于原有体制的畸形,经济制度变革必然会引发经济总量衰退和通货膨胀,诺格德强调这是转型初期必然经历的阶段,但可以通过相应的政策在转型进程中进行弥补,是否成功一方面取决于经济制度转型"阶段"的选择,另一方面更为重要,就是转型中的政治制度能否应对经济转型的社会成本所造成的政治反应。

诺格德认为这取决于民众动员、精英利益取向和政治制度模式的选择,这成为原苏东国家转型结果差异化的第二个"岔路口"。他指出,如果反体制动员较为充分,在首次选举中打破现有体制精英的连续性,建立共享性民主制度模式,就有可能彻底突破初始条件的限制,在民主化巩固的基础上,继续推进经济制度变革,弥补之前的转型社会成本,促进经济和福利增长,最终实现民主化和市场经济发展的良性循环路径依赖。反之,新的政治制度只是具有民主的"外衣",而实际被旧的精英既得利益集团所僭居,他们将利用政治制度阻碍市场化经济变革,造成更大的社会成本,最终令普通民众失去对市场经济和民主政治制度的信任,形成恶性循环路径依赖。正是因为两个关键性的"岔路口",造成了原苏东国家转型结构的差异化。

对于市场化和民主化改革的成功,除了内部要突破初始条件制约外,诺格德认为还有一个必要的外部条件,即国际社会特别是国际组织提供的智力支持、资金援助,特别是给予转型国家持续性的制度变革政策压力和诱导。他强调,不能因为个别政治原因放弃援助的限制性条件,这是国际社会影响转型国家国内政策,促使其朝向民主化制度建设的重要渠道。

第二节　初始条件制约下的经济制度变革战略选择与转型成本分析

对于原苏东国家转型进程和绩效的研究,不可能离开对新自由主义理念的分析,诺格德也将新自由主义理念作为自己研究的起点。在诺格德看来,作为转型指导思想的新自由主义理念实际上是"经济权力"体现,是国际权力结构的反应,体现了思想出口国的利益。[3]基于拉丁美洲的成功经验和冷战时代的意识形态对抗格局,西方主要国家和主要的国际金融机构将新自由主义理念宣传为摆脱即将崩溃的苏联体制的唯一方法,在它们的宣传中,这种方法具有普适性。

新自由主义理念的核心是依靠正统的稳定化政策,以及在追求经济增长的过程中,依靠市场和私有部门的力量克服发展的结构性障碍。然而,原苏东国家转型的结果证明,这种不受民主制度制约的放任自由资本主义不仅在经济上行不通,而且在政治上无法与民主兼容。

诺格德强调除了新自由主义理念之外,还存在着其他的转型理念,但是鉴于新自由主义当时掌握了话语霸权,以及原苏东国家民众对于市场经济所带来的美好前景的迫切渴望,其他理念被西方主要国家和国际组织以及转型国家的改革者故意忽视了。与新自由主义理念针锋相对的是新结构主义,其理念来源包括历史制度主义理论、发展经济学理论以及保守政治理论等。

新结构主义主张,原苏东国家与发达资本主义国家之间存在着结构性差异,即便是在原苏东国家之间,经济结构也各不相同,每个国家的情况应该独立分析。转型实际上是一个制度转变的过程,应当更加关注制度资源的生存以及正式制度和非正式制度之间的冲突。转型应该是一个缓慢的过程,强调通过制度演进来保留组织资本,而不是由不成熟的自由化强行推进的变革。在经济制度变革过程中,国家积极干预,限制不平等和贫困的程度;通过强大的立法机构或者社团产生共享型民主,通过广泛的民主参与调和不同群体之间的利益。诺格德指出,自己的研究从新结构主义的主张中汲取了不少"营养"。

诺格德认为,新自由主义、新结构主义以及其他理念的主张,主要形成了三种经济制度变革战略的建议,即华盛顿模式、西欧模式和东亚模式(见表4.1)。

表 4.1　原苏东国家转型的可选模式

	华盛顿共识	其他选择	
资本主义类型	盎格鲁-撒克逊型	西欧型	东亚型
经济变革			
阶　　段	稳定化/自由化优先	制度变革优先	制度变革优先
步　　幅	快	慢	慢
范　　围	政治最小化、市场最大化	积极国家	积极国家
社会团结度	低	高	高
政治变革			
政治自由	广泛	广泛	受限
制度安排	行政主导	立法主导	行政主导
民众参与	低	高	低
决策类型	精英多元主义	社团主义/自愿联合	社团主义
先后顺序	民主优先	民主优先	经济优先

资料来源:奥勒·诺格德:《经济制度与民主改革:原苏东国家的转型比较分析》,上海:上海人民出版社 2007 年版,第 66 页。

一、诺格德关于制度变革绩效的分析

诺格德指出,制度战略是制定关于制度改革的阶段、步幅和范围的一系列选择,贯穿于制度变革的整个过程。衡量制度战略成功的标准是改革者在发起变革的同时,能否把本国民众或新民主体制中的战略精英(在特定时期)无法忍受的社会成本或分配后果降至最低点。所以需要将制度战略分解为阶段、步幅和范围三项指标,与 20 个考察国的转型绩效进行相关性分析。阶段指的是改革主要措施先后顺序的选择,是以自由化、稳定化优先,还是以私有化优先;步幅指的是改革发起的速度,是大爆炸式的激进主义改革,还是渐进主义改革;范围指的是改革的综合性以及主导性力量,是市场主导、政府干预最小化,还是政府通过工业政策、社会政策等形式进行积极干预。

他将转型绩效分为摆脱旧体制的程度、向西方市场经济发展的程度、不平等增长的程度与贫困增长的程度四个指标,用于评估不同制度变革战略所造成的经济结果和社会成本。在此基础上,通过回归分析的手段,试图判断改革战略中阶段、步幅和范围在选择上是否存在因果联系,进而评估哪种制度战略更为成功。在评估标准方面,诺格德使用世界银行的自由化累计指数来评估考察国摆脱旧体制的程度,使用欧洲复兴开发银行的转型指数来评估考察国向西方化市场经济发展的程度,以基尼系数来评估不平等增长的程度,而以贫困人口的增加数量来评估贫困的增长程度。

通过评估,诺格德发现,20 个考察国在各项指标上均表现出一定程度的差异性,但总体而言都是朝市场经济的方向发展。基于对转型结果各项指标的评估,以及制度战略与经济绩效和社会成本的回归分析结果,诺格德认为,虽然存在个别特殊情况,单从经济活力上来看,选择以自由化、稳定化政策优先,快速、全面的制度变革战略的国家,经济表现更好。诺格德指出,原苏东国家在转型之初都面临着相同的问题:大规模宏观经济失衡和通货膨胀压力,使投资者面临的不确定因素增加,不利于经济增长。优先进行自由化和稳定化政策能够较好的降低平均通胀率,从而为私有企业提供较好的市场发展环境。虽然,自由化、稳定化政策在最初阶段会造成国内生产总值的下滑和贫困的增加,但是快速、全面的改革消除了推进私有化改革的障碍。所以,随后在私有化改革中逐渐增长的私有企业在较好的市场环境中能够快速发展,从而抑制初期贫困的增长。

关于改革阶段、步幅和范围之间不同选择对制度变革战略的影响,诺格德指出,相关性分析表明,改革阶段与步幅之间的联系极为微弱,即自由化优先于私有化改革的国家并不必然会加快、加大改革的步幅;但是改革步幅与范围之间却呈现出较强的正相关关系,即改革初期选择快速、激进的改革策略将会有效推动全面性的改革。

笔者认为,从诺格德的上述分析可以看出,虽然原苏东国家的转型均是以新自由主义理念作为指导,但是在具体的制度变革战略选择上却出现了差异化的表现,即一些国家并没有执行快速、全面的经济改革。从而导致这些国家在经济转型的绩效方面出现差异。为什么在相同理念的指导下,各国制度因变革战略选择却表现出不同?诺格德引入了初始条件分析,在他看来,正是苏联体制以及历史文化给各个国家留下了不同的遗产,形成了各国在经济结构、行政能力、社会意识等方面的差异,并且在相应国家产生了不同的转型经济、社会成本。

二、初始条件限制下的转型成本分析

寻找经济制度转型与民主政治之间的关联性,以及民主政治作用于经济转型的途径是诺格德比较分析的核心内容。诺格德认为,经济制度变革造成的经济社会成本引发了普通民众和新旧精英的政治反应,这种政治反应通过对政治制度的影响,作用于经济制度变革。而经济制度变革造成的经济、社会成本的大小取决于制度变革战略的选择是否符合本国实际。诺格德在研究中反复强调,由于苏联体制下的经济扭曲,经济制度变革必然会产生一定程度的转型成本,包括经济总量下滑、通货膨胀增长、生活水平下降等,这是一个必然阶段。不同之处在于,有些国家能够很快通过经济转型的全面推进,降低平均通胀率,恢复经济和福利增长;有的国家的情况却更加恶化。

诺格德指出,在以往的原苏东国家转型研究中,苏联体制的遗产成为学者们分析这些国家向市场经济和民主政治转型的基本初始条件。学者们普遍认识到原苏联体制同时存在的现代化和畸形构成了转型的财富和负担。在诺格德看来,现代化指的是社会主义建设所形成的较高程度的工业化、城市化和教育水平等积极效果,为转型提供机遇。而畸形包括两个方面:一方面指的是产业结构不合理、宏观经济失衡、贸易内向化、价格失真、管理僵化等经济不合理现象;另一方面是指与经济体相联系的一系列观念,包括平等主义思想、排斥市场的态度、文化狭隘性以及专制主义文化等。

为了确定苏联遗产与制度变革战略之间存在影响关系,诺格德对这两者之间进行了相关性分析,即将现代化和畸形度[4]作为回归分析中的自变量,来测算与因变量——改革速度、摆脱旧体制水平、西方化市场经济水平、通货膨胀以及贫困之间的相关性。测算结果表明,现代化与改革速度的选择存在着显著的正相关;而畸形与制度变革的政策选择存在着显著的负相关。换句话说,现代化程度高的国家更有可能实施迅速而全面的改革,而畸形度高的国家实施制度变革的可能性较小。而且,通胀也与畸形度成正相关,与改革范围成负相关,即经济的畸形度越高,制度变革带来的初始成本也就越高。从贫困方面来看,贫困的增长水平与畸形度成正相关,而与制度变革的范围之间没有明显的相关关系。总体来看,畸形度与制度变革的社会经济成本密切相关。诺格德强调,尽管特定国家发动快速改革的概率似乎与畸形度无关,但是这些国家实施改革的能力与其城市畸形度成显著的负相关关系。这意味着,社会经济成本如此之高,以至于无法在民主环境下实施快速改革。快速改革可能会对最终的制度变革和经济绩效发挥积极的影响,但同时也会导致国内生产总值下降和贫困增长。而且,初始畸形度越高,前期转型的社会经济成本也就越大。[5]

综合上述回归分析中所得出的相关性关系,诺格德认为,如果强行在畸形度高的国家中发动快速改革却又无法将改革坚持到底,那么国家会付出较高的社会成本;而那些能够继续推进改革的国家则很快通过低通胀、国内生产总值的增长和缓解贫困来实现经济复苏。但是诺格德强调,制度战略与社会成本的相对效应证明初始条件与制度变革之间存在相关关系,只能部分解释原苏东国家的经济体制变革,因为还需要明确初始条件下形成的转型成本是通过什么途径限制或者激励制度变革政策的采纳与实施的。

第三节　转型成本引发政治反应
——民主政治影响经济制度变革的关键路径

诺格德在制度战略与社会成本相对效应的分析中明确指出,因为苏联体制形成的结构性制约——经济扭曲,任何制度战略的执行都会产生相应的社会成本。然而,原苏东国家的普通民众和旧体制精英却没有对此作好准备。因为他们听信了只要进行市场经济改革,经济福利增长会自动跟随而至的新自由主义理念宣传。因此,当普通民众面临经济制度变革造成的经济衰退、通货膨胀高速增加、个人生活水平大幅度下降、旧体制精英遭遇既得利益损失之时,他们的政治反应必然会反馈到政治领域,而政治领域(民主政治)的变化将会作用于经济制度变革的进程,或者降速、延缓,或者继续推进。

一、转型成本政治反应的作用途径分析——"分享型民主能更好的'消化'转型成本"

诺格德指出,经济制度变革进程存在两种可能的结果。从短期来看,当经济体制处于适应新的分配机制和新的比较价格体制的阶段时,会造成国内生产总值全盘收缩,通货膨胀大幅度激增。从长期来看,这种制度变革意味着权力和福利的再分配。这两个过程都产生了各自的获利群体和失利群体(见表4.2),他们通过不同途径将自己对于转型成本的政治反应作用于政治领域。诺格德强调,"无论在经济改革中采取何种制度战略模式,社会反应和政治利益都必须被视为这种制度战略中的内生要素"。[6]

表 4.2 经济制度变革中的获利群体和失利群体

	通货膨胀	制度变革	价值观体系的变化
获利群体	有能力从相对价格的动荡和巨变中获利的群体、交易商、新的金融大亨、犯罪组织	企业在私有化后的所有者(掌控企业的新业主或内部人士)、新的企业家、拥有市场所需要资源的人(主要是年轻人)	实力导向的群体和个人
失利群体	收入固定的个人、储蓄者	旧的统治精英和经理阶层,传统的工人阶层	平均主义导向的群体和个人

资料来源:奥勒·诺格德:《经济制度与民主改革:原苏东国家的转型比较分析》,第 30 页。

诺格德指出,在以往的研究中,许多学者强调转型初期的不平等和贫困,与原有体制中形成的平等主义价值观相冲突,造成普通民众对转型的支持率下降,并通过政治上的选举路径,支持反市场化改革的左翼政党(或本国前共产党)上台组阁,从而造成制度变革的减速甚至逆转。诺格德对 20 个考察国中 15 个具有明显政党政治结构的国家,就民众对市场经济支持率与选举结果进行综合性对比分析。分析的结果表明,转型初期因为自由化和稳定化政策造成的社会成本,确实造成了民众对市场经济支持率的下降,但各国下降的程度不同。诺格德指出,转型的社会成本与市场支持率之间的这种负相关关系是非常微弱的。也就是说,在有些国家中,虽然民众感知到自身的经济状况恶化,但仍然支持市场化改革。诺格德强调统计结果表明,选举结果、政府更迭与制度变革的速度之间并没有直接联系。

在研究中诺格德发现,转型成本影响制度变革的政治路径实际上是由旧体制精英组成的社团利益集团构建的。他认为:"改革之初,苏联体制下主要社团利益集团与政府机构联系在一起的本质,即政府机构的总体能力及其与新经济体制培育的新需求之间的兼容性,是把初始条件与制度变革联结在一起的最可能的渠道。"[7] 在转型过程中,政府官员和企业经理是潜在的失利群体,他们虽然人数相对较少,但身处决策中心,拥有通过社团渠道发挥作用的官僚政治资源。同时,来自深受现存体制平等主义思想影响的企业和社团的工人,与那些同样受到新经济制度冲击的企业相依为命的工人和社团给予他们大量的政治支持。这些政治资源和权力令社团利益集团能够抵制或者阻挠制度变革的推进。诺格德指出,产业结构越集中,工业化程度越高的国家,社团利益集团的权力和影响力越大。

而旧体制精英组成的社团利益集团阻碍经济变革的主要途径是通过破坏民主政治来实现对权力进行控制或者影响的连续性,从而阻碍经济制度变革继续进行,并通过持续的通货膨胀谋利。通过对精英连续性与平均通胀率之间的回归分析,诺格德证明,精英利用延缓稳定化来牟利,使改革产生了较高的社会成本。因而,诺格德假设,精英的连续性与经济制度变革的步幅、范围呈负相关关系。诺格德对考察国共产党在政权更迭后首次选举中的得票率、精英连续性和经济制度变革进行回归分析的结果证实了他的假设。经济制度变革与首次选举的结果密切相关,左翼政党的低支持率意味着精英的非连续性,从而为改革的继续推进铺平了道路;而左翼政党的高支持率和精英的连续性与私有化优先的政策呈正相关关系,私有化优先意味着稳定化政策被推迟,通货膨胀将持续,从而为旧体制精英寻租提供了资源。因此,诺格德强调,在政治和经济体制双重改革的起始阶段,首次的民主选举发挥着决定性的作用,它将为经济制度与政治制度的连续性变革铺平道路。那么如何保证在首次大选中打破精英的连续性呢? 诺格德认为必须建立具有广泛参与基础的分享型民主,而不是新自由主义理念强调的强总统制。

"休克疗法"赞同强总统制的基本理由是:这种制度模式能够将权力从立法机构转移到行政部门,与外界隔绝的变革小组可以通过行政部门颁布法令,从而大力推动改革,不会受到特定阶层或者目光短浅的民众的干扰。然而,诺格德强调:"正是那些保留了旧体制的政治精英和行政精英的国家,并且仅在这些国家,强势总统才能够成功地抵制改革。"[8]诺格德进一步强调,总统拥有巨大而且集中的行政权力,比议会更容易受到特殊利益集团的影响,为利益集团阻挠改革提供机会。

为了证明这一观点,诺格德将初始条件和经济体制变革效果加入了与民主和总统权威的回归分析,分析结果表明,政治制度与经济改革的范围之间存在密切关系。民主化程度越高的国家,改革越具有综合性;而总统权威越高的国家,改革范围相对较小。诺格德认为,在强总统制下,议会的权威和影响力被损害,而总统在两次大选之间能有效的规避其他民主机构——议会、法院、政党、政治组织——对其的监督。依赖于总统权威的特殊利益集团和寻租精英可以绕过法律和民主规则的限制,有效地削弱原本就脆弱的新生民主制度的合法性。在强调民众动员和公众参与的分享型民主模式下,实力强大的议会使民众动员被制度化。这种制度化可以推动快速的经济制度变革,以打击保守的、社团化的利益集团,从而使改革进程更具合法性。

那么如果建设分享型民主呢？诺格德认为必须在改革之初,进行广泛的、大规模的民众动员。民众动员之所以必要,是因为在转型之初,一部分国家对市场经济的支持率高是出于希望与现存体制彻底决裂的需要,他认为这是对市场制度的消极认同,市场制度只是作为摆脱现存体制的工具。而那些出于积极认同的高支持率国家在经济变革方面,较早地降低了平均通胀率,实现了经济和福利的增长,比如爱沙尼亚和波兰。诺格德认为这种认同差异与相关国家的历史文化因素有关。从经济变革执行的效果来看,表现较好的国家曾经有过独立国家的经历和现代市场经济的经验,持续地接触西方观念和信息,并且受到加入欧盟前景的激励。这些原因使它们更容易接受市场观念,而且对于市场经济体制的真正内涵有着更好的了解,面对转型初期的社会成本,接受度和承受能力也相对更高。

因而,诺格德认为,只有进行广泛的民众动员,启发民智,才有可能令民众理解市场经济体制变革的真实内涵。一方面是普通民众能够正视转型成本的阶段性,另一方面令他们支持分享型民主,阻止旧体制中的社团利益团体破坏经济制度变革。通过政治多元化、反体制动员与现代化和畸形度,以及经济制度变革效果之间的相关性分析,诺格德进一步印证了上述结论。回归分析结果表明,广泛的政治参与能够提高综合性改革的成功概率存在正相关关系;反体制动员水平越高,实施经济制度的全方位改革的可能性就越大。

根据上述的实证分析,诺格德认为,新兴民主国家中存在着政治制度与经济制度的良性循环和恶性循环。初期的选举如果打破了旧体制精英的连续性,推动了民主的、基础广泛的政治制度建设,这时会出现良性循环。良好的政治制度反过来会促进经济变革的成功,后者又使民主得到了进一步的巩固,因为这些制度催生出新的既得利益群体。恶性循环则是一个完全相反的逻辑,政治制度的发展为保守集团或者某些特殊利益集团提供了某种特权保障,令这些集团能够通过延缓经济变革而谋利,导致转型社会成本的增加,造成社会对民主制度的怀疑和疏离。[9]

二、突破初始条件制约的关键性因素

诺格德通过对转型国家内影响要素之间的相关性分析,明确了在初始条件影响下,经济转型与民主政治之间相互影响的路径。随后,他转向了外部条件,将外部环境作为独立变量引入与经济制度变革和民主政治影响的相关性分析中,主张国际社会和国际金融机构作为外部条件,应提供充分的智力和资金援助,并发挥持续性的影响作用,从而完成在初始条件和外部条件影响下,民主与市场互动的完整逻辑分析。

诺格德指出,虽然民主、政治多元化和反体制动员为"机遇空间"提供框架,使经济制度变革成为可能,但是上述因素只能证明变革的机遇存在,并没有涉及发起变革的施动者。他认为,施动者的关键性作用在于接受变革观念的程度以及转型路径的选择,从而形成具有差异性的路径依赖。所以考察影响施动者的动机和行为模式也是确定制度变革不同结果的重要因素。他指出,以市场经济为导向的改革,固然是以一定的经济观念为基础,但必须通过个人、机构和组织来实施。这些个人、机构和组织成为实际的变革施动者,他们将改革理念转化为实际的改革政策措施。他强调,这套指导经济制度转型的经济思想并非产生于转型过程,而是来自国际社会和主要国际金融组织在发起制度变革之初的观念和思想。因而施动者对于改革观念的理解和接受成为转型路径选择的关键,而路径决定了最终的制度转型变革结果。

诺格德认为,外部施动者主要是国际金融机构、国际政治机构和非政府组织,它们通过国家和次国家两个层面,从三个渠道影响转型国家的内部政策(见表 4.3)。

表 4.3 外部动因与制度变革

外部动因	强制性的	非强制性的	
	附加条件	接触传播	认同
国家层面	国际金融机构和国际政治机构	观念、规则和模式的传播	国际组织的成员
次国家层面	自由市场的施动者	商业和学术交流	商业和学术交流

资料来源:奥勒·诺格德:《经济制度与民主改革:原苏东国家的转型比较分析》,第 174 页。

在国家层面上,诺格德指出,国际机构特别是国际货币基金组织可以通过贷款和赠款的附加条件,强迫转型国家接受某些特定政策,也可以用向政府官员和顾问传播经济观念以及把外国视为模仿对象(接触)的方式影响某个国家。在次国家层面,通过与非政府组织之中的商业人士和学者进行交流,促使转型国家的市场行为体要求或者迫使政府批准某些法规,创造有利的投资和市场环境,形成条件性制约。但是诺格德强调,外部施动者的影响力取决于国家的强弱、问题的紧迫性、可渗透性和易变性。通过对 20 个考察国接受外部援助指数的分析,诺格德认为现代化程度高的国家更容易接受新观念的影响。在这些国家,本土精英拥有广泛的国际关系网络,这使得其思想可以与国际主流经济观念保持同步。

因此,诺格德认为,现代化水平与外部动因之间存在着因果关系。现代化水平提供了变革的机遇,外部动因则推动和指导了变革的整个过程。正是在这两项要素和谐共存的国家,经济制度变革进展的最为迅速,比如中欧和波罗的海国家。但是外部动因不能直接作用于转型国家的国内政策,需要通过转型国家内部的机构、组织和个人将其指导思想变为现实,并最终形成制度,才能发挥作用。在诺格德看来,内部施动者包括官方的变革小组和推广新政策的技术官僚、推广特定政策的非政府机构和组织,以及专家和政治领导人(见表 4.4)。

表 4.4　内部实施者和制度变革

内部实施者	自发性	强制性	
	接触传播	认同	附加条件
官方机构	变革小组和推广新政策的技术官僚	落实国际法和国际义务	落实外部附加条件所要求的政策
非政府机构和组织	推广特定政策的非政府组织	推广特定政策的非政府组织	
个人	专家和政治领导人		

资料来源:奥勒·诺格德:《经济制度与民主改革:原苏东国家的转型比较分析》,第 178 页。

　　诺格德指出,在官方机构享有较多自主权的国家里,转型政策常常依赖于专家或者政策专家小组,他们成为内部变革的主要实施者。他同时强调,对于专家来说,他们将转型计划变为实际政策并进行实施,有赖于政治领导人的支持力度。而在那些缺乏具有西方主流经济知识专家的国家中,诺格德认为政治领导人可以作为新观念的载体和阐释者推动经济制度变革。[10]但他同时指出,政治领导人相对过大的自主权也可能产生负面效应。那些保稳守旧的领导人有可能拒绝接受新观念,阻碍经济变革。

　　综合"机遇空间"和变革施动者因素,诺格德认为在大多数情况下,有些国家之所以能够突破原有体制的制约,是因为民众受到强有力的民主动员,外部和内部的施动者借机发挥作用,为最终的制度变革奠定了基础。出现这种结果有着深刻的历史、文化原因。诺格德强调,中东欧和波罗的海有着悠久和深厚的天主教文化传统,历史上曾经是西方政治、文化的一部分。而且在第二次世界大战之前,都有过市场经济的经验。这些因素令它们能够理解市场经济的内涵,更容易接受西方国家和国际金融组织所传递的转型观念和方案。

　　为了进一步佐证上述一般性分析,诺格德分别对具有不同历史、文化特征,以及在现代化、畸形度组合具有差异性的三组国家——波兰和爱沙尼亚、吉尔吉斯斯坦和蒙古、土库曼斯坦和白俄罗斯——的转型进程和结果进行了个案分析。三组六个国家的转型情况基本印证了诺格德的判断。在相对发达的国家中,国家认同的历史传统、西方观念的持续传播、由杰出经济学家组成的变革小组,以及加入国际组织的前景,使它们突破了原有体制的结构性制约。在欠发达国家中,诺格德认为情况较为复杂,难以形成一般性的结论,但是政治领导人或者政府的强弱直接影响着制度变革的路径选择和进程。当"根深蒂固的传统制度让位于腐败和堕落的正式制度时,由一位日趋独裁的统治者强制推行的市场制度可能会轻易地损害制度变革在政治和行政方面持久的生命力"[11]。

第四节 民主政治与经济制度变革的良性互动

通过对初始条件下制度战略选择、经济社会成本、转型成本引发政治反应的作用途径、民主与经济制度变革良性循环四个方面的分析,诺格德总结出了民主与市场之间的联系路径,并在最后强调了外部环境作用于原苏东国家转型的有效途径。诺格德对于原苏东国家转型的比较分析证实了自己最初提出的前提假设——政治体制决定并影响着经济制度变革的进程。

综合对各分析要素之间的相关性联系的分析,诺格德最终认为,政治制度的建设与经济增长和福利密切相关。当新自由主义战略片面强调改革速度时,也会危害新生的民主。尽管议会制民主在某些情况下会使经济制度转型进程放缓,但会增加利益竞争透明度,令民众在民主实践中得到教育和锻炼。诺格德主张,以民主参与和社会团结为核心的西欧式民主资本主义,相对于不平等程度较高,而且精英民族色彩颇重的盎格鲁-撒克逊式资本主义更适宜原社会主义国家主流的社会价值观和思想心态。但是转型国家均面临经济增长缓慢和财力匮乏的问题,因而西欧模式的实施必须依靠充足的外部援助作为支持,但只有少数国家才能被欧盟选中,获得援助。鉴于新兴民主国家都缺少社团型或者合作型民主的制度前提,而这是支撑西欧式资本主义的传统基础,所以民主化进程的持续更多地依赖重建社会结构的刻意努力,但是充满偶然性。

笔者认为,尽管诺格德最初目标是得出一般性的结论,但是他的分析结果表明,选择转型制度战略应当视具体情况而定。他强调,制度战略选择应当把变革初期具体的社会背景状况考虑在内,特别是现代化水平和经济畸形度。在现代化水平相对较高,而畸形度低的中欧国家,尤其是它们在获得国外机构在金融和政治资源方面的大量支援的时候,快速全面的改革是较佳的选择。在这种环境下,快速全面的改革将会在经济增长和社会福利方面产生较好的效果。在现代化水平较低的中亚国家,快速全面的改革可能面临被传统结构僭居的危险,导致欺诈和腐败现象的丛生,最终削弱整个改革进程的合法性。在经济畸形度较高的国家采取快速全面的改革,也面临类似的危险。"如果要想实现民主和市场都成功的双重目标,就必须对具体国家进行具体的分析,把每一案例中的经济改革对民主发展的影响都考虑在内;反之亦然。"[12]

在笔者看来,诺格德对原苏东国家转型的比较研究就像是一项进度有序的建筑工程。前提假设是地基,研究框架是设计图纸,各项分析要素就是建筑所需的泥沙、砖瓦、水泥、钢筋等材料。研究要素相关性分析逐渐展开令施工有序进行,建筑物的最终落成也符合最初设计图纸的要求。为了增加可比性和说服力,诺格德将量化分析引入了原苏东国家的转型比较分析框架,大量的数据统计基础和严密的相关性回归分析,令笔者更为直观地了解了原苏东国家制度转型过程的复杂性、多样性。

笔者认为,诺格德并没有将自己的研究建筑在空中楼阁之上,而是通过对以往转型研究理论的总结、归纳,在整个研究中,经常可以看到诺格德就某个相关问题或引用、或对比其他学者的观点。这使诺格德的研究更富有完整性和逻辑性。更为需要向他学习的一点是,诺格德并未满足于某一学科的分析框架,而是将自己的研究置于多学科知识和理论的综合运用中。用他自己的话来说,普适性模式或者方法论的"一边倒"在研究原苏东国家转型这种错综复杂、包罗万象的现象时都收效甚微。[13]原苏东国家的转型进程,是一个经济、政治、社会制度变迁的综合型过程,这三个方面往往相互交织,互相关联。单一学科的理论很难对这个宏大的进程作出全面、有效的分析。因而不论是在转型研究还是俄苏研究中,多学科知识的交叉和综合使用已成为必然之势。诺格德对于经济学、政治学、社会学和数理统计知识的综合运用,为我们年轻一辈作出了表率。

　　笔者认为,诺格德在多学科框架下,综合各种理论和研究方法,对于原苏东国家进行比较分析研究具有多重意义。首先,将数理统计方法引入转型研究,把分析要素指数化或者指标化进行相关性分析,可以作为转型研究和俄苏研究科学实证主义方法的指导手册;其次,诺格德对原苏东国家转型影响因素分析,特别是对以往转型研究成果的总结和分析,使本研究可以成为转型研究课程的重要教学内容。

　　尽管诺格德的研究具有多重价值,但也存在可以讨论之处。首先,诺格德在研究中指出市民社会对于转型初期动员和民主政治长期稳固具有关键性作用。但是那些缺乏市民社会传统的国家,该如何解决这一问题,诺格德没有回应。从西方市场经济和民主制度的发展史来看,市民社会本质上是个人权利意识觉醒,并逐渐制度化、规范化(心理内化)的过程,在很大程度上,具有历史和环境的特殊性。在那些没有市民社会传统的原苏东国家中,该如何建立市民社会,人造的市民社会能否在民主政治中发挥作用,这仍是一个未能解决的问题。其次,相较于以往的研究,诺格德扩大了转型影响要素分析的范围,并希望将这些要素通过指标化或者指数化纳入统一的逻辑分析框架下。但是,原苏东国家的情况千差万别,一般性的分析恐难完整地体现出这些国家的差异性或者多样性,而且社会要素的指标化或者指数化可能会因为选择标准的问题而引起争论。

　　尽管诺格德再三强调原苏东国家的差异性,并多次强调应当根据具体国家的具体情况设计转型战略或者方案。但他眼中转型的目标模板仍是西方化的市场经济和民主模式。笔者再次强调,西方化的市场经济和民主模式具有特殊的历史文化基础和发展路径,不应简单套用在其他历史文化的基础之上。

　　尽管诺格德的分析框架仍存在需要讨论之处,但他对于原苏东国家转型的比较分析,为我们进一步总结经验,在未来提出既有针对性,又有可行性的转型方案,提供了新的视角。在笔者看来,俄罗斯的转型之路并没有停止,2012 年总统大选中自由主义者和中产阶级表现出的政治活力,以及社交媒体的动员作用,都体现出俄罗斯民众对于市场经济和民主政治内涵的理解在不断加深,这将是俄罗斯未来转型的重要基础。然而,必须承认的是,普京的当选说明现存体制对于当前的俄罗斯来说具有一定的合理性，是获得大部分民众认同的。如何谨慎处理国家责任与民众诉求、文化传统与现代意识之间的关系，可能将会左右俄罗斯未来的转型之路。

注释

1. [丹]奥勒·诺格德：《经济制度与民主改革：原苏东国家的转型比较分析》，孙友晋译，上海：上海人民出版社 2007 年版，第 2 页。

2. 关于研究对象可比性的详细论述，参见奥勒·诺格德：《经济制度与民主改革：原苏东国家的转型比较分析》，第 5—7 页。

3. 奥勒·诺格德：《经济制度与民主改革：原苏东国家的转型比较分析》，第 173 页。

4. 现代化与畸形度的指标化指的是通过具体的、相同的变量组合形成统计基础，并在统计结果的基础上进行评分，从而判断每个国家的现代化程度和畸形程度。现代化包括四个变量：电话，代表基础设施发展水平；入学教育的平均年龄，代表大众受教育的程度；电视，代表民众与领导层的沟通媒介；城市人口比例，表明职业特征。畸形度包括五个变量：垄断，指的是超大型中央直属企业的份额；经互会地区内的贸易份额，反应分工的专业化水平；中央计划经济下的年数；受抑制的通胀，代表产品的相对稀缺程度；黑市溢价，指预期的与感觉到的货币值。

5. 详细相关性分析，参见奥勒·诺格德：《经济制度与民主改革：原苏东国家的转型比较分析》，第 99—104 页。

6. 同上书，第 85 页。

7. 同上书，第 122 页。

8. 同上书，第 152 页。

9. 详细论述参见奥勒·诺格德：《经济制度与民主改革：原苏东国家的转型比较分析》，第 153—155 页。

10. 同上书，第 178 页。

11. 同上书，第 208 页。

12. 同上书，第 228 页。

13. 同上书，前言，第 XIII 页。

第三部分

冷战后斯堪的纳维亚
地区的俄罗斯历史研究

第五章

经济思想史分析框架下的苏联经济思想演进

　　奥斯隆德与赫德兰在对戈尔巴乔夫改革的分析和评述中,均指出改革失败的原因之一是改革缺乏必要的智力支持,苏联学者未能提供有效的理论指导和政策建议。但是对于苏联经济学家为何没能发挥应有作用的原因,两位学者并未涉及。芬兰学者家佩卡·苏特拉(Pekka Sutela)对于苏联经济思想与经济改革之间关系的研究填补了这一缺失。

　　苏特拉生于1951年,芬兰经济学家、政策研究专家。1973年至1991年在赫尔辛基大学从事教学和研究工作。1993年在赫尔辛基大学获得经济学博士学位,1995年至1997年在该校教授转型经济学。1991年加入芬兰银行[1],在多个部门进行管理和政策研究性工作,后升任货币政策与研究部顾问,转型经济研究所所长,还曾在德国经济研究所和卡内基国际和平基金会短期任职。苏特拉对于苏联经济思想与经济改革有着浓厚的兴趣,并对其进行了长期跟踪性研究。

　　对于戈尔巴乔夫经济改革相关政策的混乱乃至改革的失败,苏特拉不认同某些苏联经济学家所说的,领导层没能接受专家建议,改革计划是由官僚制定的观点。他认为,从苏联经济思想的演进和20世纪80年代中后期的具体改革建议来看,特别是鉴于经济学知识在戈尔巴乔夫改革政策中获得了越来越重要地位的情况下,苏联经济思想没有为彻底的、富有成效的、可执行的经济改革提供必要的指导;苏联的经济学家在思想和理论上的缺陷对于国家崩溃负有不可推卸的责任。

　　苏特拉以时间为线索,通过文献研究法,系统梳理了苏联从20世纪20年代新经济政策时期至20世纪80年代末戈尔巴乔夫改革时期的苏联经济思想演进。他不仅划分了苏联经济思想和改革理论的演进阶段,而且逐个分析了苏联数理经济学、社会主义政治经济学、管理学等相关学科内主要学者们的学术思想和改革建议。他发现,戈尔巴乔夫改革时期的很多建议实际上早在 20 世纪 60 年代就已经出现,虽然有一定程度的发展,但从总体情况看,直到 20 世纪 80 年代末始终未能完全冲破考茨基-列宁关于社会主义是一个单一工厂形象的藩篱。在苏联体系的性质到改革政策的具体方向等一系列重要问题上,苏联学者之间未能取得一致。更为关键的是,苏联经济学的学术研究与实际脱节,未能提供可行的政策建议。因而,苏联经济学专家的建议不仅没能挽救苏联衰败的经济,反而加重了经济危机,最终导致经济和国家崩溃。在苏特拉看来,苏联经济改革的失败,实际上也是苏联经济学说的失败。

虽然 1989 年之后关于改革的学术性争论和建议仍存在较大的局限性,但是苏特拉认为这种争论还是有积极意义的。不仅所有制和市场问题的讨论更加彻底,而且对于经济体制转型的步骤程序的理解也比以前更好了。比如,叶甫根尼·雅辛(Evgenii Yasin)在 1989 年主张,"如果我们向市场转型,那么就需要遵循市场规律",反对过度管制的价格形成,以及其他方面的国家管制,[2] 为之后俄罗斯转向完全市场经济改革打下了一定的基础。

苏特拉指出,苏联经济思想和改革观念的发展与东欧社会主义国家具有相同的阶段性特征,而且方向一致:从计划到市场。他将社会主义国家改革观念发展进程划分为四个阶段。第一阶段,实践考茨基-列宁的社会主义是单一(层级式)工厂的理念;第二阶段,在"公司"模型内模仿商品市场;第三阶段,通过模仿商品市场,进入真正的商品市场,并在"国营经济部门"模型内模仿资本市场;第四阶段,接受私人资本所有者的存在(资本主义的技术性说法),向完全市场经济转型。苏特拉指出,苏联改革经济思想经历了线性优化、最优计划、计划核算经济、市场社会主义的发展过程;改革建议也从对命令经济的合理化发展到限制集中计划范围、提高效率,再到引入企业自治和市场。当局部的"修缮"被证明是无效的之后,改革建议转向完全市场经济转型方向。

因而,苏特拉认为,这种阶段性发展证明了巴尔采罗维奇的论断——集中化管理的经济改革的最后阶段实际上是向资本主义的回归;而改革经济学也证实了传统奥地利学派的论断——向资本主义转型,事实上对社会主义经济体系进行有效"改革"是必要的。[3]

第一节 苏联改革前阶段的经济思想演进
——从"百家争鸣"到社会主义政治经济学"一统天下"

在苏特拉的研究中,改革是贯穿始终的核心,包括改革思想和改革建议。改革的对象是斯大林主义经济体系,苏特拉称之为集中化管理体系,因而斯大林主义经济体系和官方政治经济理论体系的确立成为苏特拉划分苏联经济思想发展进程的关键时间节点。从总体来看,苏特拉按照时间线索将苏联经济思想发展过程分为两个阶段:改革前阶段(pre-stage)和改革阶段。而这两个阶段又各自包含着细分的阶段性发展。改革前阶段由两个时期组成:20 世纪 20 年代的大讨论,即新经济政策时期,苏特拉称之为苏联经济学的黄金时期,因为这一时期关于苏联经济体系如何建立的大讨论,有可能提供计划-命令体系之外的替代性选择。[4]之后是斯大林主义革命时期,在这一时期,计划-命令体系确立,同时建立了为其提供"合法性"的官方政治经济学理论体系。改革阶段细分为了四个时期:第一个时期,数理经济学理念尝试将单一工厂模式合理化;第二个时期,社会主义最佳经济运行体系主张将一些经济权力转移给企业,中央计划只针对最重要的领域;第三个时期,类似匈牙利 1968 年改革,试图在计划经济中嵌入市场机制;第四个时期,提出企业自治和市场化,甚至引入私有制。苏特拉将改革阶段的经济学理论和思想称为改革经济学。

苏特拉认为,苏联经济思想从方法论角度可以总体分为古典主义和新古典主义。在他看来,社会主义经济学在视角方面与西方经济学的古典主义和新古典主义存在一定的相似性。像列宁一样的社会主义者,主要兴趣在工业化、积累和增长等方面,与 19 世纪主流西方古典主义经济学理论的主要关注点相似,即市场经济的不断拓展、增长将会带来财富;而诸如布哈林、波格丹诺夫、斯特鲁米林等人,将西方经济学新古典主义要素引入社会主义经济学框架,如市场、价格机制、均衡等,强调资源配置和效率。新古典主义的特征贯穿了后斯大林时代苏联改革经济思想。

苏特拉认为,苏联社会主义经济学的起源是考茨基-列宁关于社会主义经济是一个单一工厂形象的论断,之后的经济思想和理论的发展都是围绕着这个中心命题展开的。

在笔者看来,马克思对于社会主义经济管理模式,所述不多,对于计划的相关论述也只是散见于《资本论》和《政治经济学批判》之中,内容均围绕劳动价值论展开的。实际使用计划经济这一概念的是列宁,在《土地问题和争取自由的斗争》一文中,列宁指出,"只要还存在着市场经济,只要还保持着货币权力和资本力量,世界上任何法律都无法消灭不平等和剥削。只有建立起大规模社会化的计划经济,一切土地、工厂、工具都转归工人阶级所有,才可能消灭一切剥削"[5]。随后,列宁在《国家与革命》中改述了卡尔·考茨基(Karl Kautsky)关于未来社会的话,进一步阐述了计划经济的集中化管理概念:"社会主义社会最终会成为一个巨型的工业企业,在这个社会中,生产和计划必须是准确的,有计划地进行组织,就像在现代的大型工业企业中那样进行组织。"[6]

虽然布尔什维克内部就未来社会主义经济的计划管理原则达成一致认识,但革命后,特别是新经济政策时期,对于使用何种方式向社会主义过渡,以及计划管理方式的具体内容,党内产生了激烈的争论。苏特拉认为,这些经济思想的碰撞为苏联经济模式建设提供了多种选择,但是斯大林主义革命消除了所有替代性选择的可能,更为重要的是,压制了除官方社会主义政治经济学之外的经济思想,并为苏联经济学设定了严格的意识形态任务。这种意识形态制约,限制了经济思想讨论的空间,使苏联经济学在之后几十年都无法突破既有的社会主义政治经济学框架。

一、革命后对于社会主义经济模式的争论——计划-命令体系的可能替代性

十月革命成功后,俄罗斯人对于如何向社会主义转型进行了激烈的争论。苏特拉指出,在争论过程中,列宁关于社会主义单一工厂形象的理解不仅没有改变,而且逐渐成为了布尔什维克官方指导思想。1919 年的列宁深信"建设社会主义就意味着建设集中经济,即经济只能由一个中心进行管理",[7]集中化管理思想在 1919 年布尔什维克党纲和《共产主义 ABC》中得到重申和明确。因而,在战时共产主义时期,经济学家在官方的支持下,制定出一种以能源和劳动力投入为基础的非货币记账体系。当时的布尔什维克将其作为向社会主义过渡的步骤,迅速消灭货币和市场,因为社会主义即将到来。[8]但是非货币体系的全面使用因为新经济政策而被延后了。

苏特拉认为,在这一阶段出现了对于计划原则的第一次挑战——恰亚诺夫的小农经济理论。农业经济学家亚历山大·恰亚诺夫主张,马克思的资本主义理论不适合分析社会主义体制下的俄罗斯,容易让人联想起家长制的小农经济;他坚持"效率原则"应当以计量单位为基础,通过有意识的决定直接执行。[9]苏特拉强调,恰亚诺夫建议用小农经济理论替代马克思主义的主张实际上是对马克思主义意识形态霸权的挑战。斯特鲁米林和其他马克思主义者对恰亚诺夫进行了批判,他们认为即使马克思是资本主义理论家,但他的很多洞见,如历史理论、劳动力在生产中的中心作用等都是有效的。作为第一个将西方经济学新古典主义方法引入社会主义经济的马克思主义者,斯特鲁米林主张,"在最为普遍的水平上,计划问题就是如何最有效的使用社会生产资料的问题。具体来说,这是一个计算问题,即如何配置国家的资源,实现在最小劳动力成本下最大程度满足社会需求"。[10]

苏特拉注意到在这次争论背后,显露出一个根本性问题——马克思的理论在后资本主义(post-capitalist)社会的适用性。苏特拉认为,马克思和恩格斯所强调的社会主义科学性的特点,特别是他们主张经济和社会发展的客观规律,实际上是为了证明社会主义革命的不可避免。马克思研究的客体是资本主义社会,"马克思自己也一直强调自己

理论课题的特殊性".[11]但是 20 世纪早期的主要马克思主义者,特别是普列汉诺夫和列宁却完全排除了马克思主义框架下社会主义政治经济特殊性的可能,他们将马克思关于资本主义的理论进行扩展,变成了历史的一般性理论——"马克思的历史规律适用于任何时间,任何地点".[12]苏特拉强调,苏联的马克思列宁主义政治经济学部分源于这个传统。

因此,苏特拉认为,布尔什维克在后革命时期处于一种尴尬的境地:"他们在政治上、心理上、意识形态上自称是马克思主义者;但在理论上,却遭到了拒绝".[13]在这种情况下出现了两种选择性理论,并成为新经济政策时期讨论的主要内容。选择理论一,普列奥布拉任斯基主张苏维埃俄国是农业社会,人类社会前社会主义阶段特有的规律在俄国仍然适用,因而马克思主义在革命之初还有重要的指导意义;普列奥布拉任斯基的方法是古典主义的,要点在于牺牲农民的利益以积累社会主义工业化资金,加速工业化的实现。选择理论二,波格丹诺夫和布哈林主张马克思从资本主义研究中所获得的理论是"一般社会规律"(general sociological laws),适用于所有时间、所有社会,当然也包括社会主义社会。他们开始研究有效组织的一般规律,在方法上极力维护新经济政策,主张通过市场与计划的结合向社会主义渐进过渡。苏特拉强调,布哈林对于新经济政策的维护是鼓舞几代社会主义改革者的源泉。但经常被忽略的是,波格丹诺夫-布哈林的有效组织与最优计划者的社会工程(social engineering)方法在方法论上具有相似性。

在苏特拉看来,20 世纪 20 年代是苏联经济学发展的黄金时期,一方面在于出现了计划-命令体系的替代性选择——合理集中化管理模式,将西方经济学新古典主义方法引入社会主义经济。另一方面,这一时期的苏联经济学是多产的,在农业理论、发展经济学、增长理论、计划方法论以及数理经济学等方面都有所创新。他认为原因有二:第一,20世纪 20 年代的苏联经济学界集合了革命前关注俄罗斯本土经验的经济学家、统计学家、欧洲马克思主义政治经济学的追随者,以及对美国经验的密切跟踪研究的学者,学术思想呈现多元化;第二,"后革命时期社会根本性改革的议程以及相对自由的政治氛围有利于这些创新".[14]

二、斯大林主义革命与经济学思想的官方化

苏特拉直言不讳地指出，1928 年至 1931 年的斯大林主义革命意味着苏联经济学黄金时期的结束。斯大林"通过人事改变和清洗、组织结构改变、投资配置转移的完成、集中化定价规则与激励方案的重制，试图令已有的配置机制更符合考茨基-列宁所说的真正的社会主义，换句话说，就是完成考茨基-列宁模式"。[15]因此，斯大林不仅将单一工厂模式具体化，而且将其塑造为社会主义社会发展的标准模式。单一工厂模式成为了苏联经济思想，特别是斯大林主义经济思想的核心概念。

苏特拉认为，不论是古典主义还是新古典主义社会主义经济学，都认同单一工厂模式是社会主义发展的标准模式，二者的分歧在于工厂管理的目标和方法。古典主义分析方法认为经济是创造的工具，注重积累和增长；而新古典主义者的分析方法则集中于效率问题。对于斯大林建立的单一工厂模式，苏特拉总结出五个特征。第一，它意味着所有制形式的统一，生产资料国有制以外的所有制形式会随着时间的流逝逐渐消失，这在 1961 年的党纲中被再次确认。第二，单一工厂模式意味着一个中心的、层级式的计划和管理体系，处于最底层的是企业，企业从属于产业部委，产业部委的上级是计划委员会和其他中央经纪机构，位于最顶层的是最高政治领导集团。第三，虽然工厂利用货币和价格作为度量和记账工具，但认为市场和流通货币没有存在必要。第四，单一工厂意味着政治与经济权力之间、国家与市民社会之间，以及定价机制的具体细节与独立的消费者之间没有差别。第五，工业与其他社会部门之间没有本质不同，它们基本上以同一种方式进行组织。在苏特拉看来，后斯大林时代的改革经济思想和相关的改革建议都是分别围绕上述单一工厂模式的五个特征展开的。

尽管单一工厂模式具体化了，但是苏特拉指出，斯大林政权仍然处于 20 世纪 20 年代的尴尬境地，一方面强调社会发展受规律支配的特点，另一方面以资本主义社会为研究课题的马克思主义政治经济学并没有为斯大林主义革命提供理论指导与合法性。因而对于理论合法性的需求——证明斯大林主义体系是符合马克思主义的、苏联发展是遵循客观规律的——催生出了官方社会主义政治经济学。为了保证官方

学说的正统性,斯大林主义者"完全压制之前的所有学派,清除本领域中最为杰出的学者,把持所有的研究机构、学术期刊和大学"。[16]

苏特拉指出,1941年,在斯大林编写的政治经济学教科书中,主要采纳了L.D.亚罗申科(L.D.Yaroshenko)的主张,在承认客观经济规律(价值规律)存在的同时,强调国家行政机关在经济中发挥关键性作用。因此,社会主义政治经济学是对生产计划与合理组织进行研究的学科。亚罗申科宣称,"经济政策是政治决策者的责任,不是经济学家的"[17]。经济学家的任务并不是指导政策,而是为国家的经济政策提供解释和说明。苏特拉指出,这是斯大林对苏联经济学的原则性定位。

苏特拉认为斯大林主义革命对于苏联经济学的影响是灾难性的。第一,官方将社会主义政治经济学确定为马克思列宁主义不可分割的一部分,赋予了经济学最大的官方重要性,同时让经济学承担了意识形态责任,在一定程度上限制了经济学的实用性价值。[18]第二,将效率研究排除在社会主义政治经济学研究内容之外,强调理论性政治经济学研究的重要性,不仅使政治经济学脱离了实际事务,而且在理论研究和实证研究方面筑起了一道"墙"。第三,经济学学科的整体结构,是按照学科抽象性的降序排列,呈现出层级性特征,不仅令应用型研究边缘化,而且限制了应用型研究的创新能力。第一层级是一般性经济学科,包括政治经济学、经济史和经济思想史;第二层级是各类特殊或者中间学科,如经济计划、经济统计、劳动经济学、金融研究、社会主义世界经济研究;第三层级包括各类经济分支学科,如工业经济和农业经济。在这种层级关系中,低层级的学科发展依赖较高层级学科的理论发现,它们应该是政治经济学的应用。[19]苏特拉认为,这种层级结构和关系的目的在于防止应用型研究对社会主义政治经济学基础理论形成挑战,从而维护官方学说的正统性。第四,加强党对社会科学机构的控制和书报审查制度,限制了科学研究的独立性,令学术研究屈从于政治压力,导致学术思想趋向保守主义,进一步妨碍了理论突破和创新。第五,经济政策制定的权力把持在没有受过专业经济学教育的官僚手中,专业经济学家对于政策和计划的影响力被大幅度削弱,降低了政策合理性。

尽管斯大林主义革命确立了社会主义政治经济学的官方正统性,压制其他学派,但是苏特拉强调以效率为导向的经济学思想在斯大林时代并未死亡。沃兹涅先斯基在 1948 年的专著中主张,社会主义政治经济学是对"生产计划和组织规律"的研究;计划并不完全属于政治决策领域,而是经济学内容的一部分;通过经济学家的辅助,令集中化更加合理地运行。而诺沃日洛夫和斯特鲁米林等新古典主义经济学家在 20 世纪 40 年代末建议使用正式的效率标准。[20]虽然沃兹涅先斯基的思想受到猛烈抨击,但是这种抨击也使新古典主义效率方法在斯大林时代存活下来,并且在斯大林去世后再次引起瞩目。

第二节　苏联改革阶段经济思想演进
——"从间接集中化到市场社会主义"

苏特拉将 1953 年斯大林去世至苏联解体前界定为苏联的经济改革阶段,改革的对象是斯大林主义的单一工厂模式。他将这一阶段的苏联经济学称为改革经济学,相关的经济改革思想和主张被称为改革主义。相对于改革前阶段的分析,改革阶段的经济理论发展和相关的改革建议分析明显是苏特拉对于苏联经济思想论述中的"重头戏"。

虽然苏特拉对改革阶段苏联经济学思想的梳理仍以时间为线索,但在整体结构上略显凌乱。一方面,他以发展势头为标准从时间上将改革经济学划分为四个阶段:1959 年至 1965 年(复苏),1965 年至 1971 年(高峰),1971 年至 20 世纪 80 年代初(保守主义阶段),1985 年至 1991 年(繁荣)。另一方面,苏特拉又试图对不同学派(或者思想流派)的演进进行分析和对比,因此在论述中经常出现时间段"跳跃"的情况,类似于电影中的"闪回镜头",以此来说明改革建议的实际应用或者缺陷,对赫鲁晓夫改革、柯西金改革以及勃列日涅夫改革进行评述。

尽管如此,苏特拉对于改革阶段经济学思想的梳理仍是完整的,而且存在一条隐含的主线,即戈尔巴乔夫改革政策。笔者认为,这条隐含主线之所以存在,是因为苏特拉希望说明三个问题。第一,戈尔巴乔夫改革时期面临的问题实际上从斯大林去世后就逐渐被经济学家所认识。第二,戈尔巴乔夫改革所采纳的政策性措施早在 20 世纪六七十年代就被经济学家提出。第三,戈尔巴乔夫改革不同于以往的局部性改革,而是一次综合性改革,虽然放弃了单一工厂模式,但未能突破经济管理集中化的束缚,仍属于合理化改革范畴,并没有出现替代性选择。

对于改革阶段经济思想演进的总体特征,苏特拉认为是缓慢向前发展的,"越来越多资本主义市场经济的特点被合并进社会主义的标准模式中,对经济效率的追求促进了这种活力"[21]。

一、苏特拉对于改革经济学的阶段性分析

苏特拉认为斯大林主义单一工厂模式的标志性特征是任意性,这种模式缺乏经济理论的指导,造成了大量的浪费和低效。因而,如何在单一工厂模式下提高效率成为后斯大林时代经济改革思想和建议的"主旋律",新古典主义的效率方法也成为了这一阶段的改革经济学的主线。从时间节点看,苏特拉认为,康托洛维奇最优计划基础理论——线性优化"手稿"的公开出版,标志着改革时代的到来。[22]后斯大林时代的领导层越来越关心经济生产率的降低问题,希望提高一般生活标准,苏特拉认为单一工厂模式下的集中化管理体系的合理化"在政治上有了可行性","斯大林时期的经济任意阶段也让位于更为标准化的社会建设"。[23]

如图 5.1 所示,从改革经济思想讨论和发展层面,苏特拉将后斯大林改革时代划分为四个阶段。第一阶段,1959 年康托洛维奇关于线性优化的"手稿"出版至 1966 年柯西金改革,这一阶段以效率为导向的新古典主义方法在经济学思想中复兴,数理经济学的最优计划理论成为改革经济学家手中主要的武器,并开始挑战社会主义政治经济学的主导性地位,苏特拉将之称为"数学革命"。在这一阶段,数理经济学的改革建议——最优计划——并未获得领导层和中央计划委员会的重视。

资料来源:作者根据苏特拉论述内容自制。

图 5.1 苏联改革经济思想的发展阶段

第二阶段,1966 年至 1971 年,苏特拉认为本阶段是苏联经济改革讨论的顶峰时期,柯西金改革应用了最优计划方法。官方虽然宣称改革是综合性的,但实际的改革对象是集中化管理结构中的企业层级,经济管理的层级结构得以保留。因而,苏特拉认为柯西金改革是在保留苏联经济基本原则的基础上使经济体系合理化,是一次典型的局部改革。[24] 因而改革经济学家开始转向综合性的体系改革主张,并引入市场要素,如沃兹涅先斯基、涅姆钦诺夫和彼得拉科夫。但是,苏特拉指出,这一阶段主导经济改革讨论并非经济学家,而是"记者、作家、数学家、飞机设计师、自动化专家"[25],经济学家的主要意见刊发在专业的经济期刊上,很难被普通民众发现和理解。苏特拉认为,此阶段出现市场社会主义的观点,一方面是因为最优计划方法在对目标函数和影子价格计算时存在局限性;另一方面主要是源于赫鲁晓夫对斯大林主义的批判,经历过这场大批判的青年经济学家属于"党的二十大的孩子"一代,他们相信需要回归真正的列宁主义,即相对和平、多元的、以市场为导向的新经济政策时期。[26]

第三阶段,20 世纪 70 年代至 20 世纪 80 年代初,苏特拉指出,随着勃列日涅夫领导集团保守主义和对意识形态正统性强调的普遍增加,改革经济学思想也转向保守主义。尽管改革的公共讨论空间被压缩,但苏特拉认为这一阶段改革经济思想仍是缓慢向前发展的。大部分经济学家受到意识形态正统性和书报审查制度的制约,最终转向了技术性问题研究。但是在这一阶段,经济学家通过反思,认识到最优计划方法是无效的,开始总结和借鉴匈牙利改革经验,出现了公开放弃单一工厂模式和引入市场机制的主张。改革经济学家倡导综合性改革,其研究目标也转向了集中化管理的层级结构弊端、企业自治、价格形成机制、商品市场,以及所有制多元化等方面,为戈尔巴乔夫阶段改革经济思想的繁荣奠定了基础。

第四阶段,1985 年至 1990 年,戈尔巴乔夫开启的经济改革打破了第三阶段的保守主义。苏特拉强调,经济学家不仅可以公开发表自己的改革主张,而且一改 20 世纪 60 年代以来在改革讨论中的边缘化地位,主导了本阶段的改革讨论,甚至逐步参与经济决策。如列昂尼德·伊万诺维奇·阿巴尔金任主管经济改革的副总理,阿甘别吉扬·阿贝尔·格泽维奇担任戈尔巴乔夫的私人经济顾问,塔季扬娜·伊万诺夫娜·扎斯拉夫斯卡娅是戈尔巴乔夫改革智囊小组的成员。因而，改革经济学家在第二和第三阶段提出的建议，包括科学计划、加速增长、计划订单、企业自治、企业租赁等得到了实践。但是苏特拉认为，因为苏联改革经济学家对于苏联体系的性质、经济体量和增长率、投资和军费支出比例、生产力恶化的原因，以及通胀存在的原因等问题没有达成一致，造成改革建议和方案经常是矛盾的、模糊的，导致戈尔巴乔夫改革的失败，并且造成苏联经济情况的迅速恶化。但同时，对于市场的深入讨论迅速展开，部分经济学家如波波夫、雅辛转向了激进的自由主义，主张向完全市场经济转型。

二、从间接集中化到市场社会主义改革经济思想和建议的局限性

苏特拉认为，在 1959 年至 20 世纪 90 年代的改革时代，改革建议经历了间接集中化、市场社会主义和倾向自由主义三个阶段的变化。改革经济学思想和改革建议也逐渐从集中计划管理合理化的局部改革走向了以市场为导向的体系性综合改革（见表 5.1）。苏特拉指出，理解局部改革的有限性花费了苏联经济学家几十年的时间，[27] 直到戈尔巴乔夫改革失败。

表 5.1　改革经济思想学派及其相关改革建议

学　派	代表学者	改革建议类别	主　　　张	缺　　陷
数理经济学派(最优计划论者)	康托洛维奇	间接集中化	在限制性条件下，通过对资源、技术和预设商品组合的优化，实现国民经济计划下的生产最大化；利用影子价格令单一工厂模式合理化。	未能注意消费者的作用，忽视了社会和政治的所有问题，令经济学在国家发展中的地位大大降低。
	诺沃日洛夫	间接集中化	强调资本利用率和物质资源稀缺性租金在最优配置中的中心作用，以及市场反馈对于合理计划的必要性；通过计算为资源设定最优价格，以价格指导代替强制的计划目标指导，实现更有效率的集中化。	通过计算模仿市场的定价机制，忽视了市场为人类活动设定制度框架的功能。

学　派	代表学者	改革建议类别	主　张	缺　陷
数理经济学派(最优计划论者)	卡岑埃尔恩博根团队(社会主义经济最佳运行体系者)	间接集中化	强调计划的科学性,在对信息的科学分析基础上,中央制定综合计划;综合计划在企业间进行横向分解,自愿订立合同;以稀缺资源的影子价格对企业进行生产指导;企业以盈利为目标,物料投入由计划供给转变为批发供给。	保留了单一工厂模式中的层级结构,试图用最优计划来模仿市场机制,在限制性条件下进行经济优化。
	沃尔孔斯基	具有市场化倾向的间接集中化者	关注一般均衡,强调横向联系和消费者选择,将产生于市场的信息作为计划制定的出发点,以及评判计划者决定正确性的主要标准;建立最优化的分散管理体系。	在主张分散化的同时,仍坚持集中化;虽然具有一定的市场化倾向,但建议仍集中于动机和协调,未能明确阐述价格产生的市场机制。
	利伯曼	间接集中化	中央管理机关专注于战略性计划,放弃对企业进行"琐碎的指导";实行新的企业激励机制,促进计划执行过程的合理化;使用单一绩效评价标准(盈利能力)替代评价标准的多重性。	基本假设错误,相信计划者实际上愿意放弃资源配置的具体权力,而专注于规划长期发展计划。
	涅姆钦诺夫	市场化倾向的间接集中化者	大幅度减少给予企业的强制性计划指标;建立长期固定的、统一的标准,缩小地区、部委和计划机关对企业事务的干预范围,同时促进企业追求利润最大化。采用计划订单,企业与计划者以及相关物料供应、建筑、运输企业之间建立合同关系;允许企业在市场上出售计划订单外的产品。	仍以国有制和层级结构作为经济管理的基础,主张价格的集中化控制,合同只是建立横向联系的手段,缺乏竞争。
	彼得拉科夫	市场社会主义	放弃单一工厂模式,主张企业生产计划中更大的部分应当基于市场需求,使用订单形式,最重要的生产要素使用集中化的决定模式;通过资源支付、税收、融资的变化进行集中化管制;资源仍进行集中化配置;采用稳定的绩效标准。	对涅姆钦诺夫双轨制计划理念的进一步发展,仍未厘清计划与市场的关系,对于如何处理垄断,金融发挥何种作用等问题没有涉及。

学　派	代表学者	改革建议类别	主　　张	缺　　陷
社会主义政治经济学	瓦季姆·麦德维杰夫	市场社会主义	在重视市场和价值规律作用的同时，主张计划的优先性；认为在个人和集体利益之外，还存在社会利益，要确保社会利益的优先性。在计划体系中应用商品——货币关系，建立"计划的社会主义市场"。	把市场当作是一个可以利用的技术性手段，将破产、失业、不稳定、寻租等消极功能排除在外，在这种情况下，企业只能依赖预算或者其他融资者，令社会无效率。
	阿巴尔金	市场社会主义	强调国家在经济决策和管理中的中心作用，在计划体系中应用商品-货币关系；从新经济政策中借鉴经验；强调均衡发展才是唯一可行的路径；不仅承认需要商品市场，而且强调生产资料、服务、劳动力、金融市场的存在与社会主义绝不矛盾；主张应当消除反对改革的心理障碍，动员人民"作为主人的感觉"。	坚持国有制和充分就业，将市场当作补充计划，提高效率的技术性手段。
新西伯利亚工业经济研究所	阿甘别吉扬	市场社会主义	加快科学技术发展，提高经济增长速度；主张对企业进行完全核算，进行价格改革，增加对外贸易，建立生产资料市场，强调信贷在金融中的作用。	不主张完全取消义务性计划指标。
	卡拉格多夫	市场社会主义	推行匈牙利模式改革，反对间接集中化——在进行分散化的同时增加中央集权程度；取消义务性计划指标，创造竞争条件，允许破产的存在。	忽视了匈牙利模式在规模上的限制性，匈牙利是小国，国有企业相对较少，有可能将市场与计划相结合，实现中央对企业的非正式控制。
	扎斯拉夫斯卡娅	市场社会主义	苏联社会由"阶级-团体"构成，不同的"阶级-团体"之间存在潜在的利益冲突，社会并不和谐；改革的反对力量集中在管理层级中的部委层面，而领导层、企业经理和技术工人支持改革；传统经济体系只适合于教育程度低、态度消极的人，不适合用于有自己的目标和利益的现代工人阶级（工人自我管理）。	忽视了苏联社会的地区和民族层面，没能注意到不同阶层、拥有不同利益的人群之间有着不同的改革目标。

续表

学 派	代表学者	改革建议类别	主 张	缺 陷
管理学派	库拉什维利	市场社会主义	建立基于大型生产联合体的体系;将原有的 50 个产业部委减少为 7 个,其中燃料与能源产业、公共经济、通信、交通、供给、计划、国防产业成立单独的部委,进行集中化管理,其余的经济部门统一由单独的经济部来管理,进行分散化管理。	建议中缺少经济细节,价格仍由中央设定,没有讨论增加竞争的可行性措施,没有明确提出失业的可能性。
	加夫里尔·波波夫	市场社会主义	放弃单一工厂形象,建立新的、进行协调管理的层级——超级部委;取消强加给企业的所有计划目标;企业的生产计划应直接基于消费者订单;价格设定通过企业间的合同实现分散化;企业剩余资金形成工资基金,实现真正的按劳分配;提出企业租赁的方案;引入私人投资、失业福利。	引入新的管理层级增加了层级结构的复杂性,坚持国有制。
外国问题与国际问题研究专家(社会主义经济世界体系研究所)	博戈莫洛夫	激进的市场社会主义	苏联社会需要进行激进的改革,从农业开始。	对于市场的理解是狭隘的,只涉及了商品市场,而且是从一个特殊的角度来看待产品市场。
	利西奇金	激进的市场社会主义	新经济政策是在共产主义完全建立之前,唯一正确的经济关系体系;真正的市场与作为记账与控制手段的商品-货币关系不同,两者不能混合。	
	什梅廖夫	激进的市场社会主义	公开摒弃了集体化的全部基本原理。	
	阿纳托利·布坚科	激进的市场社会主义	批评了苏联共产党 1961 年将社会主义视为不成熟的共产主义的纲领。布坚科认为这一纲领令国有制长期以来的绝对优势地位合法化了,并充当了供给集体农场自治和自留地的基础。	

资料来源:作者根据苏特拉的相关论述自制。

在苏特拉看来,从间接集中化到市场社会主义的改革经济思想及其改革建议主要针对的是斯大林主义单一工厂模式的五大问题:成功指标,即企业绩效评估标准;投资效率低下以及持续衰退;激励体系;价格问题;作为管理中间层级的工业分支部委。[28]但苏特拉指出,这些问

题实际上早在斯大林去世后的最初几年就已经被意识到。然而直到
1989 年,苏联经济学家都未能提出有针对性的、有效的、综合性的改革
方案。[29]更为重要的是,改革经济学思想和相关建议有意或者无意地忽
略了能够动摇斯大林主义单一工厂模式根基的两个方面——国有制和
层级管理结构。

以康托洛维奇-诺沃日洛夫框架为基础的最优计划理论试图以计
算机模拟市场,计算出一系列最优价格,然后下发给企业,给予企业有
限的自由,从而提高生产效率。苏特拉指出,这是典型的对国有制层级
体系的合理化,"完全忽略了货币、财政、宏观政策、竞争、活力的适当作
用"[30]。而且,要想推导出最佳影子价格有赖于完全的、可靠的信息,这
在当时的苏联是不可获得的。最优计划方法保留了层级管理结构,只
要企业仍从属于部委,部委仍会继续负责监管整个产业的发展,就不可
能放弃"琐碎的指导"。

涅姆钦诺夫的计划订单方法(双轨制)成为戈尔巴乔夫 1986 年至
1987 年改革的指导思想。虽然计划订单方法允许企业在市场出售剩
余产品,加强企业间的横向联系,建立生产资料批发市场,但是仍没有
触动国有制和层级结构。

苏特拉认为,以新经济政策为历史模型、以匈牙利模式为现实参照
的市场社会主义方法实际上是将市场机制嵌入到计划经济中,免除企
业的义务性计划目标,生产资料的集中化分配也被取消;实现市场和竞
争,让生产面向需求,进行技术革新。但在这种模式下,国有企业仍占
大部分,并且从属于部委,层级管理结构得以保留,部委的干预将会转
变为大量非正式的指导方式。苏特拉强调,在市场社会主义模式下,仍
有过多的决定是基于政治目标作出的,特别是传统的战略目标——充
分就业、强制性增长仍然存在,软预算约束仍然保留。

苏特拉指出,鉴于上述缺陷,20 世纪 80 年代,学者们主张切断企
业与国家之间的"脐带",裁撤工业分支部委,并提出了两种替代性方
案:第一,工人自我管理;第二,允许国内和国外的私人投资者进行投
资。第二种方法需要将大部分国有资产私有化,因而没有获得领导层
和大多数经济学家的认同。1987 年改革计划失败后,政府转向了企业
租赁,"因为这是一种可能的自我管理形式"[31]。但是苏特拉指出,在没

有市场环境的条件下,自我管理不是可行的解决方案。即使自我管理企业在市场环境下是可行的,也很难达到资本主义企业的效率。[32]

1989年,阿巴尔金提出了向市场经济转型的计划,其内容综合了企业租赁、国有财产集体化、引入规制性市场等方法。在苏特拉看来,这是戈尔巴乔夫时期最后一次改革努力,而且,相较而言,阿巴尔金计划要比之前的计划好得多。但是阿巴尔金排除了家庭外雇佣劳动力的可能性,时任总理雷日科夫也强调政府不打算创造大规模的私有生产。苏特拉指出,事实证明,阿巴尔金计划的实际作用是毁灭性的,不仅预期的经济稳定没有实现,而且情况严重恶化。1990年上半年,苏共和苏联政府作出了纲领性决定,向计划的或者管制的市场体系过渡。1990年5月的建议,按照激进的改革者的理解,不是向市场的转型,而是将业已存在的"准市场"普遍化,在这种"准市场"中,生产者的准入和退出都完全是集中决定的,存在固定的不均衡价格和定量配给,但并不包括经济部门,特别是不包括土地和自然资源的管理。

苏特拉认为,苏联40年的经济学说发展和改革试错,明显经历了一个从计划合理化到引入市场要素的过程。但是,苏联的改革经济学并没有理解市场的真正含义,因为"采用市场机制是基于排除法得出的结论"。他强调,传统中央计划的直接集中化,以及最优计划或者通过标准进行计划的间接集中化都失败了。而在戈尔巴乔夫时期主导改革的保守经济学和计划者支持管制的市场,但是拒绝私有化、均衡价格以及失业等建议。"他们继续建议接纳竞争的'积极'元素,而将失业等问题留给资本主义。"[33]保守经济学和计划者对于市场的观点从20世纪60年代就没有变化过。

第三节　苏联改革的失败意味着经济学说的失败

通过对苏联经济思想和改革建议的梳理、分析,苏特拉最终认为经济思想没有能够为苏联的改革提供可行的、必要的指导。从相关的改革建议来看,直到1990年,主要改革建议仍未触动斯大林主义单一工厂模式的基础。虽然少数激进主义经济学家主张引入私有财产权,使苏联经济向真正的市场经济转型,但不是对市场经济体系缺乏全面的了解,就是无法提供详细的转型"路线图"。苏特拉强调,根本问题在于斯大林主义的单一工厂模式没有能力进行改革,只能寻找替代性方案。[34]而苏联经济学没有意识到这个问题,直到苏联解体前还在争论市场与计划的关系。

对于苏联经济思想为何不能为改革提供必要的指导,苏特拉认为有六个原因。第一,苏联经济学家从未掌握更好的经济理论。革命前,大部分受过西方经济学教育的经济学家在斯大林主义革命时期要么被害,要么被镇压,西方经济学在后斯大林时代的苏联经济思想中"绝迹"。政治经济学只能提供无价值的口号。虽然数理经济学家将优化逻辑作为统一框架,但他们属于少数派,他们的理念经常不被了解或者受到敌视。此外,最优计划理论极其简单,有理由怀疑其结论的适用性。

第二,大部分苏联经济学家习惯在界定明确的模型下进行思考。苏联经济学教育强调文字推理,很少强调一致性,更不用说与现实有明确联系。大部分相关的经济信息要么不存在,要么质量很差。苏联也没有统计学或者计量经济学推理的传统,并且这些学术方法的运用在斯大林统治期间被遏制了。

第三,沉重的意识形态负担。这种负担源于三个方面,第一方面是官方赋予经济学的意识形态任务,为苏联经济政策提供解释说明与合法性;第二方面是严格的书报审查制度限制了公共讨论空间;第三方面是后斯大林时代的经济学家接受的都是社会主义政治经济学教育,所以"社会主义政治经济学在他们的理论和政策归纳中成为一种自然话语"[35],斯大林主义单一工厂模式的基本特征在他们的思维中也成为难以突破的"牢笼"。

第四,面对经济决策中的政治优先和意识形态压力,大多数经济学家接受了完全从属的地位——技术专家、社会工程师、经济牙医(economic dentists)。他们"放弃了对于看似直接或者松散的政治相关性的质疑,将自己限制在那些相对粗陋的(技术性)研究中,因为这些问题没有危险"[36]。

第五,苏联经济学思想处于相对封闭的状态,不仅与西方经济学界的交往较少,而且对于西方经济学思想的发展缺乏了解。

第六，苏联经济学的理论研究与现实脱节。斯大林主义革命后，经济管理掌握在技术官僚手中，经济学家逐渐被排除在经济决策和计划领域之外。限于信息的可获得性，经济学家对于经济运行体系的性质和整体状况缺乏了解，经济学研究经常处于理论化的逻辑推导过程。苏特拉指出，"苏联经济学的具体研究经常是无聊的，而且没有价值"[37]。

虽然存在着上述不足，但是从总体发展来看，苏特拉认为苏联经济学还是缓慢向前发展的。相对于一些激进的西方批评家，他对于苏联经济思想的发展给予了较为均衡的评价。他并未使用全盘否定的革命性界定方法，而是以演进的角度，指出苏联经济学家并不是单纯的屈从于领导层的理念。虽然存在各种局限性，但总的来说，苏联经济学在后斯大林时代是一直向前发展的，一个重要的标志就是，苏联经济学家逐渐放弃了单一工厂形象，并意识到市场在资源配置和提高效率方面的作用。在他看来，通过试错的过程，改革经济思想逐渐从单一工厂模式走向了市场导向，改革建议也从计划经济的合理化逐步过渡到向市场经济转型。在改革观念的发展方向和阶段性上，苏联与东欧社会主义国家保持了一致性，但是明显滞后。当苏联在1989年至20世纪90年代开始模仿商品市场，并向模仿资本市场过渡的时候，东欧的一些社会主义国家已经开始接受私人资本所有者的存在，向完全市场经济转型了。阿巴尔金改革计划失败后，少数激进主义经济学家建议去国有化，引入私有财产权，以及苏联解体后俄罗斯向完全市场经济转型，苏特拉认为集中化管理经济改革的最后阶段实际上引起了向资本主义的回归。

苏特拉对于苏联经济思想演进的梳理和评述主要采用了叙述性方式，其间加入了对于阶段性特征的分析和经济思想的横向对比。对于了解苏联经济学理论和改革主义思想具有较好的启迪性，美国北亚利桑那大学教授道奇·布朗将苏特拉的研究推荐为比较制度研究课程的教科书。[38]更为重要的是，苏特拉的论证明确指出，戈尔巴乔夫改革的失败与苏联经济思想的缺陷存在直接关联。他强调，经济学理论研究与现实有着密切的联系，理论的正确性与经济政策的有效性呈正相关关系。因此，戈尔巴乔夫改革的失败实际上也是苏联经济学说的失败。

　　笔者认为,就整体结构而言,苏特拉的研究重点在于后斯大林时代的改革经济学及其相关的改革建议,但是他对改革前阶段的经济思想和讨论也给予了相当程度的重视。因为在他看来,斯大林主义革命之前,对于苏联社会主义经济体系的建设存在着市场化导向的替代性选择,而这种替代性选择并没有因为斯大林主义革命对其他经济思想的打压而消亡,并且在后斯大林时代,通过试错的过程逐渐"复活"了。一方面说明,苏联经济思想的发展存在连续性;另一方面说明计划经济改革最终将走向市场经济方向。相对于东欧社会主义国家,苏联的改革之路更为艰难、曲折。但为何如此,苏特拉并未作出解释。

　　在笔者看来,苏特拉对于苏联改革经济思想演进论述存在的另一个问题在于,对赫鲁晓夫改革、柯西金改革以及戈尔巴乔夫改革的目标、政策设计,以及与经济学家建议之间的关系论述不足。要想理解改革经济思想和改革建议的实际应用结果,就需要全面了解政府改革的动机、政策内容和产生的相关影响。但是苏特拉在对改革动机、政策内容和相关影响的部分仅是匆匆带过,尽管他对于戈尔巴乔夫改革的相关论述内容相对较多,但较为零散,而且主要作用在于说明苏联改革经济学思想发展缓慢,以及证实戈尔巴乔夫改革的真实目的在于计划经济的合理化,而非寻找替代性方案。

　　对苏联经济思想分析的重要作用在于更加深刻理解市场经济的内涵,特别是市场机制在经济体系内运行过程中的重要作用。而苏特拉没有达到这个目标。在对苏联经济思想各学派主张的分析中,笔者明显地感觉到苏特拉深受西方经济学新古典主义和奥地利学派的影响。苏特拉只是将市场经济理论作为分析苏联各学派思想和建议存在缺陷的工具,缺乏对苏联社会主义经济学与西方经济学在理论假设、逻辑框架上的对比分析。

　　但是苏特拉在经济思想史框架下对苏联经济思想演进的研究,为我们理解俄罗斯经济转型失败及其造成的严重后果提供了一个新的视角。在赫德兰与诺格德的分析中,他们均对新自由主义理念的前提假设以及转型方案进行了学理性的批判,他们认为"休克疗法"并不适合俄罗斯的复杂环境。然而,以俄罗斯青年经济学家组成的改革政府却接受了这项轻率的改革方案。笔者认为,他们一方面是出于彻底摆脱旧体制的迫切愿望,另一方面是因为市场经济内涵和理论知识的匮乏,造成他们对于"休克疗法"方案缺少审慎的考察。

笔者认为,从苏特拉的论述中可以明显地看出,苏联经济学教育在几十年中使用的都是斯大林时期撰写的教科书。而苏联相对封闭的学术环境,也造成苏联经济学家不了解世界范围内经济学理论和思想的最新发展。这两个因素导致苏联经济学者不理解市场经济的真正内涵,不仅没有为戈尔巴乔夫改革提供有效的理论指导,更为致命的是,在叶利钦开始转型进程的时候,年轻的经济学家没有认识到新自由主义方案在适用性方面的问题。他们对俄罗斯自身的转型初始条件也缺乏全面的认识,对西方理念的盲从造成了灾难性的后果。从这一点来看,深入了解相关理论的国际发展趋势,以及清醒认识国外理论在本国应用的限制性条件,对于转型战略的选择、实施具有重要的作用。

注释

1. 芬兰银行,即芬兰的中央银行、货币当局,负责芬兰的货币政策、供应量和外汇储备。

2. Pekka Sutela, "Rationalizing the Centrally Managed Economy: the Market", *Market Socialism or the Restoration of Capitalism?*, Edited by Anders Aslund, Cambridge University Press, 1992, p.89.

3. Ibid., p.67.

4. Pekka Sutela, *Economic Thought and Economic Reform in the Soviet Union*, Cambridge University Press, 1991, p.11.

5. 列宁:《土地问题和争取自由的斗争》,《列宁全集(第13卷)》,人民出版社1963年版,第122—125页。

6. Pekka Sutela, 1991, p.7.

7. Ibid., p.8.

8. Ibid., p.10.

9. Ibid.

10. Ibid.

11. Ibid., p.11.

12. Ibid., p.5.

13. Ibid., p.11.

14. Ibid., p.28.

15. Pekka Sutela, 1992, p.68.

16. Pekka Sutela, 1991, p.12.

17. Ibid., p.17.

18. 相关论述,参见 Pekka Sutela, "Economies Under Socialism: the Russian Case", *Review of Economies in Transition*, Institute for Economies in Transition, Bank of Fin-

land，2002，pp.6—7。

19. 详细论述参见 Pekka Sutela，1991，pp.21—22。

20. 详细内容参见 Pekka Sutela，1991，pp.17—18。

21. Pekka Sutela，1991，p.133.

22. Ibid.，p.34.

23. Pekka Sutela，1992，p.69.

24. Pekka Sutela，1991，pp.71—73.

25. Ibid.，p.75.

26. Ibid.，pp.75—76.

27. Ibid.，p.53.

28. 苏特拉关于相关内容的详细论述，参见 Pekka Sutela，1991，pp.49—54。

29. 苏特拉认为 1989 年阿巴尔金改革方案属于详细的综合性改革方案，但仍具有很大的局限性。

30. Pekka Sutela，1992，p.73.

31. Pekka Sutela，1991，p.139.

32. Ibid.，p.159.

33. Pekka Sutela，1992，p.88.

34. Pekka Sutela，2002，p.7.

35. Pekka Sutela，1991，p.26.

36. Pekka Sutela，2002，p.8.

37. Ibid.

38. Doug Brown，"Review Economic Thought and Economic Reform in the Soviet Union by Pekka Sutela"，*Journal of Economic Issues*，Vol.27，No.1（Mar.，1993），pp.271—274.

第六章

政治体制类型学分析路径下的
斯大林信息控制体系重现

俄苏研究学界对于斯大林时期苏联体制特征的基本判断是斯大林具有垄断性权力,对于社会生活的进行全面控制。在这种控制体制下,斯大林领导苏联快速实现了工业化,并在世界反法西斯战争中取得胜利,奠定了苏联超级大国的国际地位。种种成就在一定程度上说明斯大林在当时情况下决策的正确性,作出正确决策的基础在于尽可能全面的掌握信息,并作出有效的分析。赫德兰在早期对苏联意识形态与其政治、经济体制相互关系的研究中就指出,斯大林是通过党内权力斗争成为苏联领导人的,而其斗争手段增强了党在政治领域内的控制,并且实现了党内的权力集中;除了禁止派系和呼吁党内团结外,斯大林还建立了只受他自己控制的秘密机构,集中掌握了所有机密信息和党内人员个人信息。[1]但是,对于斯大林收集和处理信息的体系,长期以来只从稀缺的档案文献中找到一些线索——秘密部门,而始终无法得见斯大林信息控制体系的全貌。

丹麦政治学家、哥本哈根大学政治学系教授,尼尔斯·艾瑞克·罗森菲尔特(Niels Erik Rosenfeldt)基于政治制度史视角,对斯大林秘密体系进行"复原",为俄苏研究填补了空白。罗森菲尔特教授的研究领域集中在列宁、斯大林时期的政治体制,是丹麦政治学家中的代表人物之一。

罗森菲尔特教授在1978年第一本关于斯大林信息控制体系的专著中,就使用诸多证据证明信息控制体系确实存在。在2008年的专著中,他"复原"了斯大林信息控制体系全貌,此项研究前后持续30余年。在1978年的专著中,罗森菲尔特教授以第二次世界大战时期被德军缴获的"斯摩棱斯克"档案为基础,与苏联叛逃人员的回忆录、访谈录进行交叉对比,指出在苏联政治体系内部存在一个鲜为人知的秘密部门,并且存在一个专门服务于斯大林的个人秘书处,两者之间关系密切。他认为,秘密部门实际上是一个统称,涵盖了为苏共中央委员会以及下属政治局、组织局、书记处服务的"技术部门":秘书处、保密局以及行政部等。秘密部门依照布尔什维克"秘密工作原则",将大部分涉及外交、安全和国防事务的信息以及人事档案进行保密处理,实际上垄断了党和国家重要信息的流通。从而强化了苏共中央,特别是政治局对于政府和社会的控制。斯大林将忠诚于自己的秘书,置于秘密部门体系中的重要位置,如托夫斯图恰(Tovstucha)就任保密局负责人,波斯克列贝舍夫(Poskrebyshev)就任特别部负责人。保密局和特别部门分别负责秘密材料和秘密档案馆,与国家政治保卫局(GPU)紧密联系,形成了一个秘密材料交流网络。

但是限于冷战时期材料获得较为困难,罗森菲尔特教授只能通过有限的材料,结合斯大林时期党内权力斗争以及权力结构变化,大致推断出秘密部门的演进过程和职能范围,无法得见斯大林信息控制体系的全貌,因而对于秘密部门的具体组织结构、运行机制、网络范围,以及斯大林决策模式的作用都无法作出判断。但是对于斯大林信息控制体系的着迷,令他从未放弃过研究。得益于苏联解体后档案材料的公开,罗森菲尔特教授终于如愿以偿,在原有研究基础上恢复斯大林信息控制体系的全貌。

罗森菲尔特对于斯大林信息控制体系的研究,从严格意义上讲是一项政治制度史研究,目标在于系统阐述斯大林信息控制体系的组织原则、组织结构、职能、网络范围、运行机制,据此判断信息控制与决策模式之间的关系,界定斯大林个人权力集中的程度。罗森菲尔特认为,斯大林信息控制体系建设的基础源于列宁创立的布尔什维克秘密原则和保密程序。斯大林通过对中央委员会内部负责信息收集、分配部门的结构性重组,将处理秘密信息的行政部门分离出来并置于自己的控制之下,实现了在党中央层面对重要信息的控制。随后,斯大林将信息控制体系扩展至国际信息局和政府,以及政府部门下属的基层组织和工矿企业,建立了信息控制体系的基本网络结构。第三步,斯大林再次对中央委员会内的秘密部门进行改组，加强中央层面信息收集和分配的集中化，并将信息控制体系扩展至情报部门和安全部门，实际上垄断了信息流通。他指出，信息流通控制的集中化，使斯大林相对于其他领导人能更好地了解苏联政治、经济、社会发展的情况，为斯大林个人决策模式提供条件和基础。随着信息控制网络的逐步扩展、升级，原来以政治局为基础的集体决策模式逐渐让位于斯大林的个人决策模式，政治局逐渐被架空，权力也集中到斯大林个人手中。据此，罗森菲尔特认为，实现信息垄断的控制体系为斯大林行使权力提供了制度性基础。

在后斯大林时代，因为信息控制体系在斯大林继承人的权力斗争中被肢解，信息垄断的基础被消除。罗森菲尔特指出，随着信息收集和分配相对的多元化，能够影响决策的因素或者行为体增多，个人权力垄断也随之被打破。后斯大林时代，苏联又回到了集体决策模式。虽然苏共中央（政治局）对于信息流通的控制力有所减弱，但信息集中控制的基本模式没有改变。

对斯大林信息控制体系的研究中，罗森菲尔特主要使用了历史研究法和文献研究法。通过对大量档案和其他文献材料的交叉比对，确保每一个相关任务，每一个相关机构，每一个相关人，甚至文中提到的每一项决策都有据可查。力求准确地勾勒出斯大林信息控制体系的结构特征和组织程序，并将其嵌入到斯大林时期的苏联历史进程中，梳理信息控制体系从初建、扩展、升级到肢解的过程。

第一节　斯大林信息控制体系的基础
——列宁遗留的秘密原则

在罗森菲尔特看来，信息控制体系并不是斯大林凭空创造的，而是在布尔什维克革命斗争期间建立的秘密原则基础上，根据党内权力斗争和国家建设的需要，以信息控制为目的，通过无限制扩大秘密范围，在集中权力的过程中逐渐形成的。所以他指出，信息控制体系的建立并不是一种计划行为，而是以权力集中为目标的有意识行为。笔者认为，从罗森菲尔特的论述中可以清晰地发现信息控制体系形成的路径——由点及面，即信息控制体系从中央委员会逐渐扩展至国家官僚机构、地方党政机关、安全部门乃至基层工矿企业。罗森菲尔特强调，在秘密性综合体系发展的过程中，权力结构发生了相应的变化，而这种结构变化为斯大林控制整个通讯过程和官僚机构体系内的信息流动提供了可能性。因而，"（斯大林的）权力源于将信息集中到一个人手中的能力，也源于过滤信息，以及决定体系内信息如何分配的能力"[2]。

一、信息与权力的关系

按照罗森菲尔特的逻辑，信息控制在斯大林夺取权力、巩固权力和行使权力的过程中发挥了重要作用。因而笔者认为，厘清信息与权力的关系，能够更好地帮助我们去理解信息控制体系的重要作用。对于斯大林体制来说，信息的角色和作用是相对复杂的：控制信息本身是一种权力，同时也是斯大林集中和垄断权力的工具或者手段；对于信息的控制促进了权力集中化，权力集中化又强化了对信息的控制。

在笔者看来，信息作为一种稀缺资源，掌握的信息越多，就越居于有利的位置。掌握着更多信息的一方，能够作出更为准确的决策，从而积聚政治资本和威信。从罗森菲尔特的分析来看，这种情况在斯大林夺取权力的过程中十分明显。

为了说明这个问题，罗森菲尔特引入了意识形态的作用。他指出，"意识形态为政权提供了合法性，帮助统治者控制社会朝向一个特殊的目标前进"，"（苏联官方宣传）布尔什维克人，尤其是所有的领导人，掌握着支配人类社会发展的客观规律"。[3]罗森菲尔特强调，布尔什维克政权的合法性不仅依靠特殊的历史观念，而且依靠在未来实现奇迹般设想的能力。因此，斯大林作为领导人的合法性不仅在于理论的可信性，更重要的是"实际或者被观察到的（决策）表现"[4]。对于信息的收集和判断是作出决策的基础，笔者认为包括两个过程：首先，领导层收集相关信息进行分析，作出决策；其次，执行部门将政策执行情况和效果向上进行反馈，领导层根据反馈信息作出调整。因此，一方面，斯大林尽可能地收集信息以确保他能够作出正确的决策，从而树立自己权力的政治合法性；另一方面，为了保证官僚机构正确地执行自己的政策，斯大林建立了独立的监督体系，以收集执行报告的方式进行监控。

在争夺权力的过程中，为了表现出相比其他领导人更为出色的领导和决策能力以及政治正确性，斯大林需要在信息上取得优势，试图控制收集和分配信息部门，换句话说，产生了对于信息控制机制的需求。另一方面，决策执行的效果直接关系到决策正确与否的评判，因而产生了对于执行监督的需要，也就是罗森菲尔特所说的"执行控制"（control of implementation）。罗森菲尔特认为，出于对官僚机构的不信任，斯大林选择通过一个独立的信息传输体系来报告决策执行情况。在实践中，决策信息与反馈信息的传输都集中到一个部门，形成了对信息的控制。罗森菲尔特据此判断，信息控制体系是斯大林为控制信息建立的一系列制度性安排，并为斯大林行使权力提供了制度性基础。因为斯大林和他亲密的助手不仅利用信息控制体系成为为数不多的，能够获得所有可获得信息的人，也是为数不多的能有机会了解政治、经济整体情况的人。罗森菲尔特强调，虽然斯大林在获取信息上也有所限制，但是"相比其他人，斯大林和他的顾问们所受的影响微乎其微。斯大林在这方面具有优势"[5]。

在罗森菲尔特看来，对于信息的控制是权力的重要来源之一，从而提出了斯大林建立信息控制体系的原因，以及这个体系与斯大林个人决策之间的相关性联系。

二、信息控制体系运行的基础——秘密原则

通过大量的研究，罗森菲尔特指出，秘密原则并不是斯大林创造的，斯大林只是以秘密原则作为信息控制体系扩展和运行的基础。因为"从一开始，对于秘密行动价值的信任就是苏联权力不可置疑的标志之一"[6]。秘密原则源于帝国时期的官僚主义传统和革命活动的组织原则，并且在革命后因为安全需要得以保留、延续和扩大。在沙皇俄国时期，大多数的革命运动都是在充满热情的密谋中诞生的。但是，革命运动的规模越大，就越难控制运动秩序。为了解决这一问题，布尔什维克作出了很多的努力，除了强化党的纪律，强调对党忠诚之外，最为关键的是建立了一套有效的加密系统，并训练其成员掌握加密和解密的

技术,保证信息传输的保密性,从而加强革命活动的有效性。因而,罗森菲尔特认为,密谋(conspiracy,俄语 konspiratsiya)和密谋的(conspiratorial,俄语 konspirativnye)在布尔什维克的语境中是褒义词。在俄语中,密谋不仅是指一个组织努力地秘密运行,对外进行隐匿的活动;还指苏联在行政管理中的保密行为。[7]列宁就经常向党员们介绍如何保守党的秘密,并与妻子克鲁普斯卡娅多次批评党的干部对保密工作的疏忽。

罗森菲尔特指出,秘密原则在革命后逐渐成为布尔什维克的组织和工作原则。夺取政权后,布尔什维克将秘密通讯方式、秘密网络、管理规则,以及安全性、忠诚性控制保留下来。在国内战争时期,因为新政府被孤立于怀有敌意的资本主义世界之外,秘密化的趋势进一步加强。布尔什维克领导层相信敌人在国内活动,所以认为秘密措施是必要的。"对于反动派颠覆活动的恐惧已经深深地印在列宁和其助手的脑中了。阴谋论扩大化,不信任开始弥漫。内外敌人和他们的阴谋诡计构成了布尔什维克政治哲学中最重要的主题之一。"[8]他指出,除了列宁以外,斯大林、托洛茨基也多次强调保密工作的重要性,并对中央政治局、组织局、中央委员会的相关信息、传递方式以及相关人员的接收权限都作出了严格规定:大部分敏感的决定不出现在官方文件中;对于有权阅读秘密材料的政治家和官员要进行彻底的个人情况审查;任何对于保密条例的违反行为都要严格调查;任何被认为泄漏秘密的个人都要接受严厉的处罚或者纪律惩罚。

罗森菲尔特认为,对于布尔什维克的领导人来说,保密工作的基本原则是,每个人能够持续地、坚定不移地遵守准则——"获得秘密材料的人越少,保密性才越有保证"[9]。更具体一点说就是,强调工作必须按照旧有的、经过实践检验的原则来进行,只有那些有绝对必要知道的人才能获得秘密材料——必需知道原则(need to know principle)。在实践层面,罗森菲尔特认为,这意味着秘密材料的传送或者分发应该降到最低程度,材料只需要给那些日常工作需要的人即可。因此,布尔什维克建立了一个综合性的信息分类体系,党的干部和政府官员只能获得与其级别、职责相应类别的材料。这一分类体系不仅与政策领域和领域内的特殊事务有关,而且强调了政府决策过程和方法的隐匿性。

根据布尔什维克的保密条例，总体负责保密材料工作的是中央委员会书记处。来自党高层成员的保密材料通过中央委员会书记处传送到体系内的其他地方；书记处决定何人有权得到这些信息；书记处制定秘密文件传送总的指导原则；书记处控制保密规范的有效执行。罗森菲尔特强调，保密条例规定的程序和赋予书记处的权力，"最终目标是将秘密文件的管理和控制都集中到一个中心"[10]。这对于从1922年开始接管书记处的斯大林来说，无疑提供了控制信息和建立信息控制体系的基础。

随着党加强对政府机关的控制，越来越多的接管或者重复政府的工作，保密材料的范围也越来越大。尽管违反保密条例的情况时有发生，但并未对保密体系的扩大造成阻碍。罗森菲尔特认为主要有六个原因：第一，布尔什维克干部普遍相信"密谋"的价值；第二，对于必需知道原则的强调；第三，高度的集中化和控制；第四，对于破坏保密规则的惩罚；第五，被界定为秘密的政策领域非常宽泛；第六，党的决议与官方法律存在明显矛盾，需要遮掩。因而，在苏联政治体系中，出现了一个明显的行政材料过度保密的趋势，许多本不需要保密的材料都被归为秘密材料。罗森菲尔特将之称为保密体系的自我强化机制。这种保密的自我强化机制，虽然有助于控制，但是却降低了行政管理的效率。

罗森菲尔特指出，从巩固政治权力的角度看，保密体系是合理且成功的。无处不在的保密明显有助于强化苏联政权的集权化特点：首先，集权化的先决条件是控制所有事和所有人；其次，集权化控制以中央为基础，最高层的机构和个人负责处理高度机密的材料和这些材料的安全保障。掌权者不仅成功地实现了储存机密文件安全的最大化，而且保持了对未公开档案材料的分发权力。他强调，"较高的保密程度和信息的集中为'通过知识进行支配'铺平了道路"[11]。

第二节　信息控制体系的初建与扩展
——斯大林对信息流通的初步个人控制

罗森菲尔特认为，苏联的保密体系不仅对外具有封闭性，普通民众无从知道相关的政策信息；对内也具有相对的封闭性，不同的职能部门根据"必需知道原则"接受具有针对性的指令信息,部门之间缺乏横向的信息联系。在笔者看来,对于信息的过度控制造成了行政管理的"碎片化":一方面,行政职能部门的相关信息依赖于中央的分发,从而减少了它们的行动自由;另一方面,减少横向联系有助于降低对抗中央权力的风险。对于信息的严格控制造成了巨大的负面效应——行政管理效率下降。保密体系较低层级的官员因为受到"必需知道原则"的严格限制,很少能够全面、深入的看待问题,不能提出有效的解决方案,从而更加依赖中央的决策和指令;而中央层级的官员为了作出正确的决策需要全面地了解情况,因而对于信息需求逐渐增大导致保密范围持续扩大。当一般性事务也被列为高度机密,对于重要事件的敏感性会降低,面对大量的信息,并不能做到对既得信息的充分利用,有可能造成决策的武断或者失误。

罗森菲尔特强调,保密原则为斯大林控制信息的运行提供了合法性,而保密体系自我强化机制导致的保密范围扩大为斯大林信息控制体系的建立提供了基础。为了保持对逐渐增长的机密材料的控制,最敏感的材料对于许多党内精英也要保密——"秘密的范围越是扩展,就越需要对于绝密事件进行非常密切的观察"[12]。这一趋势因为党内的政治斗争而得到进一步强化。

罗森菲尔特指出,随着斯大林对党领导机关内的左、右两派发动攻击,越来越依赖于一个行政机关的支持,这个机关能够确保他和他的支持者获得最重要的材料,从而获得相对于竞争对手的优势,并在权力斗争中取得最后胜利。所以罗森菲尔特认为,信息控制体系是伴随着斯大林的权力斗争崛起的,并且随着斯大林个人权力的巩固而逐渐强化。笔者需要指出的是,罗森菲尔特在论述中并未涉及 20 世纪 20 年代斯大林与托洛茨基、季诺维也夫、布哈林等人的权力斗争,而仅以此背景着重论述了斯大林如何通过中央层面行政技术部门的整合,控制信息流动,增加个人的政治威信和政治权力。

一、信息控制体系在中央层面的整合与结构

布尔什维克夺取政权后,根据保密条例,总体负责保密信息工作的是中央委员会书记处。[13]罗森菲尔特认为,书记处成为斯大林在中央层

面控制信息分配、在政治局进行权力竞争的基础。斯大林通过机构整合,将秘密信息与非秘密信息的流通渠道、管理部门分割开来,并安插自己信任的助手掌管负责秘密信息收集和分配的秘密部门。

根据俄共(布)党章,中央委员会是党的权力机构,下设政治局负责政治工作,组织局负责组织工作的总领导,书记处负责日常的组织性和执行性工作,但实际上因为国内战争和外国干涉的发生,政治权力迅速集中,政治局逐渐成为党和国家最重要的决策机构。[14]罗森菲尔特认为,在 20 世纪 20 年代中前期,斯大林并未在政治局获得绝对权力,政治局委员之间的权力分配关系促使政治局实行集体领导,所以斯大林还无法在政治局内无条件地实施自己的想法。为了获取权力,斯大林不断通过组织性策略增强自身影响力,他还通过准确的分析政治情况,找出有效的解决方法来累积政治威信。

罗森菲尔特强调,政治权力的竞争形成了斯大林对信息的迫切需要。为了在政治局成员面前证明他总是能针对当时情况作出正确的决定,他需要熟悉关键的政治和经济情况。他甚至"防止政治局成员获得关于党和社会的敏感信息,只会将信息给予那些支持他的人"[15]。因此上述需要促使斯大林通过整合中央委员会内部的技术性辅助机构,简化通讯程序,并在关键位置上安插自己的亲信,实现在中央层面的信息控制。

罗森菲尔特根据对档案材料的交叉对比指出,秘密部门(secret apparatus)最初是作为政治局、组织局、书记处下属的秘书机构体系,提供行政辅助,主要负责最高机密的密码通讯和机密材料的保管,并不是一个实体部门。其下属分支机构包括:中央委员会秘书局(Byuro Sekretariata TsK)、政治局秘书处(Sekretariat Politbyuro)、组织局秘书处(Sekretariat Orgbyuro)、密码局(Shifbyuro)、秘密档案馆(Sekretnyi arkhiv)。最初,中央党组织的内外通信是由几个部门分别进行汇总、整理、汇报的。斯大林担任书记处书记后,开始努力简化程序,由一个部门接收和发送所有的秘密和非秘密信息,并建立一个联合档案馆对所有相关秘密文件进行集中整理。因此,中央委员会秘书局逐渐获得了高于其他分支部门的地位,甚至等同于秘密部门的地位。罗森菲尔特强调,尽管秘密部门的名称仍然作为的一个整体出现,但"实际上中央委员会秘书局已经吞并了其他秘密办公室了"[16]。

经过整合,秘密信息和非秘密信息的处理被完全分割开来。如图 6.1 所示,总务部负责非秘密信息的登记、接收、传送,总务部档案馆进行归档;而秘密部门/中央委员会秘书局则负责所有秘密信息的登记、接收、传送,秘密档案馆对机密材料进行整理、归档,并逐渐脱离了行政管理的管辖[17]。越来越多的工作交到了秘密部门/中央委员会秘书局手中,这个部门是由斯大林最亲密的助手所领导。罗森菲尔特考证后指出,斯大林的个人秘书与中央委员会秘书局负责人存在着较大的重合性,其助手纳扎列强(A. M. Nazaretyan)、托夫斯图哈(I. P. Tovstukha)、梅利斯(L. Z. Mekhlis)、波斯克列贝舍夫(A. N. Poskrebyshev)都曾担任过中央委员会秘书局负责人的职务。[18]

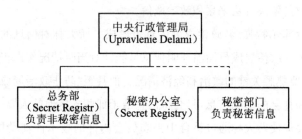

资料来源:笔者根据罗森菲尔特的论述自制。

图 6.1　苏共中央行政辅助机构

斯大林对行政技术机构的重组,使所有秘密通信的管理完全脱离了"总务部"秘书处职责范围。秘密部门/中央委员会秘书局成为秘密通讯过程中的关键节点,"1923 年开始,秘密信息就可以顺畅的流入斯大林的办公室了"[19]。罗森菲尔特强调,随着斯大林个人助手控制了信息关键节点——秘密部门/中央委员会秘书局,斯大林个人控制信息流通的基本模式形成。[20]

罗森菲尔特指出,整合后的秘密部门实际成为了政权内最重要的信息中心,与苏联体制内所有的重要部门都有着密切的、经常性的联系,收到大量信息,包括国家和党组织的各种会议记录以及会议内容摘录,来自地方党委书记的"密封的信",国家安全机关和情报机构关于内外威胁的报告,各类简报,各种关于政治变节和反动趋势的告发信件,常规的人事文件,关于特殊的"受信任的"人员的信息,等等。[21]同时,负责将中央党组织的相关文件传送给有关部门以及地方党组织,并负责回收。也就是说,以政治局为中心的中央党组织决策所需要的所有信息都由秘密部门整理、提供,而斯大林对秘密部门的控制不仅使他能够在政治局开会之前就获得所有相关信息,并且能够决定哪些信息可以分发给其他政治局成员。这对于斯大林获得领导性个人权力,累积个人政治威信来说,无疑是巨大的优势。

如图 6.2 所示,罗森菲尔特指出,控制了中央层面信息流动的秘密部门实际上还与国家政治保卫局有着密切的联系。在掌控秘密部门/中央委员会秘书局的过程中,斯大林很好地利用了安全部门——国家政治保卫局。随着秘密部门对安全要求的加强,国家政治保卫局逐渐增强了对党内行政机关的影响力,主要有三种方式:第一,国家政治保卫局负责核查即将进入党组织的人员;第二,负责对接触秘密材料的中央委员会工作人员进行特殊登记;第三,负责监察中央委员会成员和地方党委书记储存和返还来自中央委员会的文件是否符合保密规则。此外,秘密部门协助决策者决定国家安全部门内的人事任命,负责监视国家政治保卫局的日常活动。

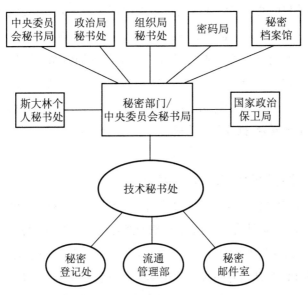

资料来源:根据罗森菲尔特的论述自制。

图 6.2　信息控制体系在中央层面的架构

此外,罗森菲尔特注意到,为了强化对秘密部门的控制,秘密部门/中央委员会秘书局框架内还设立了一个特殊的办公室——技术秘书处(见图 6.2)。除了负责实际的秘书工作外,技术秘书处还对秘密部门内所有的相关领导人进行监视。[22] 斯大林的助手格里戈里·坎纳(Grigorii Kanner)被任命为技术秘书处的负责人。技术秘书处下设秘密登记处(Secret Registry)、流通管理部门(Section for Current Administration)、秘密邮件室(Secret Mail Room)。这三个部门负责秘密文件的接收、登记、分类、分发,掌控秘密部门的对外通讯和邮件的发送。秘密文件的分发和阅览都要经过这三个部门,有严格的操作程序。任何需要阅览机密文件但是又无权限的情况下,必须得到秘密部门/中央委员会秘书局负责人的特殊批准,实际上就是斯大林第一助手的批准。[23]

二、信息控制体系的横向与纵向扩展

罗森菲尔特指出,斯大林在实现中央层面的信息控制之后,逐渐将信息控制体系向关键领域和下级部门扩展。不仅扩展信息收集的来源,而且加强对行政机构乃至苏联社会的控制。在横向扩展中,涉及国际局势情报的共产国际和国内情报部门逐步被纳入到信息控制体系中;在纵向扩展中,信息控制体系扩展至政府部门、地方党政机关,乃至重要的工矿企业。其间,中央党组织的信息控制体系也经历了改组。他认为,所有上述努力都是为了巩固斯大林的个人权力,在常规党政机关体系之外,编织一个巨型的信息收集和监察网络,避免任何人或者组织之间形成联合,挑战其个人权力。

1. 信息控制体系的横向扩展

罗森菲尔特认为,20 世纪 20 年代中期,斯大林不仅希望将自己的意志强加在苏联社会内,还希望将他的意志输出到外部世界。1927 年,斯大林在政治局内开始负责有关共产国际、外交事务、国家政治保卫局等领域的事务,所以他更加关注国际关系信息的收集。因而,斯大林需要一个独立的行政部门,在严格保密的程序下,获得大量有关国际事务的资料,并能够收到有独立观点的报告、计划和决议草案。这个机构就是隶属于中央委员会的国际信息局(Bureau of International Information),其负责人是斯大林的助手叶琳娜·斯塔索娃(Elena Stasova)。国际信息局的相关信息通过秘密部门汇总到斯大林办公室。随着秘密部门在 1934 年的改组,国际信息局直接隶属于秘密部门的继任者"特别部门"。

　　罗森菲尔特指出,信息控制体系扩展的另一个领域是人事方面。他接受了传统观点,即斯大林的权力在 20 世纪 20 和 30 年代的巩固,一个重要的原因在于他有机会任命苏联体制内成百上千的职位,借此奖励他的朋友,惩罚他的敌人。[24]罗森菲尔特认为,斯大林通过对人事信息的控制和安全审查,控制了关键岗位的人事任命。他指出,提名名单制度(nomenklatura)是苏共中央为任命党政干部的基本制度,在提名名单制度之外,还存在一个相应的关于符合资格候选人的卡片索引网络,秘密部门通过卡片索引网络积累了大量关于干部的信息。而且,斯大林还任命他信任的人负责提名名单制度管理的登记和分配部(Department of Registration and Allocation),登记和分配部将相关的干部信息通过秘密部门汇报给中央委员会,也就是斯大林和他的助手们。按照保密条例,秘密部门承担着对党和国家各部门管理机密文件的干部进行安全审查的责任。重要党政机关领导人身边负责秘密文件工作的"可信任人员"(trusted staff)的任命,只能由秘密部门批准或者中央委员会直接任命。罗森菲尔特认为,斯大林向其他布尔什维克领导人派遣助手和秘书的目的是监视他们。[25]

2. 信息控制体系的纵向扩展

　　信息控制体系在横向扩展的同时,斯大林还利用战备动员的机会向政府各部委及其下属的基层部门和工矿企业扩展,形成了信息控制体系在政府内的纵向网络。

　　1926 年至 1927 年间,苏联的政治和军事领导人不仅认为战争不可避免,而且认为战争具有长期性和全面性,敌人是整个资本主义世界。国防委员和红军总参谋长都强调一旦发生战争,经济落后的苏联将会面临全面的封锁,因而需要在和平时期进行"最大化的战备动员"(maximum pre-paredness of mobilisation),还要打击敌视布尔什维克政权的内部敌人,建立稳定"后方"。[26] 大规模的动员事务进一步扩展了秘密信息的范围,所有与动员事务相关的材料都被列为机密材料,不论是军用部门还是民用部门。在罗森菲尔特看来,这一方面意味着秘密部门的工作量大大增加,需要建立新的信息控制体系;另一方面也意味着信息控制进一步加强。

罗森菲尔特指出,关于动员的控制权,军方和中央机关产生了分歧。军方曾经要求主导动员事宜,主张负责动员的特殊部门的成员应该由军方人员构成。他认为,斯大林担心军方的影响力过大,威胁其个人权力,没有予以支持。而是在全国范围内建立了一个独立的、秘密的动员结构。"动员要求以及与之相关的特殊安全考虑,促使'特殊的秘密事务'成为了苏联社会官僚程序的中心部分。"[27] 罗森菲尔特认为,负责动员事务的特殊部门呈垂直性结构(见图6.3)。各级基层机构和工矿企业从相应的人民委员会接收动员工作指令,并定期(5到10天)向人民委员会报告一般性动员工作的进展情况;鉴于战备动员包含着打击国内敌人和破坏者的任务,基层机构和工矿企业关于"破坏者"、"间谍"和其他违反规定的情况向国家政治保卫局经济部直接汇报。人民委员会和国家政治保卫局将各自领域内信息汇总后,经秘密部门上报中央决策者,并将中央决定形成具体政策,分发给相应的基层机构和工矿企业。

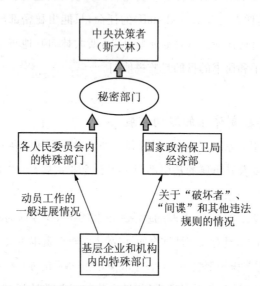

资料来源:笔者根据罗森菲尔特的论述自制。

图6.3 负责动员事务的特殊部门架构

罗森菲尔特指出,特殊部门的全国性网络构成了一个常规行政部门之外的信息和监控体系,并将所有相关信息汇总至秘密部门,从而令秘密部门对于信息的控制也成网络化发展。较大企业和机构中的特殊部门工作人员都是由国家政治保卫局或者内务人民委员会直接派驻的,在一定程度上保证了斯大林和其助手能够获得较为真切的工业、农业以及军事部门的具体发展情况,并通过特殊部门的垂直管理体系将政策直接下达到相关部门和企业。因为动员工作需要保密和监察,消除相关机构和工矿企业中的不稳定因素,"国家政治保卫局比原来更有机会嵌入官僚体系的各个角落和缝隙,不经审判就可处决其所认定的替罪羊"[28]。

罗森菲尔特认为强制农业集体化与战备动员动作有着直接的联系。集体农业体系由许多规模较大的农业单位组成,在战时情况下更容易控制。在集体农业体系下,农民不能再通过减产或者拒绝国家采购的方式来对抗国家,同时党的领导集团也可以自由地使用国家所有资源来满足战备需要,但牺牲的是农民的福利。此外,较大的农业单位也便于执行国家计划。

第三节　信息控制体系的"升级"
——斯大林对信息流通的个人垄断

罗森菲尔特指出,随着战备动员工作的展开,被列为秘密信息的范围迅速扩大,汇集到中央秘密部门的信息也大量增加,需要对秘密部门处理信息的程序和能力进行升级,特别部门(Special Sector)随之出现。

一、中央层面信息控制体系的集中化重组

罗森菲尔特根据对档案材料的分析,认为特别部门最初是作为秘密部门的下属机构出现的。与秘密部门负责中央委员会及下属机构的秘密材料管理不同,特别部门专门负责"特别秘密"(especially secret)和极为敏感的事务,即 1927 年至 1930 年斯大林个人负责领域的事务,包括外交政策、共产国际、国家安全部门以及特别重要的国防和经济问题。[29] 1930 年前后,随着集中化的不断加强,汇集到政权最高层的信息

大量增加,越来越多的信息被列为"特殊档案"的密级,需要更多"特别受信任"(especially trusted)的工作人员来处理这些高度机密的事务。所以"负责处理汇集到斯大林负责领域机密材料(特别是动员事务的相关材料)的机构进一步与斯大林的个人秘书处相融合"[30]。

1933 年,领导层决定将政治局秘书处从原秘密部门中独立出来,直接向斯大林和卡冈诺维奇[31]负责,为其服务,并使用"秘密部门"的名称。1934 年,新的秘密部门正式更名为特别部门,斯大林的第一秘书波斯克列贝舍夫被任命为特别部门的负责人。相应的重组在各人民委员会和地方层面也开始了,包括安全部门。各人民委员会和地方党政机关按照克里姆林宫的模式设立自己的特别部门,相关部门和地方特别部门的负责人一般是第一书记的第一助手。罗森菲尔特认为,重组的信息控制体系——特殊部门不仅令信息的收集和分配更加集中化,而且党中央实现了对信息的直接控制,党和政府机关的秘密信息流通全部掌握在重组后的特殊部门手中(见图 6.4)。

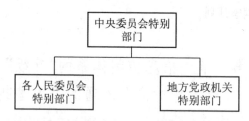

资料来源:笔者根据罗森菲尔特的论述自制。

图 6.4 特别部门结构

罗森菲尔特强调,特别部门并不是秘密部门完全意义上的替代者,特别部门更为精细、封闭,只服务于斯大林和政治局。秘密部门的其余部分并入中央行政管理局,组成组织局技术秘书处(Organisation Bureau's technical secretariat),服务于卡冈诺维奇和日丹诺夫,管理较低级的秘密信息。也就是说,只有斯大林和卡冈诺维奇能够不受阻碍地使用特别部门所提供的高密级信息,而其他中央委员会委员只能通过组织局技术秘书处提供的不完全信息开展日常工作。随着重要信息进一步集中,斯大林对于信息的控制进一步加强。

罗森菲尔特认为,从职能上来说,特别部门只为政治局服务,实际上是为斯大林和卡冈诺维奇服务。特别部门承袭了原秘密部门的传统，负责收集、整理汇集到中央党组织的高密级信息、材料，为政治决策提供基础，主要包括外交政策与贸易、货币政策、共产国际事务、国防事务、动员事务、重工业与国防工业事务、内部安全以及重要干部的人事问题。罗森菲尔特强调，区别于原秘密部门的是，特别部门加强了对决策执行的核查力度；从中央到地方的特别部门工作人员被要求协助决策者监视所有的当地国家行政机构的运行和领导者的动向。罗森菲尔特指出，斯大林还对列宁建立的、负责对党和政府领导机关进行监察、打击过度官僚主义的、独立的工人与农民监察委员会和中央监察委员会进行重组，将其转变为苏维埃监察委员会和党监察委员会，接受中央书记处领导，从而消除了对其个人权力的制度性制约。这两个机构的任务重点也转向代表最高领导层监察下级党和政府机构，特别是审查对于中央决议的执行情况，以及干部的政治可靠性。党监察委员会内部安插了不少斯大林的助手和特别部门成员。[32]

二、特别部门横向扩展至情报部门

20 世纪 30 年代中前期，欧洲在纳粹德国咄咄逼人的气势下，局势紧张；日本悍然出兵中国东北，对苏联的远东地区形成战略压力。逐渐恶化的外部环境促使斯大林加紧战备动员的同时，加大了对关系苏联内、外安全的国际战略情报的需求。罗森菲尔特认为，在此阶段，斯大林一方面通过特别部门的横向扩展，整合国际战略情报机构，加强信息收集和保密工作；另一方面，以打击内部"破坏者"、"间谍"和其他敌视布尔什维克政权敌人、稳定后方的名义，利用特别部门的横向扩展开始了对反对派的清洗活动。

罗森菲尔特指出，在以斯大林为首的布尔什维克领导人之间存在一种基本思维：虽然世界无产阶级革命不再作为俄罗斯实现社会主义的前提，但资本主义国家之间的战争不可避免，从而引发世界范围内的无产阶级革命；红军可以帮助推动外国无产阶级革命，而外国革命反过来可以帮助红军，维护苏联的安全。[33] 因此，20 世纪 30 年代初，法西斯主义国家的崛起导致国际局势趋于紧张，引起了斯大林极大的关

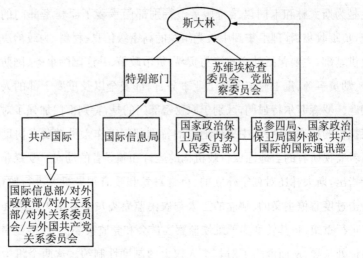

资料来源:笔者根据罗森菲尔特的论述自制。

图 6.5　特殊部门体系的横向扩展

注,他亟须所有关于相关国家外交情况详细、准确的信息,以做好战备动员和准备工作。1934 年,向原秘密部门汇报国外信息的国际信息局开始为特别部门和组织局技术秘书处提供报告,国际信息局内任何的任命和组织变化需要经过斯大林本人的批准。罗森菲尔特指出,为了加强对国外军事情报的搜集,斯大林对苏联"情报三巨头"——总参四局、国家政治保卫局国外部、共产国际国际通讯部,进行了一系列整改。特别是通过内务人民委员部向总参四局和共产国际国际通讯部的渗透,加强了他个人对情报机构的控制。罗森菲尔特强调,情报机构通过特殊部门将信息汇报给斯大林,建立了与斯大林的直接联系。

罗森菲尔特指出,为了获得更为广泛的情报来源,避免出现对国内情报机构的依赖性,斯大林与苏联驻外国大使或者特别代表直接联系,以掌握国际事务的情况。1943 年,共产国际取消后,政治局建立了国际信息部(Department of International Information/OMI),以监视外国共产党的政治活动,虽然其名称和结构历经多次变化,但其主要职能得到延续。虽然上述部门与特殊部门不存在直接隶属关系,但是他们所有的情报信息都要按照严格的保密程序,通过特殊部门呈交给斯大林。罗森菲尔特在此处借用了历史学家别济缅斯基(L.A.Bezymenskii)的观点:苏联的权力集中化在战前就已经比纳粹德国还严重,因而苏联的情报机构实际上就是斯大林个人的情报机构。[34]罗森菲尔特强调,斯大林激活了所有的信息管道,不允许任何其他的政治精英对于信息的掌握比自己好。[35]

三、特别部门在大清洗中发挥组织性功能

大清洗是斯大林时期发生重要事件,受到迫害的人数在 350 万至 450 万之间。[36]但是关于大清洗的发生和扩大化仍有争论,主要存在两种观点,一部分人认为这是斯大林有计划的清除反对派的行动;也有人认为大清洗的扩大化不是斯大林的本意。罗森菲尔特明显赞同第一种观点,通过对大清洗活动的组织分析,他认为 20 世纪 30 年代的几次清洗运动是连贯的、有目的、全国范围的行动,是一个精心筹划的、处理反对派的计划。[37]其目的在于加强对苏联官僚结构的控制,巩固斯大林的个人权力。他强调,专门为斯大林服务的特殊部门在其中发挥了重要的组织性作用。

如图 6.6 所示,涉及大清洗的部门关系虽然错综复杂,但罗森菲尔特认为最终都指向了特殊部门和斯大林本人。他指出,负责大清洗的

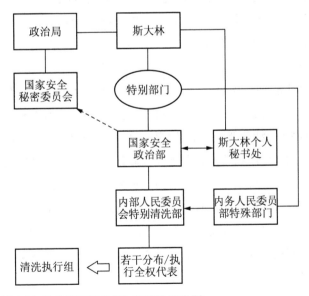

资料来源:笔者根据罗森菲尔特的论述自制。

图 6.6 大清洗的组织结构

相关部门从计划到执行,有着明确的分工。1935 年,中央党组织建立国家安全秘密委员会(Special Commission of State Security),隶属于政治局,主要负责制定大规模清洗计划,采取必要步骤保证"苏联人民在道德和政治上的团结",消除苏联"后方"的敌人。随后建立国家安全政治部(Political Department of State Security),负责为大清洗进行准备和组织性工作,并执行清洗命令。国家安全政治部与斯大林个人秘书处相互配合,为国家安全秘密委员会提供服务。罗森菲尔特认为,虽然国家安全政治部向安全秘密委员会负责,但与特别部门存在着隶属关系。也就说,负责执行清洗计划的国家安全政治部不论是通过斯大林个人秘书处,还是特别部门,都与斯大林存在着直接的联系。一个较为明显的证据是,波斯克列贝舍夫本人就是国家安全政治部的成员。

在大清洗的操作层面,主要是通过内务人民委员部进行的。内务人民委员部内设立特别清洗部(Special Purge Sector),协助国家安全政治部进行社会各领域大规模清洗的实际操作。特别清洗部根据不同的党、政部门下设若干分布,每个分部由一名执行全权代表(operative-plenipotentiary)进行领导,其关于党员信息的清查工作接受内务人民委员部特殊部门特别全权代表的监督和支持。执行全权代表的成员包括特殊部门和斯大林个人秘书处的工作人员。前期清查结束后,执行全权代表重组为执行组(operative groups),实际执行经波斯克列贝舍夫、马林科夫、叶若夫同意的最终清洗计划。[38]

罗森菲尔特指出,在大清洗期间,所有相关材料都被列为高度机密,经由特殊部门的信息传输程序和管道直接汇总到斯大林处。但罗森菲尔特强调,特殊部门的作用远不止于此,从特殊部门以及斯大林秘书处对于大清洗组织结构的广泛参与来看,它发挥了重要的组织性作用。通过对大清洗组织结构的梳理,使罗森菲尔特相信,大清洗从计划、组织到执行,都受到了斯大林的直接控制。而且,斯大林还通过特殊部门加强了对内务人民委员部的控制。罗森菲尔特认为,特别清洗部有可能直接并入内务人民委员部的特殊部门,这是领导集团加强对内部人民委员部控制的重要方式。[39]

从罗森菲尔特总结的信息控制体系的"升级"过程可以看出,斯大林加强对于党政机关乃至苏联社会的控制。特殊部门所体现出的集中性表现在上、下两个层面。在向上的层面,特殊部门一改过去秘密部门为整个中央委员会及下属机构服务的职能,而是专门服务于斯大林和政治局;对于信息的收集和整理也较秘密部门更为集中,只处理特别机密和敏感的信息,主要是斯大林关注的与国家安全相关的领域,所有相关信息都要按照"升级"后的保密程序,经特殊部门汇总,直接呈报斯大林。在向下的层面,斯大林通过特殊部门在政府主要部门和地方党政机关建立了分支部门,一方面加强了对于信息收集能力,另一方面也加强了对于主要官员的监视,以及对中央政策执行情况的核查力度;为了更好地搜集外交情报,斯大林不仅对苏联所有的外交情报部门进行整改,而且通过特殊部门的扩展,建立了与之的直接联系,确保他能够在第一时间获得确切信息;斯大林在特殊部门、个人秘书处和内务人民委员部的协助下,有计划、有步骤地发起了大清洗行动,在全国范围内清除反对派,加强集权化控制和巩固个人权力。在这个过程中,斯大林通过特殊部门加强了对于安全部门的控制。

罗森菲尔特认为,通过信息控制体系的升级和扩展,斯大林几乎垄断了国内所有重要领域的信息的流通和分配,并且加强了对党政机关和苏联社会的监控。20 世纪 30 年代中期,斯大林对于信息的控制和个人权力达到了顶峰。他粗暴、专制的性格,加之大清洗形成的恐怖影响,使其他领导人产生了对于斯大林的恐惧心理;而斯大林利用对信息的控制,表现出远远超过他人的政务能力。这些原因成就了斯大林无可比肩的超高政治地位。

四、信息控制强化为决策集中化提供条件

20 世纪 30 年代斯大林信息控制体系的"升级"和扩展,令斯大林基本上控制了所有重要领域信息的收集和分配。罗森菲尔特指出,与此相应出现的情况是,高层决策机关内的权力更加集中,决策模式发生转变——从政治局集体决策变为斯大林个人决策模式。

罗森菲尔特指出,1919 年后,政治局成为了实际上布尔什维克的最高决策机关,其决策范围相当广泛,不仅包括外交、国防、内部安全等敏感领域,也包括经济、社会政策和党政重要干部的人事任命。他认

为,虽然在某种程度上,中央领导层将一些事务交给下级机构处理,是希望这些机构能够提交符合实际的决议草案,从而减轻中央党组织的工作压力,但最终的决策权仍掌握在政治局手中,[40]因而决策模式是集体性的。

但斯大林从1922年担任书记处总书记开始,就逐步通过信息控制体系加强信息流通的集中化,在这种情况下,罗森菲尔特认为决策真正发生在一个更为封闭的讨论会内。[41]从里斯(E. A. Rees)对1928年至1940年对政治局会议次数的统计数据可以看出(见图6.7),政治局全体会议的次数从1929年开始迅速下降,而且1935年至1940年间的政治会议对于具体出席人员的记录也越来越少。罗森菲尔特认为这与特殊部门的成立、扩展过程在时间上出现重叠。然而关键性的政治讨论并没有从政治局转移到其他机关,权力逐渐集中到斯大林和其亲信的手中。这说明政治局存在一种"二元性特征":[42]一方面,政治局最高决策机关的地位已经稳固;但另一方面,随着斯大林个人权力的巩固,政治局作为一个集协商、决策于一身的机关逐渐被架空,斯大林及其亲信构成的小团体完全主导了政治局决策,甚至一些决策以政治局的名义发布决议,但实际上并未经政治局讨论。

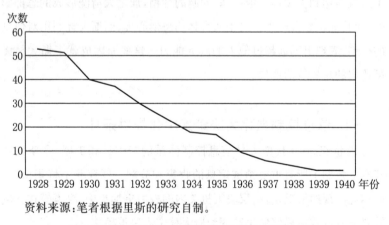

次数

资料来源:笔者根据里斯的研究自制。

图6.7　1928—1940年间苏共中央政治局会议次数

罗森菲尔特认为,20世纪30年代中期斯大林核心团体成员包括:斯大林、莫洛托夫、卡冈诺维奇、奥尔忠尼启则、伏罗希洛夫,被称为"五巨头"(the quintet)。特别部门负责为"五巨头"会议准备材料,将会议记录形成决议,并严格按照"必需知道原则"向有关机构传达。参会的核心集团成员并不是与斯大林进行平等讨论,往往只是对特别部门准备的好的材料进行所谓的投票,由斯大林作出最终决定。[43]罗森菲尔特强调,当斯大林越来越不需要其他领导人的意见时,控制信息的特别部门和个人秘书处对斯大林的重要性也越来越大。

罗森菲尔特指出,20世纪30年代末至斯大林去世,特别是卫国战争期间,斯大林根据形势,对党内体系和政府体系的权力结构进行了多次重组,[44]但重要事务由以斯大林为首的核心集团来决策的方式却并未改变,政治局则成为发布核心集团决定的"傀儡"。需要注意的是,核心集团的成员在历次权力结构重组中出现多次变化,但是在关键的党和政府的决策商讨机构中,人员存在着明显的重叠。这说明两个潜在的问题:一方面,斯大林通过核心集团的变化,来保证其成员无法长期累积政治权力和威信,威胁自己的权力和地位,斯大林总是"将忠诚于自己的追随者置于巨大的直接压力之下,阻断他们任何独立行动的趋势";另一方面,斯大林始终维持着核心集团对于关键性党、政机关的绝对主导和控制。

尽管核心集团隐藏在政治局背后,成为实际的决策"机关",但是罗森菲尔特强调,这并不意味着核心集团的成员能够像斯大林一样获得特殊部门收集的所有信息。首先,斯大林在决策前并不咨询核心集团其他成员的意见,因为斯大林可以从特殊部门获得信息;其次,核心成员一般通过自己负责的人民委员部获得信息,但作为政治局成员参加核心集团的某项决策时,只能依靠特殊部门提供的相关信息。因而,在罗森菲尔特看来,斯大林凭借着对信息的控制,成为核心集团内唯一能够了解内政、外交真实情况的人,从而强化了自己决策的权威性,决定着国家的命运。

笔者认为,罗森菲尔特所阐述的,信息控制体系在20世纪30年代和20世纪40年代的升级、扩张提高了信息流通的集中化的趋势,从而为决策的集中化提供了条件。凭借着特殊部门从中央到地方、从党内到政府内的广泛网络,斯大林进一步加强了对重要领域信息的控制,以及对相关部门的监督。这种控制力的加强成为了斯大林垄断权力和行使权力的有效手段。斯大林利用独立于官僚结构之外的信息通道,并"赋予这个通讯结构一定的安全职责,防止外部干预"[45],垄断了重要领域的信息收集和分配权力,能够较好地掌握情况以进行决策,从而减少对于相关领导人和部门的依赖性。斯大林利用"必需知道原则",将部分相关信息和决策通知相应的领导人和部门,并利用特殊部门监督其执行情况,有效地削弱了他们独立行动的能力,切断了其他领导人、相关部门之间的横向联系,从而巩固自己的个人权力和权威。因而,"特别部门内的行政体系代表了一种重要的权力资源"[46]。

第四节　后斯大林时代信息控制体系的衰落和重组 ——决策信息的相对多元化

在罗森菲尔特看来,信息控制体系有着深深的斯大林"印记"。随之而来的问题是,这种对于信息控制的制度体系在后斯大林时代是否得到了延续。他认为,在斯大林后期以及他过世后的"继承人"权力斗争,开启了破坏个人权力结构的过程。信息控制体系随之衰落,虽然仍保留了一定程度的信息收集和分配功能,但独立性、集中性都大幅下降,已不能成为权力集中的工具。

1952年,苏共十九大决定撤销政治局和组织局,成立党的主席团(Party Presidium),下辖一个内部的办事局(bureau)和一个更为狭小的五人组(quintet)。因主席团成员过多,设五人组处理重要事务,形成了新的核心团体,包括斯大林、贝利亚、马林科夫、布尔加宁、赫鲁晓夫。同时成立的还有一个为主席团和办事局服务的秘书处,由波斯克列贝舍夫领导;主要任务是将最重要的材料——外交部、外贸部、部长会议与各部委的相关材料,呈交斯大林。同时成立总务部替代组织局技术秘书处,处理非秘密材料,主要服务于书记处。罗森菲尔特强调,主席团秘书处承担了特别部门的核心功能,独立地处理秘密材料。

罗森菲尔特发现,1952年11月至1953年1月,总务部的人员和职能范围大幅度增加,在斯大林去世前一个月其作用超越特别部门。他判断这与波斯克列贝舍夫在1952年末遭受政治打击有较大关系。[47]波斯克列贝舍夫从1952年11月不再担任斯大林的第一助手,并在1953

年初因"医生阴谋案"遭短暂逮捕。另一个促使总务部地位提升的原因是斯大林主要的潜在继承人马林科夫在1952年底卸任部长会议副主席，集中从事党的工作。

斯大林去世后，控制特殊部门成为他潜在继承人之间争夺权力的关键领域。罗森菲尔特指出，最先发动的是掌握安全部门的贝利亚，他试图将斯大林的个人秘书处和特殊部门纳入内务与安全部的框架下，[48]但很快被逮捕，并在1953年末被处决。随后，赫鲁晓夫与布尔加宁结盟，因而有机会登上权力顶峰的只剩下赫鲁晓夫与马林科夫。斯大林去世后，马林科夫任命自己的第一助手苏哈诺夫（D. N. Sukhanov）为党主席团秘书处负责人，承袭了斯大林的权力传统——掌握信息的控制权。为了进一步加强主席团秘书处的地位和作用，马林科夫"肢解"了特别部门，将主要部分并入了总务部，使总务部掌控了党的密码通讯，并任命自己的助手苏哈诺夫领导密码通讯部和一个特殊的信件部。但一个月后，苏哈诺夫就离开了总务部。

罗森菲尔特强调，在苏哈诺夫退出总务部后，时任中央委员会书记的赫鲁晓夫很快接掌了总务部。赫鲁晓夫利用总务部控制了中央委员会及其下属机构的信息通讯，加之他掌握了主持中央委员会会议的权力，因而能够对中央委员会会议议程发挥关键性影响。罗森菲尔特认为，在这一阶段，赫鲁晓夫和马林科夫分别利用总务部和主席团秘书处控制着信息流动。转折点出现在1954年赫鲁晓夫接任党主席团主席一职，同时接管了主席团秘书处。赫鲁晓夫马上将秘书处并入总务处，并任命自己的助手马林（V. N. Malin）担任总务处负责人，全面掌握了中央委员会内的信息流动。

但总务处替代的是原组织局技术秘书处，处理的是非秘密信息，并服务于所有党的领导机关。因而，罗森菲尔特认为，并入主席团秘书处的总务部不再是过去那种具有封闭性、独立性的特别部门信息体系。党内领导集体的所有成员都能够平等从总务部获得同样的信息，延续了近30年的斯大林信息控制体系就此终结。

罗森菲尔特在对总务部职能进行研究后，认为总务部承袭了秘密部门、特殊部门收集信息的功能，原部门的"特殊任务"和"特别工作方法"没有改变。不同的是，总务部处理的问题更有约束力，更具综合性和复杂性。[49]在他看来,特殊部门虽然不复存在,但是布尔什维克的保密原则、条例和体系得到了保留和延续,只是新的行政辅助部门不能再成为集中和巩固个人权力的工具。

罗森菲尔特指出,随着信息控制体系的结构性变化,最高领导人的决策方式也发生变化。斯大林对于官僚机构的"专家"很不信任,认为他们是部门利益的代表,是目光短浅的官僚,缺乏布尔什维克的热忱,因而斯大林避免对官僚机构中"专家"的依赖。因此,在罗森菲尔特看来,对于信息的集中控制和相关机构的强化,本质上是斯大林建立的"反专家意见"(counter-expertise)的替代性信息渠道和建议机构,[50]将信息控制体系提供的信息和评估作为自己决策的基础。

在斯大林信息控制体系终结后,最高领导人——总书记——的信息来源相对多元化了,并不仅仅依靠总务部。总书记通过个人助手与中央委员会成员、各部委负责人、军队领导人、外交官、作家、艺术家等不同群体建立了广泛的联系,[51]并就相关事务听取他们的专业性建议。因而在后斯大林时代,专家建议在政治决策中的作用得到加强,而且总书记的个人助手凭借自己在其负责领域的工作经验和较高的个人素质,也能通过自己的建议影响最高领导人的决策,还能通过决定中央委员会会议的议程发挥影响。更为关键的是,最终决策发生在政治局内,其他政治局委员的意见都会左右决策的最终走向。

在笔者看来,从罗森菲尔特所描述的斯大林潜在继承人对于特殊部门的争夺过程可以得出两个结论:首先,贝利亚、马林科夫、赫鲁晓夫对于信息控制权及其制度基础信息控制体系(特殊部门)是了解和重视的;其次,三个人都希望通过结构性重组控制信息控制体系,但相互争夺却导致了特殊部门的肢解,尽管总务部承袭了特殊部门对于秘密事务的处理原则和方法和大部分的信息传输功能,但是已经失去了特殊部门的封闭性、独立性特征。也就是说,后斯大林时代的最高领导人失去了对于信息的绝对控制权。随着失去对信息的绝对控制,最高领导人也失去了最终决策权,苏联又回归到集体领导的决策模式。

第五节　斯大林垄断性权力的
重要组成部分——信息控制

对于斯大林,国际俄苏研究学界的研究多集中于他在党内的权力斗争和其所创立的高度集中的政治经济体制,也被称为斯大林体制。学界普遍认为斯大林性格坚毅、脾气暴躁、刚愎自用、善于权术,他在位时期,垄断了苏联的党、政、军大权。罗森菲尔特也持此种观点。[52]但是与其他学者专注于斯大林与托洛茨基、季诺维也夫、布哈林的权力斗争、进行残酷的大清洗、强制推动农业集体化等研究内容不同,罗森菲尔特将研究重点放在了斯大林对于信息的控制上。他的基本逻辑是斯大林独裁统治的合法性不仅源于他最高领导人的地位,而且依赖于他实现社会主义理想的能力,这有赖于正确的决策和坚决的执行;正确决策的基础在于信息的广泛收集和积极反馈,政策的执行效果在于有效的监督;这需要一个专门的、独立于现有管理机构体系之外的信息收集、分配和监控体系,既能确保斯大林全面的了解苏联国家和社会的运行状况,又能避免其他领导人获得必要的信息而获得挑战斯大林个人权力的资本,并且能够监督政策的执行情况。因而,罗森菲尔特判断,斯大林控制信息流动使其比其他人更好地了解政治、经济整体情况,是解释斯大林独裁性权力的一种因素,斯大林建立的专门的、独立的信息控制体系是其控制信息的制度性基础。罗森菲尔特强调,斯大林采用一切必要的方法避免机构或者实权人物之间的横向联系,从而降低自己被欺瞒或者个人权力受到威胁的风险。

在笔者看来,罗森菲尔特将斯大林信息控制体系的演进,划分为初建、扩展、升级、肢解四个过程,与斯大林夺取权力、巩固权力、垄断权力以及去世后苏联高层权力格局变化在时间上具有一致性。从实际效果看,信息控制体系封闭性和独立性的逐渐强化,成就了他个人决策模式的实现。即使在核心集团内,也一定程度上执行了"必需知道原则",在决策过程中,斯大林不会征求或者考虑核心集团其他成员的意见。

从功能和作用来看,信息控制体系确实成为斯大林集中和巩固权力以及执行权力的工具和制度性前提。但不能忽略斯大林建立信息控制体系的另一个初衷——克服集权体制固有的通讯缺陷。苏联的集权性组织结构特征表现为垂直权力管理体系,国家重要的或者原则性事务由最高领导层——政治局——决策,而政府各部委和地方党政机关的权力较小,并且必须由中央授权。因此,在这种权力和管理体系中,最重要的就是上令下达——最高领导层作出正确、适当的决策,下层有效的执行中央的决策并进行积极反馈。但是个人能力、部门利益、地方利益、官僚主义等因素有可能造成信息在传达过程中被扭曲以及执行不力,也就是上文中提到的执行控制问题。因此,斯大林希望通过建立独立于官僚体系之外的平行控制机制——封闭信息传输和监控系统,来解决执行控制问题。

信息控制体系运行的最初阶段,加强了信息收集和执行监控,在一定时段内提高了部分行政效率。但是,从长时段来看,信息控制体系的封闭性却造成了决策不力、行政体制僵化、官僚主义欺报瞒报等一系列降低行政效率的问题。随着秘密范围的不断扩展,大量未经处理的信息汇总到最高权力中心——斯大林处,超负荷的信息接收会导致决策以一种简单的,甚至是武断的方式作出,决策有可能出现错误,信息集中和控制带来的最初益处也会逐渐减少;"必需知道原则"和封闭性的信息传输不仅造成行政部门无法全面地看待和应对问题,而且会加大对上层决策的依赖性,从而成为机械的执行者;对于那些不能严格执行决策的官员,斯大林制定了严格的惩罚措施,迫使官员们为了自己的利益篡改数据或者事实,当错误的信息经封闭的信息传输体系汇总到决策层,将会导致进一步的决策失误,从而形成恶性循环。此外,因为斯大林掌握着绝对的权力,干部和官员的事业、生活都依赖于斯大林,有可能导致官员和专家根据斯大林的喜好上报信息,造成信息收集的不完全性和片面性,也会造成决策的失误。

在笔者看来,虽然斯大林去世后,信息控制体系因为继承人之间的权力斗争而肢解,决策权和领导权力也回归到政治局,决策信息的来源也多元化了;但是布尔什维克的秘密原则和保密体系,特别是处理秘密事务的方法和程序都得以保留,不同的是,集中程度有所下降。信息控制体系造成的行政体制僵化、官僚主义、欺上瞒下等弊病也被保留下来。因而,信息控制体系的"副作用"也可成为解释苏联解体的原因之一。

综合整个信息控制体系建立、升级、扩张的过程,以及相应的决策程序,罗森菲尔特认为斯大林在统治时期实际上掌握了独裁性权力,他的"兴趣明显在于保持个人权力,使各种结构、团体、个人持续的竞争权力和影响力,而不能形成统一战线来反对最高领导人"[53]。对于罗森菲尔特的最终结论,笔者认为应当一分为二的看待。诚然,信息控制体系作为斯大林夺取、巩固、行使权力的制度性前提,发挥了至关重要的作用,是斯大林主观上的有意为之,但是不能忽略客观环境和意识形态因素在背后的影响。

布尔什维克夺取政权时,沙俄帝国因参加第一次世界大战而导致国内经济濒于崩溃,反映出国家整体工业发展水平的落后。因而,斯大林面对的是国家重建的复杂环境,需要进行强有力的动员,快速实现工业化以保护新生的共产主义政权。而马克思并未留下太多如何建设社会主义国家的具体线索或者方法,斯大林只能凭借列宁创立的制度基础和自己对于马克思主义的理解,在摸索中前进。列宁去世后,斯大林经过残酷的党内权力斗争登上了权力的顶峰,很可能形成掌握权力至关重要的理念,因为一旦失去权力,不仅他的建国理念无法执行,生命安全都可能受到威胁。

在布尔什维克建立政权之初,政府部门中残留着大量沙俄时期的职业官员,作为先进生产力和工人阶级代表的布尔什维克对于沙俄时期的官僚主义深恶痛绝,列宁就曾反复强调要警惕官僚主义,[54]斯大林对于旧官僚也存在着强烈的不信任感。因而,希望通过官僚体系的信息收集和监控网络避免官僚主义和部门利益对国家建设造成损害。不可否认,斯大林对于权力的垄断造成了严重的负面效果,在国家建设中的一些方法失当或者错误,尤其是信息控制过度。但不能据此完全否认斯大林的初衷和他的功绩。发展模式本身就是在不断的试错过程中纠正、进步的。客观地说,斯大林主义模式是一次探寻资本主义模式之外的试验,不能因为其最终失败,就否认试验的必要性,毕竟爱迪生也不是第一次就找到了钨丝。

纵观罗森菲尔特对斯大林信息控制体系全貌的恢复与分析,笔者认为,从理论角度看,政治学理论能够为信息控制体系的建立、发展提供学理阐述。虽然罗森菲尔特对于斯大林信息控制体系的分析属于政治制度史的研究范畴,但他并没有满足于单纯的历史梳理。而是将整个进程置于政治学理论的框架下,分析信息控制体系产生的原因、机理,以及与决策模式的相互关系。

从转型学的角度看,罗森菲尔特对于斯大林信息控制体系的研究,阐述了苏联体制僵化、决策不透明、行政管理效率低下等问题,为解释苏联体制因何一冲即垮、经不起开放性的挑战提供了新的路径。苏联对于信息流通的严格控制虽然在后斯大林时代有所放松,但严格意义上,不论是高层领导人,还是基层干部在信息获得方面都受到了限制。因为无法获得相关工作领域的全面、有效的信息,也就无法作出有针对性的、有效性的决策。比如,戈尔巴乔夫在安德罗波夫任最高领导人时期,虽然得到重用,但从未被允许涉足经济领域,因而缺乏相关信息和经验。当他上台主政时,对于苏联经济窘迫的状况缺乏全面的了解,无法找到或者辨别何种改革方案是合适的。随着公开性的逐渐展开,苏联糟糕的经济和社会情况被公众得悉,造成民众对于苏联体制的合法性产生了严重怀疑,这成为苏联解体的重要原因之一。

从历史进程的角度来看,信息控制体系并不是苏联独有的,即使在民主国家也存在类似体系。与苏联的区别在于,控制程度不同。出于国家安全和行政效率的考量,敏感信息的秘密传递是一种必要的手段。如何把握度的问题是关键:如太紧,就会造成苏联体制那样的问题;如太松,又会危害国家安全和管理效率。应当在现代国家治理的框架下,涉及国家安全等敏感领域适当使用信息控制较为合适。

注释

1. Stefan Hedlund, Kristian Gerner, *Ideology and Rationality in the Soviet Model. A Legacy for Gorbachev*, Routledge, 1989, p.121.

2. Niels Erik Rosenfeldt, *Special World: Stalin's Power Apparatus and the Soviet System's Secret Structures of Communication*, Museum Tusculanum Press, 2009, p.62.

3. Ibid., p.55.

4. Ibid.

5. Ibid., p.63.

6. Ibid., p.65.

7. Niels Erik Rosenfeldt, 2009, pp.67—68.

8. Ibid.，p.65.

9. Ibid.，p.71.

10. Ibid.，p.73.

11. Ibid.，p.106.

12. Ibid.，p.76.

13. Ibid.，p.73.

14. 关于苏联共产党权力结构的论述,参见徐隆彬:《苏共中央政治局》,载《苏联东欧问题》1986 年第 6 期;徐隆彬:《苏共中央书记处》,载《苏联东欧问题》1988 年第 1 期;沈宗武:《论苏联共产党高层权力结构的变迁与苏联解体》,载《湖北行政学院学报》2004 年第 1 期。

15. Niels Erik Rosenfeldt，2009，p.111.

16. Ibid.，pp.117—118.

17. 中央行政管理局是党的体系内所有行政辅助部门的管理机关,秘密部门的前身是总务部下属的秘密办公室,后独立出来,与总务部平行,共同隶属于行政管理局。但随着秘密部门重要性的提升,逐渐脱离了行政管理局的管辖。

18. 关于斯大林个人秘书处及其助手的详细论述,参见 Niels Erik Rosenfeldt，1978，pp.163—167。

19. Niels Erik Rosenfeldt，1978，p.167.

20. Niels Erik Rosenfeldt，2009，p.120.

21. Ibid.，pp.131—133.

22. Ibid.，p.135.

23. Ibid.，pp.135—140.

24. Ibid.，p.223.

25. Ibid.，pp.231—232.

26. Ibid.，p.256.

27. Ibid.，pp.260—262.

28. Ibid.，p.270.

29. Ibid.，p.301.

30. Ibid.，p.302.

31. 卡冈诺维奇,苏联 20 世纪 30、40 年代领导人之一,斯大林最为信任的心腹之一,他性格坚强、冷酷无情、绝对服从命令。卡冈诺维奇在斯大林夺取党内领导权力时发挥了重要作用,并坚决执行斯大林关于农业集体化、战备动员以及大清洗政策,拥护斯大林的权威,深受斯大林的器重。早在 20 世纪 30 年代初就被斯大林提拔为中央政治局委员,成为斯大林的左膀右臂。从卡冈诺维奇与斯大林的关系可以看出,斯大林在决策信息的分配上是有选择性的,重要信息只分配给他信任的领导人。

32. 详细论述,参见 Niels Erik Rosenfeldt，2009，pp.337—340。

33. 关于布尔什维克领导人对世界革命与战争的理念,参见 Niels Erik Rosenfeldt，2009，pp.256—258。

34. Ibid.，p.374.

35. Ibid.

36. 本文采用苏联官方说法,参见《苏联"大清洗"究竟死了多少人》,人民网 2010 年 8 月 9 日,http://www.people.com.cn/GB/198221/198819/198851/12388663.html,最后访问时间 2013 年 9 月 12 日。

37. Niels Erik Rosenfeldt，2009，p.396.

38. 关于此内容的详细论述参见 Niels Erik Rosenfeldt，2009，pp.396—417。

39. Ibid.，p.419.

40. Ibid.，pp.477—480.

41. Ibid.，p.481.

42. Ibid.

43. Ibid.，p.521.

44. 20 世纪 30 年代末至 1953 年苏联党、政权力结构重组，参见 Niels Erik Rosen-feldt，2009，pp.482—507.

45. Niels Erik Rosenfeldt，1978，p.180.

46. Niels Erik Rosenfeldt，2009，p.621.

47. Ibid.，p.442.

48. Niels Erik Rosenfeldt，1978，p.191.

49. Niels Erik Rosenfeldt，2009，p.463.

50. Ibid.，p.111.

51. Ibid.，p.468.

52. Niels Erik Rosenfeldt，1978，p.205；Niels Erik Rosenfeldt，2009，p.108.

53. Niels Erik Rosenfeldt，2009，p.57.

54. 尹彦,《列宁对党和国家监督机制的思考与设计》,载《延安干部学院学报》2011 年第 1 期,第 55—56 页。

第四部分

冷战后斯堪的纳维亚地区的俄罗斯外交研究

第七章

治理研究视角下的俄罗斯与国际社会关系探析

苏联解体后,俄罗斯开始了新一轮的西方化改革,希望通过建设市场经济和民主体制,以及亲西方的对外政策重新融入"欧洲",得到西方国家的认同。但是改革中途发生逆转,俄罗斯亲西方的自由主义政策转向凸显俄罗斯独特性的欧亚主义政策,而希望得到西方国家对其大国地位认同、尊重的诉求也归于失败。为什么俄罗斯西方化的政策会转向?俄罗斯为何无法获得西方国家对其大国地位的认同,从而进入国际社会的核心圈?挪威学者伊佛·诺伊曼(Iver B. Neumann)从治理研究的视角出发为我们进行了解答。

诺伊曼的分析框架根植于英国学派的国际社会理论。相对于现实主义将国际体系描述为霍布斯式的丛林状态,英国学派认为国际体系中存在着一个由国家组成的,基于共同利益和共同价值观的国际社会,在国际社会中,国际行为体根据一套共同规则行动,从而实现和平。但诺伊曼认为上述两种理论均没有能够为俄罗斯为何无法持续获得西方国家对其大国地位认同提供充分解释:以现实主义的国家实力标准来判断,俄罗斯理应获得大国的殊荣;从国际社会理论的共同行为准则来看,俄罗斯尊重现有的国际秩序和制度,也应当被吸收进国际社会的核心圈。诺伊曼通过对国际社会理论的有机扩展,希望能够对这个问题提供分析框架和解答。

诺伊曼对国际社会的基本假设——国际社会是以欧洲国家体系为中心,不断向外围扩展的单向过程——提出了修正。诺伊曼提出,国际社会外向扩展是一个双向的互动过程,新进者不会轻易放弃原有秩序,历史记忆会抵制扩展,导致其徘徊于国际社会的外围,无法被核心圈所接受;在进入国际社会核心圈的条件中,除了对国际规范和制度的认同

197

之外,还要求新进国家认同核心圈国家的治理模式。在分析框架调整的基础上,诺伊曼就俄罗斯与"欧洲"相互认知进行了研究,他主张,俄罗斯在统治方法和处理国家间关系方面继承了蒙古人的传统,被欧洲人视为他者;当俄罗斯进入欧洲政治核心之时,没有跟随欧洲国家治理模式转变的大势——从直接统治到间接治理。因而,俄罗斯与"欧洲"的异质性从过去的宗教、文化差异,延伸至国家治理模式的认同层面。区别于"欧洲"或者国际社会核心圈的治理模式,始终令俄罗斯无法获得对其大国地位的认同,并且被"欧洲"视为潜在的威胁,长期徘徊于国际社会的外围,成为双方对抗或者冲突的一个深层次原因。诺伊曼强调,抵制治理模式转变的主要驱动力是俄罗斯对于宗主国体系的历史记忆与大国地位需求之间的张力,这种张力直接反映在俄罗斯对于"欧洲"的认知之中。"欧洲"在一定程度上也被视为俄罗斯的"他者",关于是否引入"欧洲"的发展模式,是否融入欧洲国际社会,俄罗斯国内的民族主义者和自由主义者始终处于激烈的争论中。内部意见的巨大分歧,不仅导致国家层面对"欧洲"的政策缺乏连续性,而且对俄罗斯的西方化进程产生了巨大阻力。因此,诺伊曼主张应当从转变俄罗斯对于欧洲的认知入手,在文化、思想上同化俄罗斯,这才是西方社会推动俄罗斯治理模式转变,彻底融入国际社会的有效途径。

伊佛·诺伊曼,挪威政治学家、社会人类学家、外交政策研究专家,现任挪威国际问题研究所俄罗斯研究室主任,伦敦政治经济学院国际关系教授,主要研究领域包括国际政治理论、俄罗斯政治与外交、挪威外交政策。诺伊曼早年在奥斯陆大学学习自然科学,经过挪威陆军语言学院的两年俄语学习后,转入人文学科学习,在奥斯陆大学学习俄语、英语、社会人类学和政治学,于1987年获得政治学硕士学位。之后他远赴英国,进入牛津大学学习国际关系,先后获得哲学硕士和哲学博士学位,并接受了国际关系理论中英国学派的理念。完成国际关系学业后,诺伊曼又回到奥斯陆大学攻读社会人类学博士学位。得益于多学科的专业训练,诺伊曼在研究中表现出较高的政治学、社会学、国际关系理论素养。

从工作经历看,诺伊曼是一位典型的政策型研究学者。除了在伦敦政治经济学院和奥斯陆大学担任教职外,早从1988年开始,诺伊曼

就在挪威国际问题研究院从事政策性研究,是研究所内主要的俄罗斯
问题专家,常年担任俄罗斯研究室主任。1997 年至 2003 年,他从事研
究工作的同时,也为挪威外交部工作,主要是外交政策制定和研究,先
后担任外交部欧洲政策规划员和高级顾问。

　　从诺伊曼的学术作品来看,他继承和发扬了英国学派在国际关系
研究领域的学术传统,包括基本理论假设和研究方法。在基本理论假
设方面,由中心和外围构成的国际社会成为诺伊曼分析"欧洲"与俄罗
斯关系的基础;在研究方法上,诺伊曼注重历史性的梳理和分析,归纳、
总结俄罗斯在身份归属和大国诉求方面的特点。区别于新现实主义的
结构性权力分析和建构主义的文化视角分析,诺伊曼提出的基于治理
模式的身份构建和认同,为我们理解俄罗斯与"欧洲"、国际社会的关系
提供了新的视角。

第一节　诺伊曼对国际社会理论的扩展
——治理模式认同

一、诺伊曼国际社会治理模式认同概念的提出

　　伴随着民众希望恢复秩序和大国光辉的诉求,俄罗斯国内的民族
主义情绪逐渐升温,普京的强国政策和威权主义体系获得了较高的支
持率。在国际油价持续走高的主要因素驱动下,俄罗斯从 1999 年以来
保持了较高的经济发展水平,不论是经济总量、军事力量还是人民生活
水平都显著提高。在此期间,俄罗斯通过加入七国集团、世界贸易组织
等重要的国际组织,与欧盟和北约建立伙伴关系,希望加强与西方的合
作,更好地融入冷战后的国际社会。但俄罗斯并没有获得西方对其大
国地位应有的尊重。西方将俄罗斯视为潜在的威胁,不仅通过欧盟和
北约的东扩压缩俄罗斯的战略空间,还企图利用反恐战争的机会填补
中亚地区的权力真空,在俄罗斯的"后方"打下一枚锲子。双方的争夺
在乌克兰危机达到了顶点。

　　在诺伊曼看来,俄罗斯大国地位的诉求与以西方大国为核心的国际
社会的认同之间存在一种张力,致使俄罗斯始终徘徊于国际社会的外围。

而新现实主义和建构主义国际关系理论对这个问题没有提供充分的解释。

国际关系理论大师摩根索在《国家间政治》一书中提出的以权力分析为中心的现实主义理论,被普遍认为是国际关系学科的奠基之作,第一次就国际政治分析提出了完整的理论框架。随着行为主义在人文社会科学研究领域大行其道,国际关系研究也出现了"行为主义革命"。20世纪70年代,肯尼思·华尔兹将系统论引入国际关系的权力分析,创立了新现实主义——结构现实主义理论,引起了国际学界的广泛关注,至今仍是国际关系理论界的主流观念。华尔兹认为,不存在世界政府的国际体系处于一种无政府状态,但这种无政府状态并不是混乱的,而是存在一定的结构。国际体系的结构由大国间的权力分配的状况决定,因而也随着大国间权力分配的变化而变化;大国居于国际政治的中心,它们追求权力的过程将会自然引发一种权力的均衡状态,所以大国间的权力均势有助于国际和平的持续和维护。诺伊曼指出,如果按照新现实主义理论,单从物质实力的角度来看,俄罗斯早在维也纳体系就应该获得对其大国地位的承认,但西方大国对其大国地位的承认却始终游移不定。

在单纯的物质权力界定不足以解释俄罗斯未能完全获得大国地位之后,诺伊曼又转向了强调观念性认同的建构主义分析。与结构现实主义不同,建构主义理论认为国际体系除了是一个物质结构之外,更是一个社会结构,也就是说国际体系中存在着一套对主权国家行为有一定程度约束力的规范。建构主义者强调国际社会规范的存在是因为正向认同,也就是合作认同的存在,这种正向认同的产生是因为一些国家具有相似的文化和观念,有助于产生合作。在此基础上,建构主义者主张,认同构建主权国家在国际体系中的身份,身份的确定界定利益,利益目标引导行为。但是诺伊曼发现,俄罗斯在外交实践和处理国家间关系上,很大程度上接受并拥护现有的国际规范,但仍没有获得西方大国对其国际地位的承认。

诺伊曼提出,俄罗斯与西方大国在治理模式上存在认同差异性可以提供一个新的解释视角。国际体系的无政府状态是结构现实主义的基本假设,更是整个理论的基石所在。无政府状态指的是国际体系内不存在一个可以约束主权国家的公共权威,如世界政府。在这种状态下,主权国家必须依靠自身力量维护国家安全,实现这一目标的途径在于增强自己在政治、经济、军事等方面的实力,从而更好地获得权力。华尔兹进而推论,在这种"自助"性的行为模式下,主权国家之间存在一种竞争性趋势,即所有国家都倾向模仿最先进国家的管理模式,从而促进自己国家更好地发展。在这个理论假设的基础上,诺伊曼认为,俄罗斯难以获得西方对其大国地位的承认,是因为俄罗斯的治理模式被认为是落后的,是西方早已经抛弃的;这种"坏的"治理模式对于西方国家"好的"治理模式是一种潜在的挑战。因此,俄罗斯始终处于国际社会的边缘,没能进入中心区域。

二、超越国际社会理论——治理模式认同的逻辑框架

诺伊曼提出的国际社会中的治理模式认同解释视角源于英国学派的国际社会理论。国际关系英国学派是美国国际关系理论体系之外,久负盛名的国际关系学派。英国学派主张,国际体系既不是霍布斯所说的丛林社会,也不是康德所期望的世界共同体,尽管承认国际体系的无政府特征,但不认为权力是主权国家行为的唯一动力。英国学派认为除了国际体系之外,还存在着一个国际社会,国际社会就是英国学派的主要研究对象。英国学派的代表人物之一赫德利·布尔认为:国家体系是由两个或者两个以上的国家在充分联系的基础上建立的,在体系内,一个国家可以通过一些方法影响另一个国家的决策……国家社会(或是国际社会)是当一组国家意识到存在公共利益和共同价值观时,形成了一定意义上的社会,在这个社会中,国家相信自己在与别国的关系中受到一系列共同规则的限制,并在共同的制度体系中遵守这些规则。[1]

笔者认为,单纯从对国际体系的性质描述来看,英国学派的主张与建构主义者有一定的相似性:他们都认为国际体系中存在着一套国家行为体共同遵守的国际规范,同样重视文化和身份认同对国际合作的重要作用。但实际上与建构主义强调观念性分析不同,英国学派强调历史和制度性分析,重视对行为体思想和意识形态的研究。在建构主义的分析框架下,国际社会的存在是一种自然状态,而英国学派则强调国际社会是通过对话,在认识到存在共同利益的基础上,同意按照共同

的规则行动而建立起来的。更为重要的是,国际社会理论虽然强调国际规范和制度的存在和重要性,但同样强调权力和大国在构建国际社会中的作用。国际社会理论认为,当前的国际社会是由欧洲大国相互交往所形成的欧洲国际社会不断向外扩展而来的,欧洲国际社会的早期基本规范就是大国间的外交实践演化来的外交礼仪和程序。从这个意义上,诺伊曼指出了国际社会理论的两个特点:第一,国际社会是一个分层结构,包括中心和外围;第二,国际社会是一个扩展性的社会化过程,即新进国家被国际社会规范和制度社会化的过程。也就是说,国际社会的新进者接受被核心成员遵守的国际规范和制度的程度越高,就越能得到国际社会核心成员的认同,从而由外围向中心移动。

诺伊曼认为,随着全球治理的发展以及现实例外情况的存在,需要对国际社会理论进行补充。首先,国际社会的扩展不是一个由中心向外围的单向过程。早期的英国学派认为,虽然这个过程存在挫折甚至是逆转,但这种扩展是一方将自己的秩序强加给另一方的过程,被扩展的另一方的秩序几乎没什么残余,过去的经验也不能使其改变。但诺伊曼发现,俄罗斯的案例存在例外性,在扩展过程中,俄罗斯的历史记忆始终发挥着抵制作用,主要反映在两个方面。首先,俄罗斯在自我身份的界定上始终无法获得统一,倾向将"欧洲"界定为他者;其次,俄罗斯从北方大战后就开始了与欧洲国际社会的互动过程,并在19世纪成为欧洲安全的5个保证国之一,但面对欧洲大国现代国家治理模式所表现出的高效率之时,俄罗斯仍坚持专制主义体制和治理模式,并且延续了相当长的时间。因此,诺伊曼认为在国际社会扩展的过程中,新进者对于扩展过程存在抵制情况,因而国际社会的扩展不是一个单向进程。

其次,进入国际社会,除了对国际规范和制度的认同之外,还要求对国内治理模式的认同。诺伊曼指出,当前国际社会中的大国地位和层级结构是由18、19世纪欧洲国家的政府化引发出来的。[2]这种政府化的核心是君主将自己也作为治理对象,从警察式的直接治理模式转变为自由主义的间接治理模式。因为间接治理模式产生的高效管理结果,被越来越多的国家认同、模仿,因而成为欧洲国家社会盛行的治理合理性(rationality of governing)。诺伊曼强调,对于国际社会的核心国家来说,坚持直接治理模式的国家被认为是潜在的挑战;"所以每个国家对于其他国家是如何治理的很感兴趣。治理的合理性有助于国家体系中的社会性权力平衡(a social balance of power)。"[3]

诺伊曼对自由主义治理模式和警察式的治理模式进行了解释和界定。自由主义治理模式的特点在于减少管理,寻求建立能够起到指导、引导作用的意图、评价、正当理由的指示器,令行为者按照特定的方式行动。而警察模式寻求管理得更多,通过不断细化的管理知识和直接管理形式,管制、控制、监督各种各样的现象和行为者。诺伊曼认为在"失败国家"和"脆弱国家"中都可以发现警察模式的存在。[4]

因而,诺伊曼主张,虽然俄罗斯试图融入国际社会,进入中心区域,但因为俄罗斯的治理模式区别于国际社会认同的治理合理性,从而无法进入中心区域。他强调,俄罗斯治理模式持续不能转变是"因为历史记忆在发挥抵制作用,这种历史记忆集中反映在俄罗斯对'欧洲'认知中"[5]。但并不是说国际社会扩展没有作用,俄罗斯在欧洲国际社会扩展的过程中,受到西欧国家文化的影响,造成俄罗斯国内从 19 世纪开始的思想分裂。因此,诺伊曼主张进入国际社会实际上是一个双向的关系过程(relational process),[6] 即欧洲国际社会扩展的社会化影响与进入者(或者成为被扩展者)历史记忆抵制的互动过程。

关于俄罗斯历史记忆的产生和性质,诺伊曼认为与俄罗斯国家诞生于宗主国体系直接相关。所以他主张,对于过去体系的记忆将会持续影响对于政治和具体政策的理解,"来自不同体系的新进者进入欧洲国际社会的过程中,将会长时间处于国际社会的外围"[7]。

尽管诺伊曼在论述治理模式认同视角时使用了较多的概念,但他并没有陷入理论推导的漩涡之中,而是坚持了英国学派历史主义研究方法,通过对俄罗斯国家历史发展和思想史演进的梳理,发掘俄罗斯与欧洲相互认知过程中的特点,从而为自己的分析框架提供扎实的论据。

第二节　持续阻碍俄罗斯模仿西方治理模式的根源
——对于"欧洲的他者认知"

英国学派强调国际社会对共同行为准则的认同,诺伊曼将认同的范围扩展至治理模式。诺伊曼认为,不管是身份认同、文化认同、民族认同还是治理模式认同,都是一个认知过程,包括对自我的认知和对他者的认知,它们是一个过程的两个方面,相互联系、相互作用。

自我认知是建立在对他者认知基础上的,黑格尔和萨特都主张他者对于本体意识产生的重要作用和意义。他者就像是一个参照物,因为只有在发现他者的情况下,才能意识到自我的存在。自我认知实际上就是在寻找与他者不同的特征,因而是一个在与他者比较下的特征化过程,他者只是手段,不是目的,目的在于确定本体。在这个意义上自我与他者是异质性的、相互排斥的,所以黑格尔和萨特都认为自我与他者的基本关系是冲突。诺伊曼将自我与他者的关系引入了俄罗斯与"欧洲"关系的考察,主张俄罗斯将"欧洲"塑造为了他者;而"欧洲"对于俄罗斯的印象也是他者。诺伊曼强调,这种他者的印象源于俄罗斯脱胎自不同于欧洲的宗主国体系,宗主国体系的记忆始终在俄罗斯对自我和欧洲的认知过程中持续发挥作用,阻碍了治理模式向自由主义治理模式转变。但在俄罗斯与"欧洲"接触、互动的过程中,也就是英国学派所说的国际扩展过程中,俄罗斯的一些知识精英认识到自由主义治理模式的优越性,主张俄罗斯应该学习、复制西欧模式,从而产生了与传统思想的分裂和争论,造成了国家政策的不连续性。诺伊曼认为,俄罗斯民族主义与自由主义关于"欧洲"的思想之争,实际上就是关于俄罗斯国家治理模式选择的争论。历史记忆的持续作用,致使俄罗斯长期徘徊于国际社会的外围。

一、诞生于宗主国体系的俄罗斯

诺伊曼通过对俄罗斯历史的梳理,认为俄罗斯国家是在宗主国体系中诞生的,在国家形式上区别于欧洲国家的主权形式。这种国家形式上的区别,令俄罗斯从一开始就被欧洲视为他者。英国学派的著名学者马丁·怀特主张,国际体系中的国家行为体包括两种形式:主权的和宗主国的。主权的基本原则诞生于《威斯特伐利亚条约》,国际社会就是由西欧主权国家在遵守《威斯特伐利亚条约》所确立的基本外交原则上发展而来的。在这个基础上,诺伊曼认为,来自宗主国体系的新进者进入国际社会既是被社会化的过程,也是摆脱宗主国体系的手段,因此,国际社会的扩展是一个互动的关系过程(relational process)。但在这个过程中,新进者并不是根据利益最大化的逻辑行动,而是基于不同的逻辑,一部分源于过去在宗主国体系中形成的规范和实践记忆。另一部分源于期望,这些期望产生于特定的记忆和记忆方法。诺伊曼强调,过去的记忆对于任何新进者都是重要的,之前的经验和现在的行动被记忆方法紧密地联系在一起。

诺伊曼从政权组织形式角度认为,基辅罗斯实际上是一个以血统为基础的城市宗主国政权体系。俄罗斯的宗主国政权体系在蒙古帝国统治时期得到加强,在伊凡三世时期被正统化,最终成为稳定的政权组织形式。1223 年蒙古入侵后,并未在罗斯土地上建立集中化的行政机构,而是采用了分而治之的策略,防止任何一个王公坐大挑战撒莱的统治权威。1240 年至 15 世纪末,罗斯的城市宗主国体系被纳入金帐汗国的帝国结构之中,成为整个蒙古帝国的一部分,蒙古人拥有以撒莱为中心的宗主权。莫斯科的崛起改变了罗斯城市宗主国的体系,成为单一政权,诺伊曼认为主要有四个原因:第一,得益于河网中心的地理位置,莫斯科的人口在蒙古入侵后快速增长;第二,建立了长子继承制,从而得以更好地组织家族,形成了稳固的权力基础;第三,"家族与城市之间的联姻,使权力基础的地域性得到保证的程度大大提高";[8]第四,莫斯科在与特维尔成为罗斯政治中心的竞争中,选择继续争取金帐汗国的支持。当金帐汗国在 15 世纪中期开始分崩离析的时候,莫斯科已经崛起为罗斯的政治中心。莫斯科继续了蒙古的宗主权,借用蒙古的技术,首先统一了罗斯的土地,随后扩展到金帐汗国的土地。

诺伊曼认为,蒙古统治罗斯时期,西欧基督教国家是由欧洲大陆和波罗的海两个次体系构成的一个松散体系,两个次体系之间联系程度较低,情况直到三十年战争期间才有所改变。莫斯科联系的主要是波罗的海沿岸的斯堪的纳维亚国家,与大陆国家没有联系。因此,直到 15 世纪末莫斯科崛起的时候,俄国对于大陆国家来说仍是一个新的政权,它们不知道应该如何应对。1486 年,神圣罗马帝国皇帝弗里德里希三世派遣尼古拉·坡珀尔(Nikolai Poppel)来到莫斯科,标志着俄国与大陆国家建立了直接联系,从而获得了进入欧洲国家体系的首次机会。1489 年,坡珀尔向伊凡三世建议,应当向弗里德里希三世请求授予其国王的称号。诺伊曼指出,从当时西欧的政治思想来看,这是新国家实现合法性,并将其引入欧洲国家共同体系的唯一方式。

然而伊凡三世拒绝了这一建议,他认为自己是与弗里德里希三世处于同等地位的统治者,"蒙上帝的恩惠,我们从一开始,从第一代祖先就是这片土地的统治者,这是上帝赐予我们的,就像上帝赐予我们的祖先一样"[9]。随后俄国统治者掀起了一场获取与神圣罗马帝国同等地位的运动。一方面,为俄国统治者至高无上的地位注入合法性。东正教教士将大公抬高到与沙皇,也就是希腊语中巴塞勒斯/皇帝(basileus)的高度。另一方面,征服金帐汗国,特别是喀山和阿斯特拉罕汗国,从而使自己成为金帐汗国的主要继承国。诺伊曼指出,俄国人对于自己成为金帐汗国继承者的地位是骄傲的,在 16 世纪,"俄国贵族追溯自己的祖先是蒙古人成为一种时尚"[10]。诺伊曼认为更为重要的是,俄国在处理国家间关系方面继承了蒙古帝国的方法:俄国向邻国收取贡赋,一旦遭到拒绝,就会发动征服战争。

诺伊曼在论述中没有忽略文化在国际社会认同中的基础性作用。他指出,俄国与神圣罗马帝国产生分歧的主要原因还在于文化的不同。当时的俄国人认为,非东正教的基督徒是不洁净的,需要远离他们。所以尽管汉萨同盟在诺夫哥罗德设有商栈,但当地居民并不与他们接触;非东正教基督徒从进入俄国边界开始,行动就受到严格限制。但诺伊曼强调,这并不表示双方完全没有交流,俄国贵族精英在与西欧国家的非东正教基督徒的交流中,逐渐学习并接受了欧洲的外交礼仪。到 17世纪,对于外交官的行动限制有所放松,诺伊曼认为这并不说明俄国人对非东正教基督徒的防范心理消除了,"只不过是因为俄国统治者认识到,与欧洲国家保持外交和商业联系是必要的"[11]。

因此,在当时欧洲国家对亚洲游牧民族充满恐惧的背景下,深受蒙古影响的俄国在获得欧洲国家承认,进入欧洲国际社会中心区域的过程中面临极大的劣势。诺伊曼强调,俄国是一个混合型政权,其国家制度和外交礼仪拥有很深的草原传统。俄罗斯作为宗主国体系中心的记忆持续影响着它的政治文化和行为,没有完全接受欧洲国家体系的规范,因而长期处于国际社会的外围。

二、现代国家体系下的治理模式认同——治理合理性

诺伊曼指出,俄国从 15 世纪末崛起到 17 世纪,认为自己在先验 (transcendental)和道德基础上都是"强大的"。但问题是俄国的这种自我认知并没有得到其他政治实体的承认,俄国宣称的强国地位虽然被欧洲国家注意到了,但并没有被承认,东正教信仰和专制统治体系被拒绝在外。随着俄国权力的增长,在 1721 年战胜瑞典之后,跻身一流大国行列。18 世纪至 19 世纪,俄国精英进行了各种形式的欧洲性社会实践,包括婚姻形式、军事采购和部署、外交、与欧洲强国共同管理国际体系。但欧洲统治者仍然抵制俄国宣称的平等或者优越性,特别是在俄国不同于欧洲的治理结构方面。诺伊曼认为俄国的专制性治理结构缺乏社会力量,从而使俄国的强国身份很难获得承认。按照沙皇俄国副首相彼得·沙费罗夫(Peter Shafirov)所说,因为彼得一世进行的"俄罗斯转型",令欧洲大国寻求与俄国结盟,但这是出于恐惧和恨意,而不是基于朋友的感情。[12]

经过彼得一世改革的俄国国力大增,并且参与了一系列重要的欧洲战争,成为欧洲政治的重要组成部分。但是,诺伊曼强调,欧洲大国始终对俄罗斯持有恐惧和戒心。这固然有欧洲国家对俄国以东正教为基础的、带有草原游牧民族特征的文明的反感。但他认为更为重要的是,在宗教改革和启蒙运动促成的治理模式转变大潮下,俄国仍坚持君主专制的正统性,在西欧大国看来,专制主义的治理模式是落后的,是已经被它们抛弃的。

诺伊曼指出,从文明角度看,"欧洲"对俄罗斯是否为基督教世界的一部分一直存有争论,随着"欧洲"与穆斯林之间冲突和仇恨的逐渐加深,对于穆斯林"野蛮性"的鄙视也移植到对俄罗斯的认知中,并逐步被强化。最初因为教义、教士学习的问题,俄罗斯是否是信仰者在欧洲引起了争论;而俄罗斯基督徒的地位也因为他们与非基督徒之间的紧密联系进一步复杂化。诺伊曼指出,欧洲对俄罗斯的表述经常与对穆斯林政治实体的表述直接混合在一起。17 世纪早期,欧洲人对于俄国的"亚洲性"和"野蛮性"进行了大量的讨论。在这一阶段,关于俄国是否是基督徒组成的国家的问题还涉及两个主题:俄国人的礼仪和政权类型。

欧洲人认为,在这三个方面,俄国都是不合格的,因而强调俄国缺乏礼仪的"野蛮性"。诺伊曼强调,俄罗斯人与野蛮的异教徒之间密切的关系危害了俄国成为一个有礼貌的基督徒组成国家的地位。[13]

在同时代的旅行游记中,对于俄国生活条件的描述与对奥斯曼帝国的描述在很多地方是相同的。更重要的是,这些旅行游记中对俄国宗教生活的描述,令欧洲人认为它"严重偏离了真正基督徒的行为守则"。1815 年维也纳会议,俄国作为五大国获得了欧洲大国的地位。但当时的欧洲大国认为俄国不仅是掌握霸权的大国,同时还是"站在门口的野蛮人(barbarian)"。19 世纪,因为俄国国内存在包括穆斯林在内的亚洲少数民族,"站在门口的野蛮人"的观念得到强化,欧洲人以偏概全地认为亚洲特性是俄国的全部特性。当时欧洲流行的一句话是"抓住一个俄国人,就会发现一个鞑靼人"。欧洲当时对俄国的印象是,拿掉俄国从欧洲借鉴的文明和军事特点,就会发现它未开化的野蛮人特性。[14]诺伊曼强调,欧洲从古至今一直受困于俄罗斯是他者的理念,甚至通过宣扬俄罗斯的异质性来加强欧洲整合。这与欧洲 500 年来关于俄罗斯是野蛮的、亚洲性的记忆直接相关。

赫德兰在对西方崛起过程的总结中,认为一个关键的步骤是以商人为代表的市民阶层迫使统治者签订契约,以法律形式限制其随意破坏私有财产权的权力。诺伊曼也同样强调这一步骤的重要性,他认为在宗教改革和启蒙运动影响下的欧洲国家政府化本是现代国家出现的基石和标志,君主被纳入治理对象的范畴,确立了"国王签署的文件必须优先于国王的意志"是法治国家(*Rechtsstaat*)的基本原则。[15]

诺伊曼认为,自 17 世纪以来,新的治理思潮不仅为有序的国家设定了标准,还为大国地位设定了标准。自由主义治理理念制定一种规则,国家放弃对社会的直接控制不仅是实现治理效率的必要条件,而且也是符合新欧洲治理标准的必要条件,这就是所谓的治理合理性,达到新治理标准的国家才被视为正常国家。他强调,19 世纪的欧洲思想倾向于从阶段视角看待世界历史,这种倾向发生在相同的秩序内,以相同的目标为导向,所以缺乏正常性应当被解读为没有进行快速文明化的发展。从这个角度看,俄罗斯是一个落后的学习者,是次优的。

笔者从诺伊曼的论述中推论出如下观点:俄罗斯与"欧洲"对于对

方的历史记忆,使得双方在认知上持续将对方视为"他者";但这种历史记忆除了文明方面的异质性外,在 18 至 19 世纪又扩展至治理模式异质性,在"欧洲"看来,俄国的这种异质性是一种落后的表现。关于现实主义在神圣同盟和欧洲协调背景下,确认俄国大国地位的观点,诺伊曼认为欧洲大国与俄国结盟的目标并不是保护君主专制的正统性,而是出于对法国报复的恐惧。在俄国进入国际社会的过程中,基于宗主国体系历史记忆的大国地位诉求与国际社会治理模式标准之间形成一种张力,这种张力从 18 世纪一直持续至今。诺伊曼强调,这种张力的存续直接反应在俄罗斯国内关于"欧洲"的 200 年争论之中。

三、俄罗斯的欧洲印象——他者

欧洲是俄罗斯知识分子讨论的传统主题。俄罗斯在自我认知的基础上,认为欧洲是主要的"他者"。诺伊曼认为俄罗斯在讨论欧洲的时候,实际上是在讨论自己。他强调,身份的界定不是来自本质的、可明确辨认的文化特质,而来自自我与他者的关系,因此,"他者"的位置和边界就变得关键了。俄罗斯的政策制定取决于政治领导层希望俄罗斯进行什么样的政治项目,而政治项目的确定则取决于项目本身与欧洲的相关性。因此,对于欧洲的观念成为决定俄罗斯国内和外交政策的关键背景。诺伊曼主张,"对于欧洲的理解在俄罗斯的政治塑造过程中起到了重要的帮助作用"[16]。

俄罗斯思想的研究一直是俄苏研究学界的关注重点之一,而研究俄罗斯思想的重要途径就是分析斯拉夫派与西方派关于俄罗斯民族、国家、发展道路等基本问题的论战。诺伊曼也不例外,但他研究的不同之处在于:首先,诺伊曼没有将俄罗斯的思想流派简单归类为斯拉夫派或者西方派,而是详细梳理了民族主义与自由主义思想的演进和变化;其次,诺伊曼将民族主义与自由主义思想的论战看作是俄罗斯认识"欧洲"从而界定自我的一个认知过程,俄罗斯将自己塑造为"欧洲"的他者,影响了俄罗斯进入国际社会的进程。诺伊曼指出,民族主义与自由主义在论战中优势地位的变化,可以作为预测俄罗斯外交政策的资源。

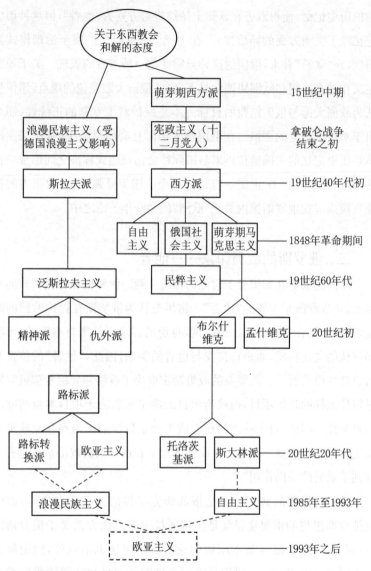

资料来源：笔者根据诺伊曼在《俄罗斯与其欧洲印象》(*Russia and the Idea of Europe*)一书中的论述整理而成。

图 7.1　俄罗斯思想流派的演进

诺伊曼没有使用斯拉夫派和西方派的笼统概念，而是将民族主义与自由主义思想归纳为关于"欧洲是什么"的浪漫民族主义立场与自由主义立场。诺伊曼认为，欧洲对于俄罗斯思想家来说是一种语言行为，即欧洲是在讨论中、书籍中存在的；俄罗斯人对于"欧洲"的兴趣不在于国家利益，而在于研究欧洲是什么。这就涉及茨维坦·托多洛夫(Tzvetan Todorov)关于欧洲的三个基本问题：第一，欧洲被视为他者的知识框架是什么？第二，他者的道德评判是由什么构成的？第三，俄罗斯与欧洲他者的关系应该是什么样的？

诺伊曼指出，虽然在莫斯科公国时期，保守派与欧洲派在宗教认同的基础上对欧洲进行了讨论。但对于欧洲进行全面争论的浪漫民族主义立场与自由主义立场是在19世纪初正式形成的。他强调，这两种立场都从欧洲理念中吸取资源，并创造出属于自己的思想。受到启蒙运动影响，亲身到过巴黎感受法国大革命氛围的青年军官（十二月党人的核心）将欧洲看作由许多国家组成的文化整体，俄国也被包括在其中。所以他们主张俄国作为欧洲国家应该遵循欧洲的政治、经济轨道来进化，需要宪政主义，明确提出了学习、复制西欧治理模式的西方化立场。而保守的反欧洲派受到德国唯心主义(German idealism)的启发，[17]详细阐述了"俄罗斯倾向"的民族主义思想，并在对欧洲的争论中树立了自己浪漫民族主义的立场。以此为起点，诺伊曼从分析框架、道德评判、治理模式主张等方面仔细梳理了浪漫民族主义与自由主义从19世纪初至20世纪末的思想演变。他认为，不管是主张俄罗斯孤立于欧洲的浪漫民族主义，还是认为落后俄罗斯应当学习西方模式的自由主义，实际上都将俄罗斯塑造为"欧洲"的他者。

笔者认为，从诺伊曼的论述中可以总结出三个特点。第一，浪漫民族主义立场与自由主义立场在主要观念上，各自都保持了较大程度的连续性或者一致性。浪漫民族主义立场认为，相较于欧洲，俄罗斯在精神上是纯净的，在道德上是高尚的，强调俄罗斯文化的独特性，主张在村社制度的基础上建立俄罗斯独特的发展模式。自由主义立场始终坚持俄罗斯是欧洲的一部分，但是发展相对落后，应当遵循欧洲的政治、经济路线来发展，建立欧洲式的宪政主义。第二，两种立场之间尽管相互敌视，但并不是相对封闭的，在国内外情况变化的条件下，两种立场之间出现了一定的流动性。比如法律派马克思主义者在19世纪末转向自由主义立场的地方自治运动；20世纪初，出版《路标》(Vekhi)文集，又从自由主义立场转入浪漫民族主义立场，成为路标派。第三，在两种立场的争论中,还存在着一条主线——国家立场,国家立场决定了俄罗斯国内改革和对外关系的方向。浪漫民族主义与自由主义立场的争论都是希望能够影响国家立场,从而使俄罗斯国家政策朝向自己主张的方向发展。19 世纪以来的国家立场,总是在自由主义和浪漫民族主义立场之间左右摇摆,当倾向自由主义立场时,国家政策会倒向西方;当倾向浪漫民族主义立场时,国家政策趋于内向,陷入保守。虽然会从浪漫民族主义和自由主义立场的思想中吸取一定的要素来充实自己的合法性,但是国家立场始终保持着相对的独立性,俄罗斯国家政策的制定也始终以欧洲政治现实为前提。

对戈尔巴乔夫改革之前关于"欧洲"争论的梳理中,诺伊曼采用了传统的研究方法,即对主要思想家的主张进行分析、归纳。这种梳理的作用在于为理解 1985 年至 1995 年俄罗斯国内关于发展道路选择的争论提供基础。诺伊曼认为,从斯大林确立领导权至 1985 年,国家严格限制了公共政治空间,国家立场成为唯一的思想来源。浪漫民族主义立场与自由主义立场的争论被迫转入地下,地下出版物成为两种立场继续发声的唯一途径。从地下出版物的内容上看,诺伊曼认为两种立场的论点没有出现根本性改变。戈尔巴乔夫开启改革进程,国家相对放开了公共政治空间,"共同欧洲家园"的口号促使自由主义立场首先回归公开讨论,萨哈罗夫和一些自由主义者甚至进入人民代表大会工作。诺伊曼指出,一些激进的自由主义者坚持俄罗斯应该学习和照搬西方的模式;另一些自由主义者认为完全融入欧洲的建议在政治上是不可行的,他们坚持寻找新的身份替代已经逐渐消亡的苏维埃俄罗斯,喊出了"欧亚"的口号。自由主义立场的欧亚主义者认为"欧亚"是一个俄罗斯国家可以采用的群体认同,这种认同将在会国家更接近欧洲时,得到选民的支持。

苏联解体后,俄罗斯的公共政治空间完全放开,浪漫民族主义不仅重新出现在公开讨论中,而且迅速在人民代表大会——国家杜马——中组织起有效的政治力量。民族救国阵线,由转为浪漫民族主义的自由主义者组成,被称为温和右派,重新整合了旧布尔什维克主义者和浪漫民族主义者。民族救国阵线逐渐巩固,成为杜马内最大的党派,并在 1992 年 10 月成为反对派。反对派攻击国家立场,他们认为国家立场是天真的、背叛的，没有很好地维护俄罗斯的利益。1992年秋天以后，浪漫民族主义者努力吸引那些不受约束的或者失落的自由主义者，企图迫使国家立场从自由主义转向浪漫民族主义，诺伊曼认为副总统鲁茨科伊和杜马主席哈斯布拉托夫就是成功的例子。"炮打白宫"之后，尽管遭受重大打击，但浪漫民族主义者在1993年的议会选举中强势反弹。诺伊曼推断，一方面是因为他们之前成功的将一些持自由主义立场的人吸引到自己的一边，另一方面原因是与日里诺夫斯基(Vladimir Vol'fovich Zhirinovskiy)领导的自由民主党结成了联盟。

诺伊曼指出，旧布尔什维克主义者之所以会被吸收进浪漫民族主义立场，是因为这两种立场具有很大的相似性。[18]浪漫民族主义将有机的民族(organic nation)置于自己框架的首要位置，认为每一个部分都依赖着其他部分，因而不存在基本的利益冲突。国家被视为有机民族的"头"，体现着它的意志，维护它的利益，抵御着内部破坏和外部攻击。民族和国家的幸福、顺景受到神或者历史进程的保护。布尔什维克者的立场也认为党和人民之间存在有机的联系，党被视为"头"，人民被视为"身体"，两者在利益上没有冲突。苏联解体后，旧布尔什维克者根据浪漫民族主义立场调整了自己的理念，形成了"民族布尔什维克主义"，并急切希望这一主义成为国家立场。

在诺伊曼看来，如果说浪漫民族主义者的框架是强调民族、国家，以及两者利益的和谐，那么自由主义框架则强调国家、社会、个人以及三者之间可能的利益冲突。为了限制潜在的冲突，保证一定程度的和谐，国家需要成为法治国家——国家必须执行法律，以不可追溯的规则管理国家与社会的关系；社会必须是市民社会，在一定程度上独立于国家；法治国家必须保证个人的权利，个人有机会参与市民社会的组织。

诺伊曼认为关于"欧洲"的讨论，最关键的是对欧洲道德的评判。他强调，浪漫民族主义者为了防止出现欧洲在某些领域(经济产出、生活标准、军事能力等)比俄罗斯优秀的情况，在不同基础上进行了比较。欧洲经济模式更有效率，浪漫民族主义者认为欧洲较高的经济效率将会以精神消亡作为代价，而俄罗斯将会保持更为丰富的精神生活，因此在道德上优于欧洲；欧洲的军事能力强，是因为它固有的暴力天性，而俄罗斯是爱好和平的,所以维持了较低的军事能力。自由主义者没有转变道德比较的基础,对于他们来说,道德评判应当基于国家法治、市民社会、个人权利的地位和执行程度。因此,在自由主义者看来,欧洲总是优于(同时代的)或者等同于(历史上的)俄罗斯。自由主义者主张俄罗斯是沿着与欧洲相同的发展道路前进的,所以不管在实践上还是道德上都与欧洲是同类。因此,他们建议俄罗斯与欧洲应该是一种伙伴关系或者学徒关系。

诺伊曼指出,叶利钦领导集团最初评估上认为,相对于欧洲,俄罗斯只是发展的没有那么快、那么精细;从国家立场上将俄罗斯视为欧洲的学徒,希望重回欧洲文明。但很快学徒关系理念让位于伙伴关系理念,诺伊曼推测,因为自由主义者和国家认为自己的立场不仅源于对欧洲的道德评判,还源于对亚洲的评判。虽然自由主义者还不能像浪漫民族主义者那样转变道德比较的功能基础,但是他们可以转变道德比较的地理基础。比如陀思妥耶夫斯基就曾经主张:"在欧洲我们是依附者和奴隶,但在亚洲我们就是老师。在欧洲我们是亚洲人,但在亚洲我们是欧洲人。我们在亚洲的文明任务将会传播我们的精神,并驱动我们到那边去。"[19]

诺伊曼强调,叶利钦政府选择自由主义立场之后,文化框架和道德评判被置于争论之外,重点转移到俄罗斯是尽快融入欧洲还是应当坚持"欧亚概念",与所有邻国搞好关系,但是这一争论已经从自由主义立场内部争论转变为国家结构内对于国家地位的争论。诺伊曼指出,以科济列夫为代表的外交部主张俄罗斯应该加入文明国家共同体;而总统顾问谢尔盖·斯坦科维奇(Sergey Stankevich)坚持俄罗斯应当进入一种欧亚进程,俄罗斯的任务是发起和支持多种文化、文明、国家的对话,这源自俄罗斯的天性。斯坦科维奇认为,在俄罗斯外交政策上有两种趋势:大西洋主义和欧亚主义。大西洋主义主张,成为欧洲的一员是合乎情理的、实际的、自然的,因为欧洲能够提供贷款、援助和高水平的技术。尽管当时欧亚主义还不十分明晰,但却已经影响外交决策了。

诺伊曼指出,在这一阶段没有很多人支持"回归文明"和尽快融入欧洲的理念。很多自由主义者选择了更为欧亚主义的进程。比如尤里·博尔科（Yuriy Borko），他宣称自己是"共同欧洲家园"理念的受害者，并认为"现在的问题不再是俄罗斯怎么进入这个家园，而是俄罗斯应该集中精力使自己的家园井然有序"[20]。他主张，俄罗斯只有照顾好自己的家园，才能积极影响与欧洲的关系；欧洲不再是 18、19 世纪俄罗斯改革者眼中那种唯一的、主导性的高级文明中心，俄罗斯的外交政策应该是多向的。[21]

　　国家立场和自由主义者逐渐重视"欧亚"立场，在叙述上与浪漫民族主义出现了汇聚。但诺伊曼强调，这种汇聚只是表面化的，双方在基本立场上有区别。国家立场和自由主义的"欧亚"是基于俄罗斯在道德上与欧洲平等的理念，而浪漫民族主义则坚持认为俄罗斯在道德上优于欧洲。所以自由主义的"欧亚主义者"主张建立一种均衡的关系，而浪漫民族主义则坚持俄罗斯与欧洲是一种对抗关系。欧亚主义的自由主义者希望俄罗斯复制欧洲的模式，但不希望以极快的速度进行，他们希望关于欧洲的讨论应加入对亚洲的讨论作为补充。这样，与邻国的比较就不会破坏士气，俄罗斯也能更多的进行西方化改革。面对国内的反对派，欧亚主义的自由主义者认为欧亚主义可以被看作为了进一步西方化而必须绕行的道路。[22]

　　诺伊曼对后苏联时代浪漫民族主义立场与自由主义立场关于"欧洲"争论的分析，结束在 1994 年。在 1991 年至 1994 年俄罗斯西方化转型过程中，浪漫民族主义者与自由主义者利用开放性的公共政治空间对于俄罗斯与"欧洲"的关系，俄罗斯国家的发展道路以及外交政策进行了广泛的讨论。从诺伊曼的梳理和分析可以看出，从西方化改革一开始，俄罗斯国内就存在着强大的反西方力量。但反西方并不等于反对改革或者反对现代化，而是强调采用具有俄罗斯特点的独特路径。诺伊曼认为，这一点在乌特金的思想中得到了突出体现。

　　诺伊曼十分重视原《共产主义》主编阿纳托利·乌特金（Anatoliy Utkin）在俄罗斯如何应对现代化与民族主义之间的张力、处理俄罗斯与西方关系方面提出的理念。乌特金认为，西方应该被狭义的理解为西欧。西欧人将世界看成一个可操控的空间和时间顺序体系（chronological system）。在西方人眼中，生活是一段前往终点的旅程，每一步都应该计划好，以便能够达到终点。所以乌特金将欧洲和世界界定为一个"浮士德综合体"(Faustian complex)。面对西方世界的扩展,印度在 1750 年投降,奥斯曼帝国在 1918 年投降,而俄罗斯则坚持到 1991 年。因此,乌特金主张彼得一世在俄罗斯历史上的作用是双重的,彼得一世的西方化改革没有渗透进全社会,所以既没有将俄罗斯转变为西方国家,又没有破坏俄罗斯的遗产。彼得一世改革像是一面盾牌保护着俄罗斯,即使被纳入欧洲文化范围内,俄罗斯仍保留着自己的独立性和独特性。虽然残忍,但是彼得一世改革令传统的俄罗斯保持了三个世纪,巩固了民族权力和精神。如果没有彼得一世,等待俄罗斯的就会是非洲那样的悲惨命运。[23]"三百万欧亚人一直以来很好的借鉴了西方的军事模式,但是当他们希望在五天内照搬'浮士德精神',完成资本主义建设,却发现自己左右为难。"[24]乌特金指出,西方人喜欢黄金时代的俄罗斯文学,就是因为他们尊重这些没有被"浮士德精神"驱动的人们。乌特金主张俄罗斯应该继续遵循罗曼诺夫王朝的道路,挽救自己的独特性,而不是照搬西方,只有这样才能在现代化和民族主义之间实现平衡。

乌特金强调,1892 年至 1914 年的资本主义大跃进引发了社会革命党的强烈反对;1914 年至 1920 年的很多发展都披上了"欧洲的外衣"。而当前的领导者没有意识到底层暴力反应的危险,他们将自己和民族都置于一种极其不稳定的情况之中。"(领导者)将俄罗斯看作是欧洲的一部分就像是坐在了火山口",精英和人民之间具有深深裂痕的国家很难抵御西方的殖民主义。[25]如果国家继续坚持西方化政策,就有可能面临底层的激烈反应,从而转向浪漫民族主义立场。为了避免这种情况发生,国家应该远离欧洲和欧洲遗产,而专注于俄罗斯自己的事务。

诺伊曼认为乌特金的想法正契合俄罗斯后来发生的情况,1994 年,国家立场中对于欧洲的热情消散,逐渐向浪漫民族主义立场靠近。俄罗斯存在一种明显的矛盾:一方面是希望自己将成为欧洲的代表,另一方面又与欧洲保持着若即若离的良好关系。这似乎又回到了 19 世纪沙皇俄国所面临的困境。在 19 世纪,这种张力促使国家发展出"官方民族性"。诺伊曼预测,如果任由俄罗斯向浪漫民族主义立场滑去,官方民族性就有可能再次出现。一旦出现这种情况,俄罗斯就会越来越少的强调与欧洲的伙伴关系。再进一步,俄罗斯国家就可能感到自已没能获得欧洲大国的地位,从而向仇外情绪发展。[26]鉴于西方改革中反西方力量的强势崛起,诺伊曼警告西方,不能简单地认为后共产主义俄罗斯将成为一个欧洲国家,就像其他国家拥抱市场和民主一样容易。在一般条件下谈论"像其他国家一样的欧洲国家"已经被证明会产生一种误导:只要向一个霸权社会秩序的抽象理念方向进行调整,就可能会产生很多制度形式。"如果人们认为,只要很多俄罗斯人认为复制欧洲模式是必要的,就可以沉湎于自以为是的想法中,所有的事情都会向所希望的方向发展,而不需要花时间来研究俄罗斯的异质性,不用同化俄罗斯的社会秩序;这种不作为就会无意中强化俄罗斯国家对于超级大国角色的诉求"。[27]

在对俄罗斯国家立场未来走向的判断上,诺伊曼认为,长期来看,国际体系固有的竞争性对俄罗斯社会秩序形成的压力不会简单消失。俄罗斯国家可能会改良浪漫民族主义立场后为己所用,但始终无法忽视外部社会秩序的压力,所以国家不会完全禁止俄罗斯西方化者发声。争论还将继续,他认为,即使俄罗斯仿效日本或者其他亚洲国家建立了具有竞争性的经济基础,对于欧洲的讨论仍然是俄罗斯身份构建的中心,并且很难消失,不过是经历另一次转型而已。

虽然诺伊曼对俄罗斯国家政策西方化的未来并不乐观,但他仍然相信俄罗斯可能成为欧洲的一部分。因为历史上西班牙和德国都曾经是欧洲的他者,但现在也被认为是欧洲的一部分了。在他看来,发生这种转变的关键在于交流、沟通,欧洲必须摒弃对于俄罗斯"他者"或者"野蛮性"的历史记忆,主动的、持续的与俄罗斯进行交流、沟通。他强调,欧洲忽视与俄罗斯的对话或者强调俄罗斯异质性,都是错误的;只研究文化而不注重推动俄罗斯与欧洲共存的实践,也是错误的。实际上,诺伊曼强调的是西方应当持续性的在文化、思想上同化俄罗斯,促进俄罗斯向所谓的合理、先进的自由主义治理模式转变。

第三节　现代化治理模式不能简单等同于西方化的治理模式

回顾叶利钦第二任期至今俄罗斯的国家立场和政策方向,笔者认为，与诺伊曼在 1996 年所作的总结和预测有很大程度上的一致性。第一，在叶利钦第二任期后，俄罗斯逐渐改变了向西方"一边倒"的对外政策，更加强调俄罗斯的欧亚特征，在与西方发展良好关系的同时，加强了与东方的交往与合作，希望能够在东西方政策上取得平衡。第二，更加偏向民族主义的保守力量在政治上取得了对自由主义力量的优势，并且逐渐影响了国家立场向浪漫民族主义方向的倾斜，普京的强国战略，对内强调国家在经济发展和提高人民生活水平上的领导作用，推动人民在俄罗斯民族辉煌历史记忆下团结在国家的周围；对外强调与西方大国的平等地位，寻求在相互尊重的前提下相互合作。第三，浪漫民族主义立场与自由主义立场关于"欧洲"以及俄罗斯自身定位的争论仍在继续，虽然保守的民族主义力量占据优势，但自由主义立场的声音并未在公共政治空间受到压制。第四，也是最为重要的，俄罗斯对于"欧洲"或者西方的他者认知仍作用于俄罗斯大国地位诉求与国际社会犹豫不定之间的张力。

是否能够就此认定诺伊曼关于"他者"的历史记忆阻碍俄罗斯完全融入国际社会分析框架的正确性和适用性呢？笔者认为不能，确切地说不能完全认定。不可否认，诺伊曼关于俄罗斯历史记忆对于身份认同产生影响，没有采用西方式的自由主义治理模式，从而使得俄罗斯徘徊于国际社会之外的分析框架，为我们理解俄罗斯与西方的关系，以及俄罗斯的外交政策提供了新的视角和路径。诺伊曼主张，经验性的研究表明，不管在什么政权下，也不管最初坚持俄罗斯独特性发展道路的决心有多大，都会发现只要俄罗斯想要保持在国际社会中的地位，就需要复制欧洲模式。[28]在笔者看来，其隐含的意思是，如果俄罗斯忽视能够带来霸权和优越军事能力的西方政治、经济发展模式，就会在国际社会被边缘化。尽管诺伊曼的遣词造句保持了学术性的均衡，但是明显的西方化导向却无法掩盖。尽管存在这种西方化导向的倾向，但他在俄罗斯与国家社会关系的分析中注重历史与现实的联系，较为恰当的把握了俄罗斯在思想、文化、宗教和历史方面的独特性。

笔者认为，关于诺伊曼所主张的国际社会中心区域国家所代表的治理合理性的论断并不新鲜，可以被视为"民主和评论"的一个变体。从诺伊曼的逻辑来看，俄罗斯与西方潜在冲突的危险，源于其大国诉求始终遭到西方拒绝,因为西方不仅在文化上,而且在治理模式上将俄罗斯视为一个异类、落后者、"野蛮人"。对于诺伊曼来说,国际社会的扩展实际上就是边缘或者外部国家被国际规范社会化的一个过程,其中暗含着西方文明和治理模式更为高级的优越感,以及推动落后文明和模式向西方学习的所谓"使命感"。虽然欧洲对于俄罗斯的认知经历了"野蛮人"到学徒的转变,但本质上西方对于俄罗斯落后的印象并未改变。在这种观念下的交往、互动不会平等。虽然诺伊曼在研究中没有明确表述,但他强调西方应当加强与俄罗斯的沟通,在文化和治理模式上发挥持续性的同化影响,表明他仍然将西方化作为俄罗斯的唯一方向,"否则俄罗斯就是脆弱的"[29]。

普京在新千年到来的一次公开讲话中指出:"苏联没有使国家发展出一个自由的、人民组成的繁荣社会,它本可以充满活力的发展。虽然有些痛苦,但必须承认,在过去的近70年,我们走入了死胡同,偏离了文明的轨道……20世纪90年代的经验生动地表明,真正的、有效的复兴我们的祖国,不可能凭借着外国教科书中抽象的模式和图解简单实现。机械地照搬其他国家的经验不可能带来进步……(如果这么做)俄罗斯不久就会成为美国或者英国的复制品,在这些国家中,自由主义价值观有着根深蒂固的传统。对于我们来说,国家以及国家制度、结构在人民生活中总是扮演着唯一的重要角色。对于俄罗斯人来说,一个强大的国家并不是反常的,而是秩序的源泉和保证,也是任何改变的发起者和主要动力。当代的俄罗斯社会不会再错误地将一个极权主义国家视为强大的、有效的国家。"[30]诺伊曼认为,普京再一次发展了已经被西欧国家抛弃的、落后的警察式治理模式,这对于西欧和北美来说是一种潜在的威胁,因为这不可能获得对其大国地位诉求的认同。深植于俄罗斯帝国历史记忆的、关于"欧洲"的争论,为这种治理模式的重建提供了观念上的合法性。

从人类发展历史来看,任何文明、种族、国家的人民都希望过上富足、幸福的生活,所以西方模式在发展中所表现出来的优点已经被大多数国家承认、学习、借鉴,但这并不等于需要照搬西方模式。西方式的民主体制和自由主义市场经济的出现、发展有着特殊的文化、历史基础,这种经验是不可能完全复制的。

在笔者看来,苏联解体之后,西方所宣称的资本主义模式在世界范围内的胜利并没有出现,而国际格局多极化、世界文明多元化的趋势却越来越清晰。虽然英国学派的国际社会理论和诺伊曼主张的治理模式认同都注意到了文化和历史的重要作用,但其高级文明同化落后文明的论断却不符合当前的世界政治发展趋势。不同文明的产生源于不同的地理环境,由此产生的生产方式和组织形式,无所谓高低之分;建立在独特文明上的治理模式有其客观性,对于外部压力强加的模式改变存在抵制也是一种合理反应。但一些治理模式效率较低的国家在抵制的同时,借鉴了西方模式一些积极经验,但同时因为自身文化和历史基础的原因,保留了部分原有治理要素,同样实现了国家的现代化和发展,其中就包括俄罗斯和中国。

关于现代化的标准还存在很多争论,不应该强调现代化与西方化的简单同等。笔者认为,诺伊曼从认知和认同角度,特别是治理模式认同的角度对于俄罗斯与西方、国际社会关系的分析,在理论框架上是完整的,逻辑上是严密的。而且笔者认为诺伊曼在西方国家治理模式的管理效能具有优势或者先进性的论断是正确的,但不认同学习西方的先进经验集中于复制西方模式一种路径上的论断。在当今国际社会,基于历史、文化的差异性,和政治、经济、社会发展程度的差别性,有效的治理模式具有多样化的特征。因此,在以国家模式多样化的情况下,国际社会的认同应当基于对于国际制度体系和行为准则的尊重和遵守,而不能苛求治理模式的同质性。

在笔者看来,"欧洲"对于俄罗斯人来说既是一个心结,又是一种向往。他们希望获得"欧洲"身份的认同,从而有尊严的融入这个"大家庭",但每一次的努力总是以失望而告终。他们希望学习西方先进的技术和管理经验,得到"欧洲"的平等对待,但不愿意抛弃自己的历史文化传统。这种双重诉求却被"欧洲"理解为俄罗斯"东方草原的野蛮性"在顽固的"作祟"。认知差异成为了俄罗斯与欧洲,乃至整个西方世界持续冲突的根源之一。

普京曾经公开表示,俄罗斯属于"基督教"文明的一部分,严格意义上是一个欧洲国家。但是欧洲却始终将俄罗斯视为国家治理模式的"异类"、安全威胁。在普京明确表达善意的情况下,欧洲仍未停下欧盟和北约东扩的脚步,希望通过经济、安全的区域一体化措施逐步蚕食俄罗斯的生存空间,直至彻底同化俄罗斯,消除威胁。因而,俄罗斯与欧洲的伙伴关系总是走走停停,这种持续的张力因为乌克兰危机而集中爆发,双方关系跌入谷底。欧盟未能意识到乌克兰对于俄罗斯来说,除了安全意义外,还有着深刻的历史、文化意义。乌克兰是俄罗斯文明和国家的发祥地,如果乌克兰投入欧盟的怀抱,对于俄罗斯的历史、文化、民族、国家认同无疑将是巨大的打击。正是出于认同和安全的双重原因,普京在处理乌克兰危机的态度和手段上,异常地坚决和果断。

笔者认为,如果欧洲和西方世界不能在尊重俄罗斯历史、文化传统的基础上,妥善解决乌克兰危机,将无法缓解与俄罗斯的关系,欧盟与俄罗斯在诸多方面的合作以及伙伴关系也将受到损害。

注释

1. Iver B.Neumann, "Entry into international society: reconceptualised: the case of Russia", *Review of International Studies*, 2011, p.464.

2. Iver B.Neumann and Ole Jacob Sending, "Governing a Great Power: Russia's Oddness Reconsidered", *Governing the Global Polity: Practice, Mentality, Rationality*, The University of Michigan Press, 2010, p.18.

3. Ibid., p.107.

4. Ibid., pp.19—20.

5. Iver B.Neumann, *Russia and the Idea of Europe: A Study in Identity and International Relations*, Taylor &. Francis e-Library, 2003, p.210.

6. Iver B. Neumann, 2011, p.463.

7. Ibid., p.468.

8. Ibid., p.475.

9. Ibid., p.479.

10. Ibid., p.481.

11. Ibid., p.480.

12. Iver B.Neumann and Ole Jacob Sending, "Governing a Great Power: Russia's Oddness Reconsidered", *Governing the Global Polity: Practice, Mentality, Rationality*, The University of Michigan Press, 2010, p.105.

13. 关于"欧洲"对俄罗斯"亚洲性"的争论,详见 Iver B. Neumann, *Uses of the Other: "The East" in European Identity Formation*, University of Minnesota Press, 1999, pp.65—77。

14. Iver B.Neumann, 2004, p.133.

15. Iver B.Neumann, 2003, p.199.

16. Ibid., p.3.

17. Ibid., p.2.

18. Ibid., p.195.
19. Ibid., pp.200—201.
20. Ibid., p.183.
21. Ibid.
22. Ibid., p.201.
23. Ibid., p.191.
24. Ibid., p.191.
25. Ibid., p.193.
26. Ibid., pp.209—210.
27. Ibid., p.209.
28. Ibid., p.203.
29. Iver B.Neumann, 2010, p.108.
30. Iver B.Neumann and Ole Jacob Sending, 2010, p.107.

第八章

国际政治背景下的俄罗斯中亚政策评析

中亚地区地处欧亚大陆腹地,是东西向连接亚洲与欧洲,南北向连接南亚与中东的战略要地,美国国防大学的学者将之称为"战略十字交叉口"。[1]除了独特的地缘位置,中亚地区还有丰富的油气资源、煤炭、稀有金属和铀等矿藏资源。鉴于上述条件,中亚地区成为冷战后大国博弈的重点地区。而该地区的主导性大国——俄罗斯更是将中亚地区视为战略安全和地区一体化的重要组成部分。俄罗斯学者曾直言不讳地指出中亚地区是俄罗斯的"后院",拒绝任何国家、组织削弱或者替代俄罗斯在该地区的主导性地位,侵害俄罗斯的利益。[2]从当前的情况看,中亚地区是俄罗斯对外政策的优先地区,俄罗斯在该地区投入了大量的政治、经济、军事资源。然而,俄罗斯的中亚政策并不是从苏联解体之初就如此明确和积极的。1991年到20世纪初,俄罗斯的中亚政策"一波三折",从模糊到清晰,从消极被动到积极主动,经历了一个明显的变化过程。瑞典学者莱娜·琼森(Lena Jonson)对于俄罗斯从苏联解体到20世纪初的中亚政策演进的分析,有助于我们对这一变化过程更加深入地了解。

莱娜·琼森,瑞典国际问题研究所研究员,俄罗斯对外政策研究专家,多年来一直从事政策性研究,并且具有丰富的外交实务经验:1997年至1998年,在英国皇家国际问题研究所任高级研究员;2002年,作为欧洲安全与合作委员会政治官员在塔吉克斯坦首都杜尚别工作;2005年至2009年,在瑞典驻莫斯科大使馆任文化专员。琼森曾经在乔治·华盛顿大学伍德罗·凯南研究所威尔逊国际学者中心任驻所研究员;还曾在列宁格勒大学和莫斯科大学访学。

琼森认为后苏联时代的俄罗斯中亚政策是一个试错(trial and

error)的过程。在她看来,经历20世纪90年代前半期的混乱之后,随着俄罗斯对于自身地位和中亚地区地缘政治环境变化的认知逐渐切合实际,20世纪90年代后半期俄罗斯的中亚政策逐渐明晰,直到20世纪初普京时代,俄罗斯中亚政策逐渐稳固,目标明确。尽管政策手段和政策内容反复变化,但是琼森强调,从苏联解体到20世纪初的俄罗斯中亚政策在指导观念上具有一致性,这源于俄罗斯对国际政治理解所形成的理念传统。这种指导观念不仅决定了俄罗斯在中亚的战略目标,而且决定了俄罗斯在执行外交政策时所使用的政策手段。琼森所指的指导观念是"零和观念",她认为"零和观念"强调排他性竞争,具有很强的冷战时代特征;而冷战后的国际结构和观念有了很大的改变,合作才是主题,共赢才是正途。因此,琼森主张,面对地缘政治、经济情况已经出现巨大变化的中亚地区,俄罗斯只有彻底转变"零和"外交观念,才有可能制定正确的中亚政策,真正实现中亚地区的安全、稳定、发展。

在研究方法上,琼森使用了典型实证主义研究方法,具有明显的政策研究风格。通过对大量政策文件、相关行为体的观点表达、政策执行过程、政策执行效果的综合性分析,归纳出各方的政策目标、执行手段以及得失情况,从而对政策的针对性和有效性作出评估,并以此为基础对未来进行预测。在琼森对俄罗斯中亚政策的研究框架方面,以时间为线索,归纳了俄罗斯中亚政策的阶段性变化,及其在军事、安全、经济、能源等方面的实际效果。从结构上可分为以下三个部分:第一,后苏联时代中亚地区的地缘政治情况变化;第二,叶利钦时期混乱的中亚政策;第三,20世纪初(普京时期)以安全和能源为导向的中亚政策。

第一节　后苏联时代俄罗斯中亚政策的新背景
——"关系的重构"

苏联解体不仅结束了冷战,而且改变了整个世界地缘政治图景和权力结构,这种变化在中亚地区尤为明显。在琼森分析的中亚地区,不仅包括了狭义上的中亚五国,而且还扩展至相关的阿富汗和里海沿岸地区。所以相对于地理概念,在琼森的研究中,中亚更多地表现为一个政治概念。在冷战后,中亚地区的地缘政治特征包括如下三个方面:首先也是最重要的,俄罗斯非自愿的脱离中亚地区,政治、军事、经济影响力严重下滑;其次,中亚国家经过苏联解体后的适应期后,开始寻求政治和外交政策的独立性,经济、安全合作的多元化,减少对俄罗斯的依赖;最后,在上述两个方面的基础上,域外大国进入该地区,形成了大国博弈的局面,促使俄罗斯对其中亚政策进行调整。

琼森归纳的中亚地区地缘政治变化的第一个特征是俄罗斯正在逐渐退出该地区,影响力大幅度减弱。她强调,俄罗斯的退出过程是一种非自愿的情况;造成这种非自愿退出的原因主要在于以下三个方面:俄罗斯实力的衰落、独立后的中亚国家的政策取向多元化和外部行为者的进入。苏联解体之初,俄罗斯面临着严峻的政治、经济、社会困难,为了尽快完成向市场经济和民主体制的转型,叶利钦和改革政府将绝大部分精力集中于国内事务,加之转型过程中出现政府与议会之间的斗争、总统与议会的斗争、共产主义卷土重来的威胁和 1996 年总统选举,以及 1998 年经济危机等一系列的内部和外部冲击,俄罗斯无暇他顾,在很大程度上忽视了中亚地区。另一方面,戈尔巴乔夫改革失败造成了俄罗斯经济严重衰退,解体后进行的"休克疗法"改革再次失败,特别是 1998 年金融危机的冲击,将俄罗斯经济推向了崩溃的边缘。琼森认为,在综合国力大幅度下滑的情况,俄罗斯缺乏充分和有效的资源巩固自己在中亚地区的影响力,而且"未能找到合适的中亚政策"[3]。

琼森指出,中亚国家相对保守,它们不希望苏联解体,从而能够继续获得来自莫斯科的援助。[4]"8·19"事件后,虽然土库曼斯坦、吉尔吉斯斯坦、塔吉克斯坦宣布独立,但这只是他们获得最大自由空间的一种策略,并不是真正意义上的独立。[5]随着来自莫斯科的援助持续减少,中亚国家开始寻求与外部世界建立联系,从而补充甚至替代来自莫斯科的经济支持。琼森认为,在这一过程中,不仅中亚国家的独立意识逐渐增强,而且多元化的政策取向逐渐形成。中亚国家开始寻求与俄罗斯不同的利益,减少对俄罗斯的依赖,"避免作出任何与俄罗斯建立更深入的整合承诺"[6]。中亚领导人通过建立更为广泛的国际合作结构,邀请非独联体国家进入,有意识的平衡俄罗斯在该地区的利益和影响力。

因为独特的地缘位置和丰富的自然资源,外部世界对中亚地区有着极大的兴趣。苏联解体后,"许多国家、国际组织和大型公司纷纷给予中亚国家支持和援助"[7]。琼森指出,苏联解体之初,许多外国公司就开发能源、建设通往欧洲和亚洲的有效运输路径与中亚国家进行商讨。这些商讨在1997年进入具体阶段,签订了一些备忘录和协定,开启了在不同地缘方向上建设管道的前景。她认为,俄罗斯不仅失去了对于中亚能源的绝对控制,而且"沦为了众多竞争者之一"[8]。

琼森指出,从实际情况来看,俄罗斯的非自愿退出是综合性的,直接导致俄罗斯在该地区的控制力和影响力的下降,主要表现在以下几个方面。

在军事领域,俄罗斯没能整合中亚国家的武装力量,在独联体框架内进行军事整合的建议也被拒绝。苏联解体后,没有本国军队的中亚国家与俄罗斯签订了军事合作与边界防御协定。但之后明显出现了一种要求俄罗斯减少军事存在的趋势。土库曼斯坦和乌兹别克斯坦减少对俄罗斯军事依赖的要求最强烈,哈萨克斯坦虽然与俄罗斯发展了较为密切的军事合作关系,但也在寻求其他方向的安全保障。除塔吉克斯坦以外的四国都成为北约"和平伙伴关系计划"(Partnership for Peace Programme)[9]的成员。

在经济领域,俄罗斯既没能在独联体整体框架下实现经济整合,也没能与中亚五国实现局部经济整合。俄罗斯与中亚五国的贸易量持续下降,外部贸易伙伴对于中亚国家来说逐渐变得重要。在投资方面,除能源部门外,很少有俄罗斯的私人公司在中亚投资。中亚国家加强了与亚洲国家的经济交往,新的经济网络逐渐形成。

在自然资源和交通领域,俄罗斯失去了在中亚地区对石油、天然气开发的垄断性权力,逐渐沦为众多竞争者之一。虽然俄罗斯仍然控制着管道体系,但是,随着国际财团取得开采石油、天然气的权利,绕开俄罗斯的东向和南向的新管道体系也正在签订协议。连接邻近国家的铁路和公路正在拓展,使中亚国家与外部世界的联系多元化了。

文化领域,在中亚五国生活的俄罗斯人可以保证俄罗斯文化一定程度的存在。但是,在中亚生活的俄罗斯族人大批离开,中亚各国政府也开始推动复兴本国的文化遗产,俄罗斯的文化影响力也在减弱。

面对中亚地缘政治情况的巨大变化,20 世纪 90 年代前半期的俄罗斯明显缺乏准备,也没有很快适应新的变化。琼森认为,俄罗斯没能构建出可以吸引中亚国家的政策,这使得俄罗斯在中亚地区的利益界定以及如何实现这些利益都是混乱的。而且,"俄罗斯在中亚国家自由发展合作伙伴与援助关系的情况下没有什么可提供的资源"[10]。

第二节　叶利钦时期"零和博弈"观念下的俄罗斯中亚政策——混乱与力不能及

俄罗斯在苏联解体至 21 世纪初的中亚政策经历数个调整阶段,主要的变化发生在叶利钦执政阶段,到普京时期形成了稳固的、目标明确的中亚政策。在琼森看来,叶利钦时期俄罗斯的中亚政策经历了一个从忽视到左右为难再到务实的过程。这种阶段性的变化源于俄罗斯就中亚地区历史认知与现实情况变化之间进行了调节。

一、叶利钦时期俄罗斯中亚政策的阶段性变化

琼森指出,从沙俄帝国时期开始,俄罗斯对中亚地区的认知就存在二元性,这种认知一直持续到苏联解体后,并且影响了 20 世纪 90 年代前期的俄罗斯中亚政策。对于俄罗斯人来说,自从俄国征服中亚地区之后,"这里就被视为帝国不可分割的一部分"[11]。中亚地区具有重要的军事和地缘战略重要性:首先在欧亚心脏地带的南端提供了一道屏障,阻挡来自南方的攻击和入侵;其次,中亚地区对于连接帝国东西两端脆弱的生命线具有重要的支持作用。[12]但是另一方面,因为中亚地区宗教、文化和历史传统的独特性,一直被视为帝国中的异类,俄罗斯人在该地区肩负着"文明化"的角色和任务。在笔者看来,琼森对于俄罗斯在亚洲地区自我认知的判断与诺伊曼的观点一致。[13]

因此,当俄罗斯从苏联末期开始寻求重新回归欧洲的时候,中亚地区成了俄罗斯的"包袱",造成苏联解体之初叶利钦政府对于中亚的忽视。琼森指出,"甩掉"中亚的过程实际上早在戈尔巴乔夫时期就开始了,一些人认为"对于改革的争论就一直集中在——是否应该从承担过

多责任的、俄罗斯以外的领土上撤出";[14]亚历山大·索尔仁尼琴(Alexander Solzhenitsyn)更是在 1990 年建议苏联领导人集中发展斯拉夫中心地区,抛弃中亚。琼森强调,这种将中亚看成是负担,在政治、精神、文化上看成是异类的观念在 1991 年得到了更为明确的表现——俄罗斯、乌克兰、白俄罗斯在构建独联体的时候,将中亚地区排除在外。[15]

此外,琼森认为俄罗斯人,特别是领导层,对于中亚意味着什么、俄罗斯应该对去执行什么政策没有统一的认识。1991 年至 1992 年,俄罗斯外交部部长安德烈·科济列夫(Andrei Kozyrev)的主要精力集中在与西方的关系上,在处理与中亚国家关系的复杂问题上,采取逃避或者延迟的态度。[16]琼森将这一阶段的俄罗斯中亚政策特征界定为"退出与混乱"。

1993 年至 1995 年,俄罗斯的中亚政策进入第二阶段——俄罗斯的"强国论"(great power rhetoric)时期,在独联体框架下调整中亚政策。琼森认为,这一阶段俄罗斯中亚政策变化的动因一方面源于与西方关系出现了变化,"俄罗斯与西方的利益可能在某些方面一致或者部分的重合,但是不可能相同。在与西方的关系中,俄罗斯开始更多地考虑国际政治中的竞争关系"[17]。笔者认为,从当时的实际情况来看,琼森对于俄罗斯与西方关系变化的解释过于婉转、模糊,似有减轻西方责任之嫌。1993 年,俄罗斯与西方关系出现紧张局势,重新重视前苏联加盟共和国政策主要是因为俄罗斯倾西方政策不仅没有得到回报,反而自身影响力受到削弱:1993 年,北约正式东扩,将捷克、匈牙利、波兰吸纳为正式成员国,并与其他前苏联加盟共和国建立军事合作关系,俄罗斯的安全空间受到压缩,影响力受到限制;1993 年末,西方对于叶利钦使用武力手段强行解散议会进行严厉的批评;处于"休克疗法"关键时期的俄罗斯,亟须大量外国资金援助实现经济的稳定化,但是西方的援助口惠而实不至。西方的"乘虚而入"迫使俄罗斯的外交政策转向"邻近国家"(the near abroad)。俄罗斯担心领导权让位于其他域外大国,失去对前苏联地区的影响力。"填补权力真空成为俄罗斯首要关心的问题。"[18]

琼森认为,促使俄罗斯中亚政策调整的第二个动因是现实存在的安全威胁。1992 年春爆发的塔吉克斯坦内战,促使俄罗斯形成了穆斯林威胁已经在中亚和俄罗斯的穆斯林地区扩展开来的观念。面对着新的、可渗透的边境,俄罗斯逐渐认识到走私、贩毒、非法穿越边境问题的严重性。阿富汗内战造成的混乱直接威胁中亚地区的安全与稳定,很有可能通过中亚渗入俄罗斯腹地。

鉴于上述两个原因,俄罗斯政府与一些强硬派的政治家开始考虑新的外交政策。考虑的内容包括重新获得超级大国地位,加强对该地区国家的控制,防止非独联体国家染指这一地区。琼森强调,这标志着俄罗斯再一次回归到传统的"零和观念"来理解中亚地区。[19]琼森指出,"零和观念"指的是,在竞争中一方的得益必然意味着另一方的失去。在这一观念下,国际政治的本质主要是大国为了控制范围而进行斗争,虽然控制的初衷可能会改变,军事和政治形式都可能被使用。当俄罗斯回归到"零和观念",就会"将所有进入中亚地区,获得影响力的非独联体国家都视作以削弱俄罗斯为目标的域外大国的阴谋"。[20]而"零和观念"指导下的外交策略——政治策略和经济策略,都是排他性的。

尽管俄罗斯第二阶段的中亚政策明显提高了对该地区的重视程度,但琼森指出,这一阶段俄罗斯的中亚政策仍基于一个先决条件——独联体框架下的整合不能影响俄罗斯国内的经济转型进程,不能对俄罗斯造成伤害。[21]因此,鉴于自身能力有限,俄罗斯在国内发展与地区整合问题上陷入了两难的境地,无法为地区整合投入必要的资源。

俄罗斯对中亚政策的第三阶段是 1996 年至 1998 年。琼森认为,俄罗斯第二阶段对于前苏联地区的政策实际表现出了进取心,但是没有持续的执行积极的、干预性的政策。特别是车臣战争的失利,以及对塔吉克斯坦内战的无能为力,令俄罗斯领导层体会到雄心与实力、言论与实际行为之间的落差,并明确意识到俄罗斯的衰弱。因而,俄罗斯从1996 年开始寻找务实的解决独联体地区问题的方法。琼森指出,俄罗斯在政治上,采用一种"观望"(wait and see)的方式来整合前苏联地区;[22]在经济上,重视中亚地区潜在的经济利益,通过多边和双边框架对俄罗斯与中亚经济进行整合。与第二阶段相似,琼森认为虽然普里马科夫主导下的中亚政策更加务实,但是限于俄罗斯自身实力的衰落,没有能力为俄罗斯与中亚地区的军事、经济、能源和文化整合提供充足的资源,因而对中亚国家缺乏吸引力。

二、雄心与现实的差距——叶利钦时期俄罗斯力有不逮的中亚政策

在琼森看来,1993 年至 1998 年的俄罗斯中亚政策旨在通过地区整合,加强俄罗斯在该地区的主导地位,阻止域外大国对俄罗斯邻近国家的影响,并以此为基础重建俄罗斯的超级大国地位。在整合方法上,俄罗斯选择多边和双边方法同时进行。多边整合以独联体为框架,对于多边一体化如何进行,俄罗斯只有一个模糊的概念。1993 年,叶利钦建议学习欧共体的经验,逐步完成一体化,但是缺乏足够的经济手段进行推进,一体化转向了政治层面。由于"其他国家对俄罗斯推动一体化以及任何集中化的超国家组织存有诸多怀疑",[23] 所以一体化在政治方面的决定并没有得到执行。俄罗斯转向签订双边军事、经济、能源合作协议,取得了一些进展。在推进地区整合的手段或者工具方面,俄罗斯使用了军事、经济、能源、文化几个方面作为推进整合的政策手段。但是从效果看,琼森认为上述努力并没有能够阻止俄罗斯在中亚地区影响力衰减的势头。换句话说,1993 年至 1998 年,俄罗斯的中亚政策是失败的。

在军事整合方面,俄罗斯与中亚国家在威胁认知方面存在差异,难以形成有效的军事合作。俄罗斯认为,该地区的安全威胁源于内部和外部两个方面,而外部威胁是推动军事一体化的动力。琼森指出,俄罗斯认为外部威胁主要来自南方的伊朗、阿富汗和中东地区,[24] 因而中亚地区极易受到冲击。所以叶利钦强调更多的关注"安全保障和发展军事合作",以对抗在前苏联地区建立其他权力中心的企图。

但在中亚国家看来,威胁主要来自内部,担心宗教极端主义会导致国内"阿富汗化的危险";欢迎域外国家或组织参与该地区安全合作,中亚国家并不反对北约东扩。在双边合作方面,虽然俄罗斯与所有中亚国家签订了双边的"伙伴、合作与相互援助协议",但是哈萨克斯坦、乌兹别克斯坦和土库曼斯坦有意识地减弱对俄罗斯的军事依赖,加强边

防建设,促进对外关系的多元化。琼森指出,随着三国国内的俄罗斯军队逐渐撤出,三国与俄罗斯的双边军事合作趋于冷淡。虽然俄罗斯继续担负着守护吉尔吉斯斯坦和塔吉克斯坦边界的任务,但是国内预算限制令俄罗斯无以为继,开始逐渐减少驻军。在多边层面,俄罗斯打算以《塔什干集体安全条约》(以下称《集体安全条约》)和与其他独联体国家的双边协议组成集体安全体系,并将《集体安全条约》发展为一个防御联盟,但中亚国家担心组织结构过于集中化,拒绝加入永久性的防御组织,令俄罗斯的多边军事一体化计划流产。

在经济整合方面,琼森认为俄罗斯与中亚地区的经济整合存在基础。苏联时期,各加盟共和国被一个联合的生产关系、通讯、内部贸易体系绑在一起,他们都是曾经的统一生产结构的组成部分,拥有嵌入式的劳动分工,共同的电网、铁路等基础设施。[25] 但在独立后的中亚国家看来,这种联系不仅是经济转型的负担,而且是造成在经济上依赖俄罗斯的原因。因而急切地希望经济联系多元化。为了打破俄罗斯对中亚地区与外部联系通道的垄断性,中亚国家致力于开发新的交通路线,在东、西、南三个方向建设铁路线,并与公路网络相连接。但是鉴于中亚国家目的在于削弱俄罗斯对该地区交通体系的垄断,俄罗斯没有向这些项目提供资金支持。

琼森指出,在双边经济合作上,中亚国家与俄罗斯的贸易量大幅下降,1997年,对中亚国家的出口占俄罗斯出口总量的 3.3%,而进口占俄罗斯进口总量的 8%,不足 1990 年的三分之一。[26] 除了能源部门,俄罗斯缺乏对中亚国家的新投资,俄罗斯甚至在乌兹别克斯坦、吉尔吉斯斯坦、塔吉克斯坦、土库曼斯坦没有私人公司投资。在多边合作方面,俄罗斯试图在独联体框架下建立经济联盟,但未能得到执行,随后转向俄、白、哈关税同盟。其他中亚国家对俄罗斯建立关税同盟的动机表示怀疑;而且关税同盟未能扭转贸易量下降的情况,主要是因为成员国立法存在差异,未能协调与非关税同盟国家之间的贸易关系。

在能源整合方面,琼森认为俄罗斯将能源作为在该地区保持影响力、防止外国渗入中亚和里海地区的主要手段;而中亚国家急切地希望寻找外部投资者和金融援助发展能源工业,促进本国经济的发展,打破俄罗斯垄断中亚能源运输体系的局面。她指出,为了抑制域外行为者的介入和其他油气管道项目的建设,防止中亚成为俄罗斯在能源市场的竞争威胁,俄罗斯希望通过增加投资、提高收购价格和运输量等措施维持对该地区能源的控制。琼森认为,由于政府和俄罗斯能源企业面对域外竞争的反应不同,始终未能形成一致的、连贯的政策。政府认为域外竞争者首先是一个如何保持俄罗斯对中亚影响力的战略问题,而对于俄罗斯能源企业来说,这是一个参与开发获取经济利益,防止中亚国家成为其能源出口竞争者的问题。[27] 这是由于俄罗斯能源政策的不一致和不连续性,令中亚国家与域外国家有机会在可能的管道项目上进行商讨。

在文化领域,琼森认为,俄罗斯族人口比例的急剧下降以及中亚国家文化民族化的趋势,导致双方的共同文化遗产逐渐消失,关系也逐渐疏远。面对此种情况,俄罗斯作出的反应是:第一,通过国内立法,保护国外俄罗斯族裔的利益;第二,为外国同胞提供金融和经济支持;第三,为有俄语课教学的学校提供支持,保护俄语;第四,加强俄罗斯与中亚国家的文化联系;第五,扩展俄语信息。但是受到国内预算的限制,此计划未能得到有效执行,俄语学校和交换留学生持续减少,俄语广播也大量缩减。俄罗斯对中亚国家的文化影响力逐步减弱。

综合叶利钦时期俄罗斯中亚政策的阶段性变化特征和相关方面的政治执行效果,笔者基本同意琼森对于这一阶段俄罗斯中亚政策的基本判断——未能及时适应后苏联时代中亚地区地缘政治的变化,在政策设计上缺乏综合性考虑,在政策制定上缺乏一致性,在政策执行方面缺乏足够的资源保障。同时,在笔者看来,琼森对于造成上述情况原因的分析是较为客观全面的。

第一,受到传统认知的影响,俄罗斯对于中亚地区在其战略中的定位存在矛盾。一方面,俄罗斯注意到中亚地区在地缘上的战略重要性,而另一方面限于国内和对外政策取向的限制,在是否与中亚地区进行整合,如果进行整合,愿意付出多少代价的问题上摇摆不定,导致俄罗斯对中亚政策的反应迟滞。第二,因为戈尔巴乔夫改革和"休克疗法"改革失败,俄罗斯国力大幅度下降,缺少执行中亚政策的有效资源,政策执行效果较差。第三,参与外交政策制定的行为者增多,除了总统、外交部长和军方外,经济利益团体也参与竞争对国家政策的影响力,包括商业银行与其他金融机构,以及贸易和服务企业;军工联合体与高技术工业;石油与天然气工业;农业部门和商品生产企业,[28] 这些经济利益集团不仅通过游说政府达到影响对外政策的目的,而且一些代表直接进入决策层,如别列佐夫斯基。这不仅造成了决策的碎片化,部门间政策缺乏协调,而且导致俄罗斯中亚政策的不一致性和不连续性。第四,俄罗斯没有充分重视中亚国家独立意识增强,政策趋向多元化的趋势,导致双方在合作目标上存在较大差异,阻碍了俄罗斯与中亚的整合进程。

但是笔者对于琼森使用的"零和观念"分析框架持保留看法。从属性上,琼森认为"零和观念"是冷战时期的竞争政策取向;而冷战后的世界,政治和社会文化存在多元性,对于市场经济效率的考量也成为了国家行为的决定因素。因而,一个国家的强大取决于它是否能够成功地进入国际关系经济化的进程,同时使其行为顺应全球经济的需要。[29] 所以,琼森认为,鉴于俄罗斯的"零和观念",即使俄罗斯在 1996 年后的中亚政策中采取了经济手段,其目标仍为排他性的,意在维持俄罗斯在该地区的支配性地位。[30] 笔者认为琼森在外交政策的属性上作时代性划分,过于机械。首先,即使在冷战后,维护国家安全仍是民族国家首要的战略目标;其次,冷战后的国际权力结构仍是以大国合作与竞争为主题的;最后,合作的基础是平等、互利、共赢,但是从冷战后西方对俄罗斯的战略和政策来看,其目标在于限制俄罗斯,西方国家的政策观念也具有明显的"零和"特点。鉴于琼森认为普京时代的俄罗斯中亚政策仍是"零和观念"的,笔者将在本章最后一节对她的"零和观念"分析框架进行深入分析。

第三节　普京时期"零和博弈"观念下的 俄罗斯中亚政策——"积极与务实"

琼森认为,经过叶利钦时期第三阶段中亚政策务实性的调整,以及普里马科夫对于俄罗斯的外交指导思想的再定位,俄罗斯的中亚政策在 1999 年进入了一个目标明确、连续、稳定的阶段——普京时期。

1993 年至 1995 年,叶利钦和科济列夫提出了所谓"强国论"的外交理念,试图在独联体框架进行俄罗斯与中亚的整合。但是琼森指出,因为俄罗斯缺乏在多边框架下进行整合的概念和规划,以及其他成员国对俄罗斯主导一体化进程存在普遍怀疑,独联体框架下与中亚的整合失败。1996 年,时任俄罗斯外交部部长的普里马科夫引入了一种更为现实的方法替代独联体多边框架,即强调俄罗斯与单个中亚国家的双边关系。但是由于当时俄罗斯缺乏足够的资源和手段吸引中亚国家,它们进一步寻求政治、经济、安全政策的多元化。[31]俄罗斯在该地区的影响力继续呈下滑趋势。但是强调以双边合作为主的方法被普京延续下来,并继续发展。在安全合作方面,普京将共同打击国际恐怖主义作为俄罗斯与中亚国家安全合作的基础,并着力与乌兹别克斯坦建立新的安全关系。普京将能源事务作为其中亚政策的另一个支柱,目的在于令中亚国家的能源生产重新依赖俄罗斯。

琼森认为,普京对中亚的政策源于对普里马科夫外交思想信念体系(beliefs system)的继承和发展。[32]普里马科夫在 1996 年创造了"两极"(polarity)概念,成为俄罗斯外交政策的基石。普里马科夫反复强调,虽然俄罗斯变弱了,失去了超级大国的地位,但仍是一个大国(great power)。他希望恢复俄罗斯的国际地位,但是鉴于俄罗斯实力衰减,他主张在与前苏联加盟共和国关系中采取务实的、多样化的、低姿态的政策。琼森认为,普京不仅继承了普里马科夫的理念,而且将"两极"概念发展为"多极",并强调俄罗斯要想在冷战后维持一个正常"极"的地位,就需要支持性盟国的帮助,而中亚国家在这一战略思想下对于俄罗斯十分重要。[33]因而,琼森将普京的中亚政策目标归结为恢复大国地位,扭转俄罗斯在中亚地区影响力下降的趋势。

苏联解体后,俄罗斯试图寻找一种应对新情况的政策,并且逐渐意识到自己的劣势,以及旧政策的不足和反效果。俄罗斯被迫适应新形势,寻找适合的替代性政策。琼森指出,普京的政策标志着这种彻底转变,俄罗斯试图扭转在中亚的"退出"趋势,增加俄罗斯的影响力。但她同时强调,要想实现上述目标,需要俄罗斯有效控制造成该地区不稳定、混乱和冲突的主要源头——阿富汗。因而俄罗斯对于阿富汗所形成的威胁认知和应对策略成为了琼森分析 20 世纪初普京中亚政策的切入点。

一、俄罗斯构建以打击恐怖主义为基础的中亚安全体系

琼森指出,20 世纪 90 年代中后期,阿富汗国内混乱引发了中亚地区极端宗教主义和分离主义势力的兴起,为俄罗斯与中亚开展切实有效的安全合作,改善俄罗斯与中亚国家关系,特别是与乌兹别克斯坦的双边关系提供了基础。叶利钦时期,俄罗斯没能实现与中亚国家军事整合的重要原因就是双方对于安全威胁的认知存在分歧。而普京时期,国际恐怖主义、极端宗教主义和分离主义的威胁使俄罗斯和中亚国家在安全威胁的认知上取得了一定程度的统一。

琼森认为,普京将打击国际恐怖主义作为军事和安全政策的中心,始于第二次车臣战争。普京把第二次车臣战争定义为反恐战争,虽然在 2000 年 3 月就已经宣布结束了大规模军事行动,但是由于车臣反对派武装转入游击作战,普京在 2001 年宣布打击恐怖主义分子的任务仍将继续。[34] 随着塔利班控制了阿富汗的大部分地区,将阿富汗作为国际恐怖主义的基地,并有向中亚地区扩散极端宗教主义的趋势。普京敏锐地感觉到了危险和机会,将打击国际恐怖主义和宗教极端主义作为与中亚国家进行军事、安全合作的新主题。

在俄罗斯的安全威胁认知中,阿富汗是中亚地区不稳定的主要原因。首先,在塔吉克斯坦内战中,虽然阿富汗宣布中立,但一些派系实际上支持塔吉克斯坦反对派。其次,俄罗斯认为阿富汗不仅成为恐怖主义活动的中心,而且塔利班政权资助了车臣和中亚地区的恐怖主义组织;最后,俄罗斯认为随着塔利班在中亚地区影响的扩大,会鼓励激进伊斯兰主义在中亚地区的传播,从而强化该地区的激进组织。综合以上三点,俄罗斯认为受阿富汗混乱的影响,恐怖主义和宗教极端主义很有可能通过中亚渗透进俄罗斯腹地。

尽管中亚国家,主要是与阿富汗接壤的乌兹别克斯坦、吉尔吉斯斯坦和塔吉克斯坦不认为塔利班政权会扩大领土,但认为由阿富汗混乱引发的宗教极端主义、分离主义和毒品犯罪,有可能威胁中亚地区的安

全与稳定。琼森指出,塔吉克斯坦和吉尔吉斯斯坦相对脆弱,政府不能完全控制边界,造成宗教极端分子容易流窜,比如乌别克斯坦的宗教激进主义分子就经常藏身于塔吉克斯坦中东部,费尔干纳盆地成为滋生原教旨主义和宗教极端主义的温床。塔吉克斯坦、乌兹别克斯坦和阿富汗的民族构成复杂,在本国领土内有着为数不少的其他两族居民,此种情况鼓励了分离主义的崛起。琼森指出,在该地区有一种观念,认为阿富汗应与塔吉克斯坦合并,形成一个波斯语族带,以对抗北部的突厥语族带;在乌兹别克斯坦境内,有一种非官方的泛突厥观念,支持"大乌兹别克斯坦"或者"大突厥斯坦"的建立。此外,因为毒品种植和交易滋生的有组织犯罪,有可能会扩大中亚国家的腐败程度;而且大量阿富汗难民的涌入可能会将武器、毒品,甚至武装人员带入中亚。

琼森认为,在俄罗斯与中亚国家就安全威胁达成基本一致的基础上,1999 年秋,乌兹别克宗教激进主义分子通过塔吉克斯坦侵入吉尔吉斯斯坦给双方的军事安全合作提供了契机。在打击恐怖主义的契机下,俄罗斯分别与中亚国家签订了双边协定,建立了军事部门、边防部队、安全机关以及内政部之间的合作机制。俄罗斯还主动承担了帮助中亚国家训练军队的责任,并与中亚国家开展定期军事演习。但当俄罗斯试图在多边合作上取得突破时,却遭到了中亚国家的拒绝。俄罗斯建议在中亚建立一个次区域的安全体系,成立快速反应部队。琼森指出,中亚国家不愿意加入永久性的军事组织,避免在安全上过分依赖俄罗斯。[35]

但是琼森强调,在总体政策效果上,普京是相对成功的,特别是与乌兹别克斯坦建立了新的安全关系。乌兹别克斯坦一向是中亚国家中独立意识最强、反俄情绪最浓的国家。普京抓住反恐的契机主动访乌,与卡里莫夫签订了多项合作协议,确立战略伙伴关系,令乌兹别克斯坦成为俄罗斯关键性的安全合作伙伴。因此,琼森将普京在安全政策领域的创新归结为:将注意力集中在对俄罗斯有战略重要性的国家上。[36]

琼森之所以认为普京新中亚安全政策只是相对成功的,是因为其政策存在着一定程度的隐患。首先,俄罗斯与中亚国家的安全合作基础并不稳固。在对阿富汗的政策态度上,俄罗斯始终将阿富汗的混乱视为主要的安全威胁,担心塔利班和恐怖主义分子会越过边界渗入俄罗斯腹地,因此俄罗斯坚持支援北方联盟,特别是马苏德派系。俄罗斯不仅拒绝承认塔利班政权的合法性,甚至宣称有可能对阿富汗境内的恐怖主义训练营进行轰炸。[37]虽最终未能动武,但仍联合美国在安理会通过决议制裁阿富汗。而中亚国家,特别是乌兹别克斯坦,不赞同对阿富汗和塔利班政权采取强硬政策,主张政治解决阿富汗问题。乌兹别克斯坦、土库曼斯坦、哈萨克斯坦均不同程度地与塔利班政权建立了联系,塔吉克斯坦虽然拒绝承认塔利班政权,但也表示塔利班不是直接威胁。琼森认为,这说明,中亚国家有意识执行独立的对外政策,避免对俄罗斯亦步亦趋。

其次,琼森认为俄罗斯对乌兹别克斯坦的投入太多,有可能在未来造成反效果。第一,俄罗斯将乌兹别克斯坦视为中亚安全机构中的重要伙伴,有可能会伤害俄罗斯的坚定支持者哈萨克斯坦的感情。第二,卡里莫夫没有任何放弃独立外交政策的打算,从长期来看,乌兹别克斯坦并不是俄罗斯忠实的盟国。第三,卡里莫夫与普京进行合作目标除了打击宗教激进主义外,还包括打击国内政治反对派。鉴于这种政治体系内镇压的特点,[38]一旦乌兹别克斯坦国内政治出现变化,很有可能对俄罗斯产生反作用。

二、俄罗斯加强与中亚地区的能源合作以维护垄断地位

相对于安全合作,俄罗斯在能源领域未能提供有效的合作基础。琼森强调,能源被普京视为重要的中亚(里海)政策手段,一方面令中亚国家在能源生产和运输上继续依赖俄罗斯;另一方面,防止域外大国利用能源开采和投资机会进入中亚(里海)地区,削弱其影响力。

主要的政策措施包括:第一,普京鼓励俄罗斯的油气公司积极参与中亚(里海)地区的油气开发和管道项目竞争;第二,设立俄罗斯总统里海地区特别代表职务,负责协调政策,处理关于该地区的外交事务;第三,为了应对西方支持的巴库-杰伊汉项目提议,俄罗斯不仅修建绕道达吉斯坦的管道支线,而且开始建设田吉兹油田至新罗西斯克的管道,俄罗斯还提高了奥特劳至萨拉托夫的原油运输配额;第四,俄罗斯增加

对土库曼斯坦天然气的进口量,提高进口价格;第五,在里海划界问题上做出转变,提出海底划界、水面共有的建议,争取中亚(里海)地区国家的好感。[39]

从效果看,琼森认为普京的上述措施是一种单向性的努力,在短期内能够保持俄罗斯在中亚(里海)地区能源生产和运输上的主导性地位,但从长期看,俄罗斯在该地区的主导性地位将会被逐渐侵蚀。琼森解释的原因如下。

第一,俄罗斯与中亚(里海)国家在能源合作方面缺乏基础。普京能源政策目标是保持俄罗斯在该地区能源产业上的主导性地位,防止域外国家进入该地区。但是中亚(里海)国家,特别是阿塞拜疆、哈萨克斯坦、土库曼斯坦将能源部门视为独立和国家发展的关键性资源,希望通过投资、运输的多元化,打破俄罗斯的垄断,从而实现本国政策更为独立以及利益最大化的目标。

第二,该地区存在着领土争端、民族冲突、宗教冲突、恐怖主义等诸多安全威胁。安全对于能源生产和运输是至关重要的。但是俄罗斯没有能力解决上述问题,成为该地区的安全保证人。

第三,外部行为者进入该地区,并参与该地区的能源开发、管道项目竞争和安全维护已经成为事实,俄罗斯无力扭转。早在苏联解体之初,就有许多外国公司对该地区的油气开发产生了兴趣,并与该地区国家商讨合作事宜。联合国与欧洲安全与合作委员会也介入该地区冲突的调停工作。域内国家寻求安全、政治、经济、外交对外联系的多元化,美国、中国、伊朗、土耳其等域外大国得以进入该地区,对俄罗斯的主导地位形成威胁。特别是美国,不仅加强在管道项目上的参与度,而且通过北约增进与该地区国家的军事合作(伙伴关系计划)。琼森指出,美国在该地区的政策目标十分明确,创造条件强化高加索和中亚国家的独立,限制、削弱俄罗斯在该地区的影响力。[40]美国已经成为俄罗斯在该地区主要的竞争对手,并将在未来持续下去。

第四,俄罗斯政府与企业在参与中亚(里海)油气项目上的目标和利益上存在分歧,经常会导致相互矛盾的行为。俄罗斯希望通过本国油气企业在该地区项目上的参与平衡西方的影响,但是"企业倾向于商业解决方案,并使自己成为中亚(里海)地区问题上的强力游说集团"，[41]影响政府的政策。

综合普京在中亚地区的安全和能源政策目标和执行，琼森认为普京的中亚政策仍是在"零和观念"指导下的排他性竞争政策。不论安全还是能源合作，普京的目标在于扭转俄罗斯在中亚地区影响力下降的趋势，防止域外大国过多地介入该地区事务，进而挑战俄罗斯在该地区的主导性地位。琼森认为虽然普京暂时止住了俄罗斯在中亚地区影响力下降的势头，但其主导性地位仍受到侵蚀。在能源问题上，俄罗斯虽然通过政策措施暂时维护了在该地区能源运输的垄断地位。但是琼森认为，从长期来看，在该地区国家能源出口多元化的愿望和域外国家积极提出新管道方案的双重压力下，俄罗斯的垄断在未来有可能被打破。在安全问题上，琼森强调普京一味地采取强硬政策和军事解决手段，不能从根本上消灭恐怖主义、极端主义、分离主义的安全威胁。要想从根源上解决问题，琼森认为必须使用社会方法，即实现政治和解，加快经济、社会、文化发展；这需要俄罗斯放弃冷战时期的"零和观念"，转向冷战后的合作观念，通过与西方国家的合作，增强解决问题的能力，实现双赢和共同发展。

第四节　俄罗斯的中亚政策能否从 "零和博弈"走向"合作博弈"

琼森梳理和分析了俄罗斯从 1991 年至 21 世纪初的俄罗斯中亚政策的演进过程。从阶段性特征的总结、政策目标的分析到政策执行效果的评估，逻辑严密、材料丰富，可谓精彩纷呈，体现了一名政策研究专家较高的专业素养和学术功底。从琼森对俄罗斯中亚政策的阶段性划分来看，俄罗斯对中亚地区的定位经历了从包袱到重要战略地区的转变，对于中亚地区的地缘政治变化态度也从消极应对转变为积极适应、主动调整。在政策目标方面，琼森认为从 1993 年到 21 世纪初，俄罗斯中亚政策目标具有很强的延续性，即扭转俄罗斯在该地区影响力下滑的趋势，维护主导性地位，防止域外大国进入该地区。在政策执行效果方面，琼森认为，因为受到国力限制，俄罗斯在叶利钦时期的中亚政策总体上是失败的，中亚国家政策多元化的取向加强，俄罗斯影响力持续下降;普京的中亚政策在短期层面,抑制了俄罗斯影响力下滑的趋势,暂时保住了俄罗斯的主导性地位,但从长期来看,仍缺乏从根本上解决中亚地区安全和经济发展困境的手段,俄罗斯的主导性地位在未来将会被逐渐侵蚀。笔者基本上赞同琼森的上述结论,但认为琼森在分析框架上仍有不足。

琼森在分析中没有给予俄罗斯国内政治、经济变化和俄罗斯的外交环境足够的重视,有可能造成对俄罗斯中亚政策形成背景分析的缺失。笔者认为从苏联解体之初到21世纪初的俄罗斯总体国内情况来看,俄罗斯陷于严重的危机之中。"休克疗法"不仅没有快速恢复俄罗斯的经济,反而由于改革设计不全面,政策执行遭到掣肘,寻租集团的干扰等原因,令俄罗斯的经济几乎崩溃。在国家建设方面,主要代表国有企业经理利益的国家杜马在权力和改革议程上与改革政府和总统发生分歧,导致严重的政治斗争,而各联邦主体"趁火打劫",试图增加自治权力,削弱联邦权威,离心趋势明显。在外部环境方面,俄罗斯的倾西方政策并没有换来西方的援助和信任,西方国家承诺的援助口惠而实不至,而且对俄罗斯的转型进程横加指责;以美国为首的西方国家从苏联解体之初就没有打算放松对俄罗斯的限制,北约和欧盟的东扩不仅压缩俄罗斯的战略空间,而且威胁到了俄罗斯的国家安全利益。

在这种内外交困的情况下,俄罗斯的中亚政策执行缺乏必要的资源是一种客观情况。但导致俄罗斯中亚政策的失败并不是俄罗斯的单方面原因,西方限制俄罗斯的影响力和行动能力,介入俄罗斯的战略核心区域——南高加索、中亚,从外部条件上也是导致俄罗斯中亚政策失败的重要原因。从这个逻辑出发,琼森强调俄罗斯中亚政策的"零和观念"导致政策失败的观点,就有些站不住脚了。

在琼森看来,"零和观念"与合作观念具有时代特征,"零和观念"属于对抗的冷战时期,而合作观念属于经济全球化与合作共赢的冷战后。所以,面对中亚地区错综复杂的问题,琼森主张俄罗斯只有采取合作态度,欢迎域外国家,主要是西方国家进入该地区,弥补俄罗斯在政治、经济和安全能力上的不足,共同合作,使用社会发展方法才能从根本上解决中亚面临的安全和经济社会发展困境。但在笔者看来,琼森的假设存在一个不可不问的前提,以美国和欧盟为首的西方国家会带着合作观念进入该地区吗?

纵观从苏联解体到近年来,笔者认为,美国与欧盟的中亚政策,也表现出一定程度的阶段性:苏联解体到 20 世纪 90 年代末是观望阶段;"9·11"事件至 2006 年前后是直接介入该地区事务阶段;2008 年前后至今,基于安全、能源等方面的需要,提升中亚地区在本国或者组织中的重要性。美国与欧盟在中亚政策的目标上存在一定程度的相似性,也表现出差异性。相似性表现在,推动中亚国家的政治、经济、社会改革,接受、模仿西方的民主政治和市场经济发展模式;推进与该地区国家的能源合作,打破俄罗斯对该地区能源运输的垄断,获取能源资源;加强与中亚地区国家在打击恐怖主义、宗教极端势力、毒品走私、有组织犯罪等非传统安全方面的合作,维护自身安全。

差异性主要体现在对俄罗斯的态度上。美国希望积极介入该地区事物,通过经济援助、政治影响、安全合作等手段,推动中亚国家在外交政策方面向倾西方转变,削弱俄罗斯在该地区的影响力,构建美国在中亚地区的主导性地位。相对于美国,中亚地区在欧盟的外交政策领域,进入核心视野的时间较晚。欧盟对于中亚地区的重视始于"9·11"事件之后,而明晰的中亚政策直到 2007 年才正式出台。欧盟缺乏美国全球性的安全需要,以及多样化的政策手段,因而政策目标也相对有限,其关注点集中于中亚国家的民主化改革,以及能源合作。并未明确提出针对俄罗斯的战略目标。虽然欧盟的中亚政策保持了一定的政策独立性,但在总体方向上与美国保持了一致。

在政策手段方面,美国与欧盟主要的工具是经济、技术、人道主义援助,教育、文化合作,民主价值观输出以及一定程度的安全合作。从整体情况来看,对于中亚地区的援助在美国和欧洲的援助总额中仅占一小部分,而且因为美国和欧盟对中亚国家的人权状况不满,经常会削减甚至取消相应的援助计划。在安全合作方面,主要是北约与中亚国家在"和平伙伴计划"框架下进行的有限合作。虽然在阿富汗战争期间,美国加强了乌兹别克斯坦、吉尔吉斯斯坦和塔吉克斯坦的军事合作,不仅提供一定的武器装备,而且还对三国的军事人员提供培训,但其目的仍然是服务于阿富汗战争。由于美国和欧盟在中亚国家推动颜色革命,并严厉批评他们的人权状况,导致双方面在军事合作上的终止。美国被迫从中亚地区撤出驻扎的部队。

因此,笔者认为,美国和欧盟的中亚政策意在限制俄罗斯在该地区的影响力,削弱俄罗斯的主导性地位。但从政策执行效果来看,并未给中亚地区的稳定和发展提供较多的助益。首先,阿富汗的反恐战争越反越恐,塔利班并未被消灭,阿富汗国内也没有实现政治和解,再次爆发内战的风险将会影响中亚地区的稳定与安全。其次,中亚地区能源输出的多元化需要大量新的管道建设,但从现在的情况看,只有巴库-杰伊汉管道正式建成,而其他的管道项目要么停滞,要么流产。包括管道在内的基础设施建设投入大、周期长,美国和欧盟并没有能够提供长期的经济和政策支持。最后,美国和欧盟缺乏推动中亚地区整合的多边机制手段,很难吸引中亚国家与其合作。

因此,在笔者看来,中亚地区的地缘政治结构确实发生了变化,域外行为体参与该地区事务与合作也成为既定事实,但以美国和欧盟为首的西方并不是带着实际意义上的"合作观念"介入该地区事务的。俄罗斯在该地区的主导地位在短期内无法被取代,中亚地区的安全与合作仍将在俄罗斯的主导下继续推进。

从国家间关系来说,现实主义理论认为安全是一个民族国家最为基本也是首要的战略目标,因而通过不断的追求权力来实现自身安全的保障。只有大国间的权力达到一定程度的均衡,世界才能维持相对的和平。因此,俄罗斯通过增加对周边地区的影响力实现国家安全是合乎逻辑的国家行为,更何况是在俄罗斯受到西方遏制,安全遭到威胁的情况下。即使是在以经济全球化、地区一体化为特征的冷战后,以制度为基础的合作仍然需要大国约束自己的行为。而以美国为首的西方国家在对待俄罗斯的态度和策略上并没有释放足够的诚意,反而是以限制俄罗斯为战略目标。21世纪以来的北约和欧盟继续东扩、颜色革命、俄格战争以及乌克兰危机都可以说明西方限制俄罗斯的意图。

因此,笔者主张,面对内忧外患,以及人民对于国家尊严和民族自尊的强烈诉求,普京谋求恢复俄罗斯大国地位,维护俄罗斯在欧亚地区的主导性地位,是一种正常的国家战略反应。中亚地区安全、政治、经济问题的最终解决,有赖于西方国家能否在尊重俄罗斯核心利益的基础上,展开与俄罗斯的合作。

　　琼森对于俄罗斯 1991 年至 21 世纪初中亚政策的系统性分析,也为我国"一带一路"倡议的政策设定和执行提供了一定程度的参考价值。苏联解体造成的地缘政治变化,以及对外联系多元化的诉求,令中亚国家迫切希望借助域外国家的力量促进该地区经济、社会的发展。这为"一带一路"倡议在该地区的推进提供了基础。但同时需要注意到,俄罗斯在中亚地区强烈的利益诉求,及其在该地区事务中发挥主导作用的客观事实。因而,"一带一路"倡议在中亚地区的推进应当在尊重俄罗斯核心利益的基础上,与其开展务实、有效的合作。

注释

　　1. 美国国防大学学者在 2013 年 12 月的"中亚南亚战略交叉点"国际研讨会上表达的观点。

　　2. 俄罗斯学者在 2011 年 11 月的"瓦尔代国际辩论俱乐部——中俄分组会(上海)"上表达的观点。

　　3. Lena Jonson, *Russia and Central Asia: A New Web of Relations*, Chatham House, 1998, p.11.

　　4. Ibid., p.6.

　　5. Ibid.

　　6. Ibid., p.10.

　　7. Ibid.

　　8. Ibid., p.12.

　　9. "和平伙伴关系计划"是 1994 年由美国提议、北约提出的,旨在加强与原苏东国家军事合作的计划,通常被认为是北约东扩的首个举措。

　　10. Lena Jonson, 1998, p.12.

　　11. Ibid., p.16.

　　12. Ibid.

　　13. 参见 Iver B. Neumann, *Russia and The Idea of Europe: A Study in Identity and International Relations*, Taylor & Francis e-Library, 2003。

　　14. Lena Jonson, 1998, p.17.

　　15. Ibid., p.16.

　　16. Ibid., p.17.

　　17. Ibid., p.19.

　　18. Ibid.

　　19. Ibid., p.23.

　　20. Ibid., p.4.

　　21. Ibid., p.20.

　　22. Lena Jonson, p.20.

　　23. Ibid., p.22.

　　24. Ibid., p.31.

　　25. Ibid., p.48.

26. Lena Jonson, 1998, p.51.

27. Ibid., p.61.

28. Ibid., p.26.

29. Ibid., p.4.

30. Ibid., p.23.

31. Lena Jonson, "Russia and Central Asia under Putin: the Afghan Factor", *Russian National Security: Perceptions, Policies, and Prospects*, edited by Michael H. Crutcher, Novermber 2001, p.164.

32. Ibid., 2001, p.116.

33. Lena Jonson, 2001, p.167.

34. Lena Jonson, "Putin and Chechnya: Is This How to Square a Circle?", *The Brown Journal of World Affairs*, Winter/Spring 2001-Volume VIII, Issue 1.

35. Lena Jonson, 2001, p.171.

36. Ibid., p.167.

37. Ibid., p.175.

38. Ibid., p.178.

39. 参见 Lena Jonson, "The New Geopolitical Situation in the Caspian Region", 2002, http://books.sipri.org/files/books/SIPRI01Chufrin/SIPRI01Chufrin02.pdf, pp. 11—13。

40. Ibid., p.18.

41. Ibid., p.20.

第五部分

冷战后斯堪的纳维亚地区相对均衡、务实和兼容的俄苏研究

第九章

冷战后相对均衡、务实、兼容发展的
斯堪的纳维亚地区俄苏研究

在前八章的内容中,笔者梳理了斯堪的纳维亚地区俄苏研究发展历程,通过对研究机构类型、数量以及研究议题分布变化的分析,初步归纳了冷战后斯堪的纳维亚俄苏研究的基本状况,并对该地区代表性学者在冷战后研究成果的研究方法、逻辑框架、主要学术观点进行了解读和分析,初步展现了斯堪的纳维亚俄苏研究界在冷战后的学术思想发展进程。基于对斯堪的纳维亚地区俄苏研究历史发展脉络和当前学术研究状况的宏观把握,以及对代表性学者学术思想的解析,笔者对斯堪的纳维亚地区俄苏研究的独特性有了更为深入的感悟。

斯堪的纳维亚地区的俄苏研究是西方俄苏研究学界的组成部分,在发展脉络上具有一定的相似性,同时又表现出一定的独特性。与美国相似,斯堪的纳维亚地区规范性的俄苏研究出现于"二战"时期,是由对苏联决策的需要催生的。但由于国家实力和利益诉求有限,缺乏美国、英国那种大国全球性战略需要,冷战时期斯堪的纳维亚地区在俄苏研究方面的投入和规模都相对较小,主要集中于政策型研究机构;研究议题也较为狭窄,集中在军事、安全和语言文化方面;研究框架和路径也相对集中在描述性、解释性的对策研究。因而斯堪的纳维亚地区在冷战时期并未追求美国、英国俄苏研究那种宏大的视角,而是选择了向深度发展。比如,在斯堪的纳维亚地区和平学发展的带动下,关于苏联军事的研究不断深入,具有世界先进水平。斯德哥尔摩国际和平研究所发布的相关报告成为世界范围内从事军事、安全研究者的必备工具书。

　　这种关注范围有限,但强调研究深度的传统在冷战后的俄苏研究中得以保留和延续。苏联解体后,面对地缘形势变化带来的商业、文化、地区合作前景,斯堪的纳维亚国家加大了在前苏东区域、国别研究方面的投入。如第一章所述,政府和私人部门资金投入的增加,带来了该地区俄苏研究在机构、人才培养和成果等方面的繁荣发展。与其他西方国家相似,斯堪的纳维亚地区的俄苏研究在冷战后也经历了研究范式的转变——由注重描述性、解释性的区域、国别研究框架转变为注重学术规范性、理论性的学科框架,包括政治学、经济学、社会学、心理学、历史学等学科在内的理论广泛应用到俄苏研究当中,产生了一批具有国际影响力的研究成果。

　　笔者认为,尽管经历了与西方主要国家俄苏研究范式相似的转型路径,但斯堪的纳维亚地区在冷战后仍具有一定的独特性。首先,斯堪的纳维亚地区的俄苏研究在冷战后并未表现出西方主要国家对于俄罗斯转型从过于乐观到失望批判那种相对极端性的态度。斯堪的纳维亚地区的学者保持了相对的冷静,并未过分强调市场经济和民主政治的意识形态属性,而是专注转型进程本身的特点、路径和结果分析。

　　其次,斯堪的纳维亚地区的俄苏研究在冷战后仍然延续了政策导向性的务实研究特点,学术研究者与决策机构之间保持了密切的联系,而且,学术研究与决策服务取得较好平衡:一方面,学术性研究机构虽然接受了政府和私人部门的资助,但也注重学科建设,特别是对专业性研究人才的培养;另一方面,一些学者进入政策型研究机构,但他们在进行专业政策咨询工作的同时,坚持学术性研究。

　　最后,斯堪的纳维亚地区开放、包容的学术思想氛围,令该地区冷战后的俄苏研究在研究议题、研究范围、研究方法和路径上呈现出较强的兼容性特征。从笔者对斯堪的纳维亚地区学者的访谈,以及该地区研究机构和高校的国际联系来看,该地区的学术氛围较为开放,与美国、英国和欧洲大陆国家,俄罗斯以及中国、日本、韩国等亚洲国家和地区都有着广泛、长期的学术联系。这种开放性不仅令斯堪的纳维亚地区俄苏研究学界与国际俄苏研究学界保持了密切的互动,而且有助于该地区的学者吸收国际学界先进的经验和方法。

第一节　相对均衡的斯堪的纳维亚地区俄苏研究

作为国际体系中的小国,斯堪的纳维亚国家的利益诉求和政策目标相对有限,加之悠久的中立主义传统的影响,该地区的俄苏研究在立场上相对均衡、冷静。

首先,相对于文化同源的英、美俄苏研究学者,斯堪的纳维亚地区俄苏研究学者对待苏联体制及其领导人,俄罗斯威权主义体制和普京的态度上较为均衡。在美国的苏联学研究和英国的俄苏研究中,对于苏联体制、列宁、斯大林和转型逆转后的俄罗斯威权体制及其创立者普京,批评态度占据主导地位。[1]在研究中,意识形态影响深重,因而在一定时段内,特定精英集团对俄态度有极端化倾向,比如美国苏联研究专家塔克,他认为斯大林有神经质倾向,将斯大林主义制度模式和对斯大林的个人崇拜,归结为斯大林的神经质人格;[2]英国学者罗伯特·瑟维斯认为列宁狂躁、暴怒,在精神方面不太正常,进而将布尔什维克政权妖魔化;同为英国学者的爱德华·卢卡斯夸大普京的克格勃背景,并将普京政权描述为一个腐败、黑暗、嗜杀,充满了阴谋诡计和排外思想的间谍集团。[3]

斯堪的纳维亚地区的俄苏研究学者大体上也对苏联体制和普京政权持批评意见,但批评多集中于体制缺陷以及改革上的迟缓和反复,持相对极端批评意见的只是少数,如奥斯隆德。奥斯隆德作为俄罗斯转型的参与者,与叶利钦和改革者有着直接接触,因而感触更为直观,对于叶利钦的同情态度显而易见。在奥斯隆德看来,叶利钦是一个真正的改革者,他真心地希望俄罗斯转型成功,使俄罗斯融入西方。但是西方对俄罗斯改革的支持三心二意,国内寻租者轮番阻挠,是直接造成俄罗斯转型失败的原因。尽管他承认叶利钦作为领导人负有一定责任,但强调这种错误是可以原谅的,因为叶利钦作为一个在苏联接受意识形态化教育的领导人,对于市场经济和民主体制缺乏了解是可以理解的。但是在对待普京的态度上,奥斯隆德则出现极端化。与卢卡斯相似,奥斯隆德极力夸大普京作为克格勃官员的背景,指责普京为了登上权力顶峰不惜讨好"叶利钦家族",破坏已经取得的改革成果,甚至通过欺骗手段获得叶利钦继承人的资格。普京"任人唯亲",将大批的原克格勃官员引入政府和国有企业。

相对于奥斯隆德,赫德兰、罗森菲尔特和琼森的分析则较少带有个人感情色彩,而是专注于制度或者政策缺陷本身。在对俄罗斯转型失败的分析中,虽然赫德兰批评叶利钦专注个人权力,没有将改革议程置于首位。但认为这是俄罗斯具有回报递增特点的制度矩阵造就的行为模式,而没有"纠结"于叶利钦个人主观想法。对于普京的批评也较为客观,虽然他批评普京压制媒体、控制议会、建立垂直的权力结构,但同时指出,普京在最初掌权后还是推进了一些经济改革,而且无意推翻已经形成的私有化结果。罗森菲尔特在对斯大林秘密体制的分析中,尽管指出斯大林通过控制信息流通增加个人权力,并且认为斯大林是大清洗的直接责任人。但他并未对斯大林个人的主观意向作出判断,而是通过信息控制体系的组织原则、运行机制和网络结构,归纳斯大林的政治目标。

虽然斯堪的纳维亚地区俄苏研究的立场相对均衡,但仍具有较为明显的西方中心主义立场。诚如赫德兰指出的,人具有社会属性,历史、文化、宗教、习俗、教育背景都有可能会影响行为体所做的选择。但西方国家在制度体系和经济、社会发展水平方面领先于世界其他地区,这种优越感造就的西方化倾向也渗透进学术研究的"骨髓中"。因此,要求西方学者消除西方化倾向有些"强人所难",但是一定程度上的克制,还是可以有可能的。笔者认为,斯堪的纳维亚学者在学术研究中普遍表现出对西方中心主义一定程度的克制。

虽然奥斯隆德在俄罗斯"休克疗法"失败后,发表大量作品维护新自由主义改革方案的正确性,但他并未陷入意识形态的争论中。奥斯隆德的关注点一直集中在新自由主义改革方案在技术层面的正确性和可行性。他认为"休克疗法"是渐进主义对激进改革方案的嘲讽,激进改革方案的关键就在于速度,因为改革的机会期一般较短,只有在机会期内进行大量的、综合性的改革才能抑制寻租行为,阻止寻租集团对改革的反击。

与奥斯隆德相似,赫德兰对于俄罗斯政治制度文化和历史的研究分析也集中在技术层面。在对俄罗斯政治制度演进过程的分析中,赫德兰专注于制度矩阵中的权力和财产权关系分析，而没有对独裁、极权主义等俄罗斯制度现象进行批判。即使他注意到苏联意识形态的消极作用，但同时强调，西方国家也存在意识形态，而且这种意识形态导致了新自由主义改革方案没有经过审慎的思考和分析就被实际应用，给俄罗斯社会造成了极大的损失。

诺伊曼对俄罗斯因为治理模式落后，无法得到西方国家接受的分析中，具有相较其他斯堪的纳维亚学者更为明显的西方中心主义立场，但在俄罗斯无法学习西方治理模式的原因上，他认为西方国家也负有一定责任。诺伊曼批评西方国家始终因为文化中的草原特征而歧视俄罗斯，没有进行平等的沟通和持续文化交流，致使俄罗斯国内的自由主义立场始终无法获得决定性胜利。

苏特拉在对苏联经济思想演进的研究中，虽然主张单一工厂模式改革的终点就是恢复资本主义的市场经济，但他并未在意识形态方面强调市场经济体制的优越性。而是从技术层面入手，以市场经济体制为参照系，分析间接集中化和市场社会主义在资源配置、价格设定、管理效率和激励体系等方面的缺陷。从经济效率方面提出市场化改革的必要性。虽然苏特拉的最终结论认为苏联经济学说未能给戈尔巴乔夫提供有效的指导，但仍然认为苏联经济学是缓慢向前发展的。

对于斯堪的纳维亚地区俄苏研究学者在学术研究中表现出的立场相对均衡，笔者认为根源有二。

第一，地理位置的影响。斯堪的纳维亚地区地处欧洲北端，远离大陆中心，更靠近俄罗斯，交往频繁。因为地理位置的影响，历史上，斯堪的纳维亚地区与欧洲大陆在 17 世纪以前处于相对独立的发展状态，联系较为松散，直到三十年战争期间，丹麦和瑞典加入反神圣罗马帝国同盟，斯堪的纳维亚地区与欧洲大陆的政治、文化联系才逐渐增多起来。但因为在拿破仑战争和北方大战中的失败，斯堪的纳维亚国家相继退出欧洲政治中心舞台，又在一定程度上回到了独立于欧洲大陆中心之外的发展状态。而斯堪的纳维亚国家与俄罗斯的联系相对于欧洲大陆国家则更早，也更为紧密。得益于古老的波罗的海贸易，斯堪的纳维亚国家与俄罗斯发展了密切的商业关系，而欧洲大陆直到 15 世纪才与莫斯科公国建立了直接联系。斯堪的纳维亚地区的发展长时间远离欧洲政治中心,使它有可能在西方中心主义立场上更弱。而与俄罗斯更为久远的联系,以及隔海相望的临近,则有可能使斯堪的纳维亚国家在情感上更加同情俄罗斯。

第二,中立主义传统的影响。19世纪的战争失败,不仅令斯堪的纳维亚国家退出了大国主导的欧洲政治舞台,而且令它们意识到只有远离战争才有可能避免被蚕食或者吞并的危险,因而开启了漫长的中立主义时期。第二次世界大战结束后,以美苏为首的两大集团掀起了军备竞赛和意识形态对抗,战争可能一触即发。处于冷战"锋线"的斯堪的纳维亚国家对于这种战争危险的感触更为真切,因而严守中立,力求在美苏政策之间寻求平衡,避免激怒任何一方。得益于不参与对抗、东西方平衡的外交政策,斯堪的纳维亚国家在冷战时期也与苏联保持了正常的经济、文化交往。从冷战时期的俄苏研究议题来看,斯堪的纳维亚国家也集中在俄罗斯的语言和历史、文化研究,尽量不触碰苏联的政治、经济体制。冷战后,虽然斯堪的纳维亚国家分别加入了欧盟和北约,但是在政策上仍保持了相对的独立性。特别是在欧盟内的斯堪的纳维亚国家,主张对俄罗斯采取温和政策,加强与俄罗斯在双边和多边框架下的合作。因而,笔者认为,悠久的中立主义传统也是造就斯堪的纳维亚国家在冷战后俄苏研究中立场相对均衡的重要原因。

第二节　务实的斯堪的纳维亚俄苏研究

冷战后,斯堪的纳维亚地区俄苏研究的政策驱动性和研究中就事论事的态度,体现出该地区俄苏研究的务实性特征。在学术研究中,因为对规律和本质的过度追求,学者容易陷入理论化和务虚性的"空中楼阁",这种情况可能会造成学术研究和现实决策的脱节。决策者大多缺乏专业的学术训练,而决策过程往往具有突发性、应激性和实用性的特征。因而,决策者需要的是直接的、能够解决问题的专业建议,这种建议通常源自扎实的学术研究基础。这就要求学者既要能够满足现实决策需要,同时坚持深入的学术研究,学术研究要具有务实性。笔者认为,斯堪的纳维亚地区的俄苏研究学者在这方面较为成功。

从发展历程来看,斯堪的纳维亚地区规范性的俄苏研究是应决策需要而产生的。因为冷战时期美苏对抗的特殊环境,斯堪的纳维亚国家面临着被战争波及的危险。因而决策层持续的需要关于苏联外交政策走向、变化,军事部署、武器装备等方面的专业性研究,从而为正确和有效的决策提供基础。因此,冷战时期斯堪的纳维亚地区的俄苏研究在议题上集中在外交、军事和安全方面,政策型研究机构占据着主导地位。学术型研究机构、研究力量和研究成果相对薄弱。政策研究导向下的务实性从斯堪的纳维亚地区俄苏研究系统化之初,就成为其主要的驱动力。

　　时间进入冷战后,原苏东集团瓦解和苏联解体结束了东西方的军事和意识形态对抗,斯堪的纳维亚地区被战争波及的危险消除了。与主要西方国家更加关注俄罗斯的政治和外交议程不同,斯堪的纳维亚国家更加看重俄罗斯和中东欧国家转型带来的巨大商机。因而,斯堪的纳维亚国家迅速与俄罗斯建立了经济联系。政府和企业决策者亟须关于俄罗斯经济转型进程、国内市场条件、投资环境、消费结构、企业行为模式等相关信息。因此,冷战后俄罗斯经济状况成为斯堪的纳维亚国家的首要研究议题,占据了俄罗斯研究议题总量的近三分之一。因为经济交往和波罗的海区域合作的需要,斯堪的纳维亚国家的决策者还需要了解俄罗斯的外交政策走向,以便更好地预判俄罗斯的政策目标和关注重点。与俄罗斯东北部地区接壤,令斯堪的纳维亚国家担心俄罗斯转型进程不顺有可能造成国内混乱,导致东北部地区的社会问题外溢,威胁本国和本地区的安全,俄罗斯政治议题也成为紧随其后的主要研究议题。斯堪的纳维亚国家与俄罗斯在油气资源丰富的巴伦支海存在划界问题,在能源出口方面与俄罗斯存在竞争关系,与俄罗斯同为北极国家,在北极划界和开发问题生存在利益分歧。因而,俄罗斯能源和北极问题也在斯堪的纳维亚俄苏研究的议题中占据一定比重。因此,冷战后斯堪的纳维亚地区俄苏研究议题的扩展也具有较强的政策导向性,研究务实性的特征也得以保留。

　　研究议题因为决策需要基础而不断扩展,必然要求原有研究机构的调整和新研究机构的增加。因而,冷战后该地区俄苏研究机构在结构上和数量上的变化也从侧面证明了研究的务实性。在政策型研究机构方面,斯堪的纳维亚国家加强了研究力量的整合,芬兰国际问题研究

所的管理权也从帕斯基为协会让渡给芬兰议会,议会对于研究所进行
了改组,将研究方向集中在本国、欧盟、俄罗斯的外交政策和相关外交
事务上;瑞典国防研究所与瑞典航空研究所进行合并,成为了新的国防
研究局;丹麦国际和平研究所被并入国际问题研究所,充实外交政策和
外交事务的研究力量。在学术型研究机构方面,瑞典政府推动乌普萨
拉大学将欧亚研究所与和平、民主公证论坛合并,成立新的俄罗斯与欧
亚研究所,加强重点区域的研究;芬兰政府推动赫尔辛基大学亚历山大
研究中心的成立,并给予大量的资金支持,以期中心能为政府决策和企
业投资提供智力支持。

冷战后斯堪的纳维亚地区俄苏研究的务实性还反映在学术研究就
事论事的态度上。在代表性学者学术思想和研究成果的分析中,笔者
真切地感到他们就事论事的务实性态度。斯堪的纳维亚俄苏研究学者
专注于问题本身,探寻问题的根源,找寻解决问题的办法,避免陷入理
论化的窠臼和意识形态的干扰。赫德兰在俄罗斯转型失败发生逆转的
研究中,批判了新古典主义过于理论化所造成的"休克疗法"适用性的
泛化,对其经济人具有工具理性的基础假设进行了修正,将行为体的社
会动机加入分析框架,提出制度转型的重要性,特别是制度变迁中社会
规范对于正式制度的支持性作用。为俄罗斯转型提供了以产权制度、
国家责任改革为核心的转型路径建议。在研究中,赫德兰再三强调,他
无意替代新古典主义的分析框架,而是希望通过对理论的补足,为俄罗
斯转型提供更为可行和审慎的建议。

诺伊曼在分析俄罗斯长期处于国际社会外围、无法得到西方国家
对其大国地位诉求接受的过程中,同样修正了国际社会理论的分析框
架,以便更好地解释了俄罗斯与西方发生冲突的深层次原因。他提出,
因为文化和治理模式的异质性,俄罗斯在自我认知上始终存在不一致
性,但同时批评欧洲对于俄罗斯的认知长期以来处于一种"高人一等"
的态度中。在解决问题的方法上,他提出西方国家应该更为主动,加强
与俄罗斯的沟通与交流,而不是把俄罗斯视为"异类",拒之门外。就事
论事的务实态度在琼森的外交政策研究中则更为明显。她从俄罗斯中
亚政策的政策设计、政策目标和执行效果出发,客观地分析了俄罗斯在
苏联解体后至 21 世纪初这段时间内,无法彻底扭转自己在中亚地区影

响力持续下降的原因。在建议方面,她认为俄罗斯应当认清自身实力下滑和中亚地区地缘政治结构变化的现实,放弃外交政策中排他性的"零和观念",采取合作观念,携手域外国家共同实现中亚地区的安全与发展。

"旋转门"制度在斯堪的纳维亚国家俄苏研究界的应用,也从一个侧面体现了研究的务实性。在斯堪的纳维亚地区俄苏研究的代表性学者中,琼森、诺伊曼、苏特拉同时具有学者和政府官员的双重身份,奥斯隆德也曾在外交部门短期任职。从琼森、诺伊曼和苏特拉的职业经历来看,具有较大的相似性。他们初步获得专业学位后,在政府部门或者政策型研究机构从事事务性工作或者政策型研究。而后,再次进入大学进行学术深造,接受进一步的专业性学术训练。完成深造后,他们回到政策型研究机构,进行政策型研究,同时在大学担任教职。学术训练和实务性的工作历练交替进行,一方面有利于他们在学术性研究中更好地把握决策需要,另一方面保证了他们提出的政策性建议具有扎实的学术功底。更为重要的是,这种学术性研究和实务性工作的经历为他们在俄苏研究中保持务实性的态度,奠定了坚实的基础。

从上述的分析可以看出,斯堪的纳维亚地区俄苏研究与外交决策联系紧密,对于决策的影响力较大。

第三节　兼容的斯堪的纳维亚地区俄苏研究

相较于冷战时期俄苏研究的集中性,斯堪的纳维亚地区的俄苏研究在冷战后的发展中出现了多样化、兼容并包的发展趋势。主要表现在各国研究侧重点、研究途径、研究议题、研究框架和研究方法五个方面。总体而言,斯堪的纳维亚地区的学术理念介于盎格鲁-撒克逊的经验主义与欧洲大陆(以法国、德国为主)的理性主义之间。在研究路径上,既注重对于经验性材料的梳理、分析,又善于学术理论的逻辑性思辨。兼容性的发展,不仅有利于决策信息的丰富,而且能够切实推动俄苏研究学科性建设。

斯堪的纳维亚国家在俄苏研究的取向和方法上具有较大的相似性,但是具体到研究议题的分布上,研究的侧重点呈现多样化特征。瑞典作为斯堪的纳维亚地区地理面积最大,工业化最发达的国家,长期秉持着武装中立的外交政策和工业制成品出口导向型的经济政策。因为经济区域化的压力加入欧盟,但始终保持着相对独立的政治和外交政策,俄罗斯的经济、外交、政治研究是瑞典俄苏研究的侧重点。挪威虽然是北约早期的成员国,但在军事合作上持保守立场,对外政策相对独立,与同为能源出口国的俄罗斯存在竞争关系,而且是俄罗斯在北极划界和开发上的主要竞争者之一,因而挪威的俄苏研究侧重于外交、能源和北极问题。芬兰从 19 世纪就与俄罗斯保持着密切的关系,工业发达,较为关注苏联解体后的俄罗斯市场和投资机会,经济问题成为芬兰的主要关注点。相对于其他三国,丹麦与俄罗斯的政治、经济联系较少,与俄罗斯在波罗的海和北极地区存在竞合关系,作为北约创始国之一,丹麦的外交政策更加趋同于北约,因而俄罗斯在外交和北极地区的政策是其重点关注的领域。

冷战时期,斯堪的纳维亚地区的俄苏研究的途径主要是政策型研究机构和个人研究。冷战后,随着对于斯堪的纳维亚国家对俄罗斯兴趣的增加,俄苏研究的学术型机构增多,即使没有设立专门研究机构的大学,也通过设立研究项目,加强对俄罗斯的研究。因而,斯堪的纳维亚地区的研究途径出现了政策型研究机构、学术型研究机构、研究项目和个人研究齐头并进的兼容性发展。

冷战时期,为了维护自身安全,斯堪的纳维亚地区的俄苏研究议题多集中在语言文化、军事、安全和外交方面。苏联解体后,安全威胁大大减弱,意识形态对抗消除;俄罗斯市场开放,逐渐融入世界经济体系,波罗的海地区和北极地区区域合作带来的巨大商业机会,斯堪的纳维亚地区俄苏研究的议题也迅速多样化,扩展至政治、经济、能源、北极、社会发展等多个方面。

冷战时期,受到东西方军事和意识形态对抗影响,斯堪的纳维亚地区的俄苏研究与美国、英国和欧洲大陆国家相似,均是在苏联和原苏东集团的框架下展开。随着原苏东集团瓦解和苏联解体,欧亚大陆的地缘政治结构发生了巨大的变化。斯堪的纳维亚国家也迅速作出调整,将原苏东地区在研究上划分为中东欧地区、俄罗斯、高加索地区和中亚地区。因为一些中东欧和前苏联加盟共和国相继加入欧盟,斯堪的纳维亚学者开始在欧盟框架下对这些地区进行研究；对于高加索和中亚地区，斯堪的纳维亚学者将其纳入欧亚地区的研究框架；对俄罗斯除了进行国别研究外，还从欧盟与俄罗斯、北约与俄罗斯、波罗的海地区区域合作、北极地区区域合作等区域合作框架下对俄罗斯的作用和相关政策展开研究。冷战后，斯堪的纳维亚地区俄苏研究的框架多样化了，兼容性得到加强。

斯堪的纳维亚地区俄苏研究在研究方法上始终保持着兼容并包的特色。特别是冷战后的俄苏研究，传统方法和现代科学方法都在斯堪的纳维亚地区的俄苏研究中得到体现。在传统方法上，罗森菲尔特的研究较为明显。他在斯大林的信息控制体系研究中使用历史研究法，通过对大量文献材料的交叉比对，恢复了信息控制体系从初建、扩展、升级到最后肢解的整个过程。而在现代科学方法的使用上，赫德兰与诺格德具有代表性。赫德兰将行为主义研究方法纳入俄罗斯的制度转型研究中，将行为体的行为模式作为制度特点和制度变迁的基本分析单元，强调行为模式最终转变才能完成制度变迁的进程。诺格德将量化分析方法引入比较政治研究，将初始条件、利益集团、市民社会等多重要素纳入模型进行回归分析，对原苏东国家的经济体制改革进行比较研究。

斯堪的纳维亚地区的学者在冷战后的俄苏研究中特别重视多学科兼容的方法。随着民族、宗教、文化等因素的影响力逐渐凸显，传统的依靠单一学科就俄罗斯某一问题进行解释的方法已不能满足学术研究和决策的需要。因而，人文社会科学对于跨学科、综合性研究的需求越来越强烈。斯堪的纳维亚地区俄苏研究的多学科参与，不仅有利于拓展认识和解释问题的深度和广度，而且能够促进研究方法的多样化。该地区跨学科的特色主要表现在三个方面：首先，斯堪的纳维亚地区的俄苏研究出现了以项目为导向的趋势，就某一专门问题组织研究团队，其中囊括多个学科的研究者。比如挪威国防研究所牵头的"北极地区地缘政治项目"，旨在分析北极地区相关的行为者及其利益。研究团队的学科分布包括政治学、经济学、社会学、地理学等多个学科。其次，在学者的个人研究中，也经常出现多学科知识、理论并用的情况。比如赫德兰对于俄罗斯制度变迁的研究中，综合使用了经济学、政治学、社会学、认知心理学等学科知识。最后,俄苏研究学者兼具多个学科的专业训练和专业知识,虽然只是少数,但也是未来俄苏研究可能的发展趋势。比如诺伊曼,拥有政治学和社会人类学的双博士学位。

兼容性发展不仅促进了斯堪的纳维亚地区俄苏研究在冷战后迅速发展,而且为未来的学术繁荣奠定了基础。

第四节　斯堪的纳维亚地区俄苏研究面临的挑战

虽然斯堪的纳维亚的俄苏研究在冷战后取得了长足的进步,相对于世界其他国家和地区表现出一定的独特性,为未来发展奠定了良好的基础,但也面临着一些挑战。首先,该地区学者对于未来俄苏研究涵盖的范围没有达成一致。一部分学者对于原苏东地区的界定使用了一个相对模糊的界定——前社会主义国家,不能适应原苏东集团瓦解和苏联解体后地缘政治变化的情况,特别是后苏联空间发展的多样性。有意见认为要回归到纯粹的斯拉夫研究,如若如此,会造成部分非斯拉夫国家研究学者的退出,不利于研究力量的整合与加强。大多数意见认为应当重新划定俄苏研究区域,在区域研究的框架下对中东欧国家、俄罗斯、高加索国家和中亚国家进行研究。

其次,随着普京治下威权主义体制的确立和巩固,俄罗斯国内政策趋于保守,外交政策更强势,特别是经济"再国有化"。俄罗斯的一系列变化使得斯堪的纳维亚地区政府和私人部门对于俄罗斯的兴趣趋于平淡,对于俄苏研究的投入力度相较于 20 世纪 90 年代有所下降,可能阻碍俄苏研究的发展。

再次,20 世纪 70 年代到 20 世纪 80 年代中期,受到俄语教学规模和质量下滑的影响,斯堪的纳维亚地区俄苏研究出现了研究人才代际断层。虽然较为年长的学者仍较为活跃,青年学者的培养也在加强,但承上启下的中生代人才较少,可能会对该地区俄苏研究未来的持续性发展产生不利影响。

最后,斯堪的纳维亚地区俄苏研究机构和学者之间联系较为松散,立场、看法本身还是多样的,因为学术语汇的不同,导致了一定程度的意见分殊。但是经常性的学术会议与研究合作使该地区的俄苏研究呈整体化趋势发展。而且在冷战后,斯堪的纳维亚国家还相继建立了俄罗斯、东欧学会或者俄罗斯、东欧、中亚学会,俄苏研究的组织性正在加强。虽然斯堪的纳维亚地区的学术共同体建设还需时日,但从当前的情况看,随着各国以及各级俄苏研究协会的建立和发展,学术联系机制化推动本地区俄苏研究界作为一个整体正在朝着学术共同体方向发展。

尽管斯堪的纳维亚地区冷战后的俄苏研究仍在发展之中,但有一些经验值得中国俄苏研究学界借鉴。

首先,斯堪的纳维亚地区俄苏研究在研究方法和理论创新方面的经验值得我国俄苏研究学界借鉴。比如,赫德兰将历史制度主义的路径依赖理论引入俄罗斯制度变迁分析,补足新古典主义经济学关于经济人的基本假设;诺伊曼拓展英国学派的国际社会理论,提出治理模式认同分析框架。

其次,斯堪的纳维亚地区俄苏研究坚持多学科的研究路径值得我国俄苏研究学界借鉴。区域、国别研究本身就涉及政治、经济、历史、文化、地理、语言等多个领域,以俄罗斯为主的前苏联国家在上述方面情况更为复杂。将具有专业学科背景的人才纳入俄苏研究的大框架下,有利于提高俄苏研究的深度,从而更好地理解和预判俄罗斯的相关发展轨迹和政策取向。

最后,斯堪的纳维亚地区俄苏研究对于"旋转门"制度的灵活运用也值得我国俄苏研究在实践中借鉴。"旋转门"制度不仅能够强化学术研究与政府决策之间的联系,而且能够加强政策研究人员的学术素养,以及提升学术研究人员对于决策实际需要的认知,有效提高决策水平。

注释

1. 参见郭金月:《美国苏联学的兴衰》,华东师范大学博士毕业论文 2012 年;封帅:《冷战后英国的俄苏研究》,华东师范大学 2012 年博士毕业论文。

2. 郭金月,2012,第 105—107 页。

3. 封帅,2012,第 237 页。

参 考 文 献

英文文献

Ajla Alagic, "Russia and Norway in the High North: Petroleum, Security and the Room of Manoeuvre", Master Thesis, Department of Political Science, University of Oslo, November 2009.

Alexander A. Sergounin and Sergey V. Subbotin, *Russian Arms Transfers to East Asia in the 1990s*, SIPRI Research Report No.15, 1999.

Alyson J. K. Bailes, Pál Dunay, Pan Guang and Mikhail Troitskiy, "The Shanghai Cooperation Organization", Policy Paper, Stockholm International Peace Research, May 2007.

Andersen Rolf-Inge Vogt, "Terrorism and Organized Crime in Post-Soviet Russia", Research Report, The Norwegian Defence Research Establishment, July 2001.

Anders Liljenberg, "A Troublesome Emergence: a Marketing Primer on Russian Retail Banking", Working Paper, Stockholm School of Economics, September 2004.

Anders Åslund, Andrew Kuchins, *The Russia Balance Sheet*, Peterson Institute for International Economics, 2009.

Anders Åslund, *Building Capitalism: The Transformation of the Former Soviet Bloc*, Cambridge University Press, 2002.

Anders Åslund, "Economic Resurgence in the Commonwealth of Independent States", *Living Standards and the Wealth of Nations: Successes and Failures in Real Convergence*, edited by Leszek Balcerowicz and Stanley Fischer, The MIT Press, pp.147—174.

Anders Åslund, *Gorbachev's Struggle for Economic Reform*, Cornell University Press, 1989.

Anders Åslund, *How Capitalism Was Built: The Transformation of Central and Eastern Europe, Russia, and Central Asia*, Cambridge University Press, 2007.

Anders Åslund, *How Russia Became a Market Economy*, The Brookings Institution Press, 1995.

Anders Åslund, "Is There Any Hope for Soviet Reform?", *The World Today*, Vol.47, No.7(Jul., 1991), pp.108—110.

Anders Åslund, "Review: Invisible Hands, Russian Experience, and Social Science: Approaches to Understanding Systemic Failure by Stefan Hedlund", *Slavic Review*, Vol.71, No.4(Winter 2012), pp.912—915.

Anders Åslund, "Review: Russia since 1980: Wrestling with Westernization. The World since 1980 by Steven Rosefielde; Stefan Hedlund", *Russian Review*, Vol.68, No.4(Oct., 2009), pp.722—723.

Anders Åslund, "Rouble Trouble", *The World Today*, Vol.54, No.7 (Jul., 1998), pp.185—187.

Anders Åslund, *Russia's Capitalist Revolution: Why Market Reform Succeeded and Democracy Failed*, Peterson Institute for International Economics, 2007.

Anders Åslund, "Russia's Collapse", *Foreign Affairs*, Vol.78, No.5 (Sep.—Oct., 1999), pp.64—77.

Anders Åslund, "Russia's Success Story", *Foreign Affairs*, Vol.73, No.5 (Sep.—Oct., 1994), pp.58—71.

Anders Åslund, "Soviet and Chinese Reforms—Why They Must Be Different", *The World Today*, Vol.45, No.11(Nov., 1989), pp.188—191.

Anders Åslund, "The Hunt for Russia's Riches", *Foreign Policy*, No.152 (Jan.—Feb., 2006), pp.42—48.

Anders Åslund, "The Post-Soviet Space: An Obituary", *Russia After the Global Economic Crisis*, edited by Anders Åslund, Sergei Guriev, and Andrew Kuchins, Peterson Institute for International Economics, 2010.

Anders Åslund, "The Russian Road to the Market", *Current History*, 1995: Oct, pp.311—316.

Andreas Benedictow, Daniel Fjærtoft and Ole Løfsnæs, "Oil Dependency of the Russian Economy: an Econometric Analysis", Discussion Papers No. 617, Statistics Norway, Research Department, May 2010.

Anna-Liisa Heusala, *The Transitions of Local Administration Culture in Russia*, Gummerus Printing, Helsinki, Finland, 2005.

Anna Temkina, Anna Rotkirch, and Elina Haavio-Mannila, "Sexual Therapy in Russia: Pleasure and Gender in a New Professional Field", The cultural Context of Sexual Pleasure and Problems, London, Routledge, 2013, pp.163—185.

Annika E.Nilsson and Nadezhda Filimonova, "Russian Interests in Oil and Gas Resources in the Barents Sea", *Working Paper 2013—2015*, Stockholm Environment Institute.

Anni Røe, "European Commission's antitrust investigation against Gazprom: Implications for the Energy Security of Russia and the European

Union", Master Thesis for Peace and Conflict Studies, Department of Political Science, University of Oslo, May 2013.

Arild Moe and Elana Wilson Rowe, "Northern Offshore Oil and Gas Resources: Russian Policy Challenges and Approaches", Working paper, Fridtjof Nansen Institute, June 2008.

Arild Moe and Lars Rowe, "Petroleum Activity in the Russian Barents Sea: Constraints and Options for Norwegian Offshore and Shipping Companies", Working paper, Fridtjof Nansen Institute, July 2008.

Arild Moe, Daniel Fjærtoft and Indra Øverland, "Space and Timing: Why was the Barents Sea Delimitation Dispute Resolved in 2010?", *Polar Geography*, Vol.34, No.3, 2011, pp.145—162.

Arild Moe, "Russian and Norwegian Petroleum Strategies in the Barents Sea", *Arctic Review on Law and Politics*, vol.1, 2/2010, pp.225—248.

Arild Moe, "Status of Legislation for Foreign Investment in the Russian Petroleum Sector and on the Continental Shelf", Working paper, Fridtjof Nansen Institute, 2008.

Balázs Égert, "Dutch Disease in Former Soviet Union: Witch-hunting?", Discussion Papers No.4, Institute for Economies in Transition, Bank of Finland, 2009.

Barry R.Weingast, "Constitutions as Governance Structures: The Political Foundations of Secure Markets", *Journal of Institutional and Theoretical Economics*, Vol.149, No.1, 1993, p.305.

Bendik Solum Whist, "Nord Stream: Not Just a Pipeline: An analysis of the Political Debates in the Baltic Sea Region Regarding the Planned Gas Pipeline from Russia to Germany", Research Report, Fridtjof Nansen Institute, November 2008.

Benjamin de Carvalho, Niels Nagelhus Schia, "UN Reform and Collective Security: An Overview of Post-Cold War Initiatives and Proposals", Working Paper, Norwegian Institute of International Affairs, 2004.

Björn Hettne, "Security and Peace in Post-Cold War Europe", *Journal of Peace Research*, Vol.28, No.3, 1991, pp.279—294.

Brigitte Granville, "Review Economic Thought and Economic Reform in the Soviet Union by Pekka Sutela", *International Affairs* (Royal Institute of International Affairs 1944—), Vol.68, No.3(Jul., 1992), pp.553—554.

Byung-Yeon Kim and Jukka Pirttilä, "The Political Economy of Reforms: Empirical Evidence from Post-communist Transition in the 1990s", Discussion Papers No.4, Institute for Economies in Transition, Bank of Finland, 2003.

Byung-Yeon Kim, "Causes of Repressed Inflation in the Soviet Consumer Market: Retail Price Subsidies, the Siphoning Effect, and the Budget Deficit", Discussion Papers No.9, Institute for Economies in Transition, Bank of Finland, 2009.

Cal Holmberg, "The Struggle for Bureaucratic and Economic Control in Russia", *Research Report*, *Swedish Defence Research Agency*, April 2008.

Carl F. Fey and Daniel R. Denison, "Organization Culture and Effectiveness: The Case of Foreign Firms in Russia", Working Paper, Stockholm School of Economics, April 2000.

Carl F. Fey, "The Effect of Human Resource Management Practices on MNC Subsidiary Performance in Russia", Working Paper, Stockholm School of Economics, April 2000.

Carl Holmberge, "Managing Elections in Russia: Mechanisms and Problems", Research Report, Swedish Defence Research Agency, February 2008.

Charlotte Niklasson, "Russian Leverage in Central Asia", *Research Report*, *Swedish Defence Research Agency*, April 2008.

Chikalova Maria, "Reform of Pension System in Russia Its Impact on Tax Evasion", Thesis for Master of Science in Environmental and Development Economics, University of Oslo, June 2002.

Chloé Le Coq and Elena Paltseva, "Assessing Gas Transit Risks: Russia vs. the EU", Working Paper, Stockholm School of Economics, October 2011.

Chloé Le Coq and Elena Paltseva, "The EU-Russia Gas Relationship: A Mutual Dependency", Working Paper, Stockholm School of Economics, November 2012.

Chloé Le Coq, "Russian Gas Supply and Common Energy Policy", *Baltic Rim Economies*, No.2, 2009.

Christa N. Brunnschweilery and Simone Valente, "Property Rights, Oil and Income Levels: Over a Century of Evidence", Working Paper, No.18, Department of Economics, the Norwegian University of Science and Technology, 2013.

Claes Lykke Ragner, "Northern Sea Route Cargo Flows and Infrastructure—Present State and Future Potential", Research Report, Oct. 2000, Fridtjof Nansen Institute.

Claes Lykke Ragner, "The Northern Sea Route", *Norden Association's Yearbook for 2008*, pp.114—127.

Claes Lykke Ragner, "The Northern Sea Route", *Swedish in the Norden Association's Yearbook for 2008*.

Crisis Management in Russia: Overcoming Institutional Rigidity and Resource Constraints, edited by Boris Porfiriev and Lina Svedin, Elanders Gotab, Stockholm, 2002.

David Harriman, "Brussels without Muscles?: Exploring the EU's Management of its Gas Relationship with Russia", *Research Report*, *Swedish Defence Research Agency*, March 2010.

David M. Kemme, "Review: Gorbachev's Struggle for Economic Reform:

The Soviet Reform Process, by Anders Aslund", *Russian Review*, Vol. 50, No. 2(Apr., 1991), pp.230—231.

David M. Kotz, "Review: Building Capitalism: The Transformation of the Former Soviet Bloc by Anders Åslund", *Slavic Review*, Vol. 62, No. 1(Spring, 2003), pp.147—148.

David W. Lesch, "Obstacles to a Resolution of the Syrian Conflict", Research Report, Norwegian Institute of International Affairs, 2013.

Denzau, A. T. and North, D. C., *Shared Mental Models: Ideologies and Institutions*, Kyklos, 1994.

Desmond Ball, "Improving Communications Links between Moscow and Washington", *Journal of Peace Research*, Vol.28, No.2, 1991, pp.135—159.

Dmitry Gorenburg, "External Support for Central Asian Military and Security Forces", Briefing Paper, Stockholm International Peace Research, January 2014.

Dmitry Gorenburg, "External Support for Central Asian Military and Security Forces", Working Paper, Stockholm International Peace Research, January 2014.

Don K. Rowney, "Review: Russian Path Dependence by Stefan Hedlund, *Russian Review*, Vol.65, No.1(Jan., 2006), pp.162—163.

Doug Brown, "Review Economic Thought and Economic Reform in the Soviet Union by Pekka Sutela", *Journal of Economic Issues*, Vol.27, No.1 (Mar., 1993), pp.271—274.

Douglas Lemke, "The Continuation of History: Power Transition Theory and the End of the Cold War", *Journal of Peace Research*, Vol.34, No.1, 1997, pp.23—36.

Egil Matsen, Gisle J. Natvik and Ragnar Torvik, "Petro Populism", Working Paper, No.1, Norwegian Business School, 2014.

Eirik Lund Sagen and Marina Tsygankova, "Russian Natural Gas Exports to Europe: Effects of Russian Gas Market Reforms and the Rising Market Power of Gazprom", Discussion Papers No.445, Statistics Norway, Research Department, February 2006.

Ekaterina Klimenko, "Interdependence, not sovereignty, is the key to the development of Russia's Arctic region", Briefing Paper, Stockholm International Peace Research, Oct. 2013.

Ekaterina Stepanova, "Radicalization of Muslim Immigrants in Europe and Russia: Beyond Terrorism", Policy Paper, Stockholm International Peace Research, August 2008.

Elina Viljanen, "Boris Asaf'ev and the Soviet Musicology", Research Report, University of Helsinki, Finland, 2005.

Emmanuel Frot, Anders Olofsgard and Maria Perrotta Berlinz, "Aid Eectiveness in Times of Political Change: Lessons from the Post-Communist Transition", Research Report, Stockholm School of Economics, October 2013.

Eskil Goldeng, Leo A.Grünfeld, Gabriel R.G.Benito, "The Inferior Performance of State Owned Enterprises: Is it due to Ownership or Market Structure?", Working Paper, Norwegian Institute of International Affairs, 2002.

Eugenia Khoroltseva, "Human Rights Education—What Role Does It Play in the Modern Russia?", Master Thesis in Comparative & International Education, Institute for Educational Research, University of Oslo, Autumn 2006.

Eva Hagstrom Frisell and Ingmar Oldberg, "Coll Neighbors: Sweden's EU Presidengcy and Russia", Research Report, *Russie. Nei. Visions No. 42*, 2009, Russia/NIS Center.

Evgeny Troitskiy, "Political Turbulence in Kyrgyzstan and Russian Foreign Policy", Briefing Paper, The Swedish Institute of International Affairs, Nov. 2011.

"Exploring the New Frontier in Russia and Azerbaijan: The Experiences of Amoco in the 1990s", Working Paper, University of Helsinki, Finland, 2006.

Geir Flikke, Julie Wilhelmsen, "Central Asia: A Testing Ground for New Great-Power Relations", Research Report, Norwegian Institute of International Affairs, 2008.

Geir Hønneland, "East-west Collaboration in the European North: Structures and Perceptions", *International Journal*, Autumn 2010, pp.837—850.

Gennady Chufrin, "Russia: separatism and conflicts in the North Caucasus", *Security and Conflicts*, Stockholm International Peace Research, 1999.

George Blazyca, "Review: Russia's 'Market' Economy: A Bad Case of Predatory Capitalism. by Stefan Hedlund", *International Affairs (Royal Institute of International Affairs* 1944—), Vol.76, No.1(Jan., 2000), pp.183—184.

Gertrude Schroeder, "Review Economic Thought and Economic Reform in the Soviet Union by Pekka Sutela", *Russian Review*, Vol. 52, No. 1 (Jan., 1993), p.134.

G.Matthew Bonham, Daniel Heradstveit, Michiko Nakano, Victor M. Sergeev, "How We Talk about the 'War on Terrorismr': Comparative Research on Japan, Russia, and the United States", Working Paper, Norwegian Institute of International Affairs, 2007.

Greg Simons, "Nation Branding and Russian Foreign Policy", Occasional Papers, The Swedish Institute of International Affairs, October 2013.

Greg Simons, "Nation Branding and Russian Foreign Policy", Occasional Paper, The Swedish Institute of International Affairs, October 2013.

Gunnar Arbman and Charles Thornton, "Russia's Tactical Nuclear Weapons: Background and Policy Issues", *Research Report*, *Swedish Defence Research Agency*, November 2003.

Gunnar Arbman and Charles Thornton, "Russia's Tactical Nuclear Weapons: Technical Issues and Policy Recommendations", *Research Report*, *Swedish Defence Research Agency*, February 2005.

Hanna Smith, "Will the Olympic Games Save Putin's authority?", *Aleksanteri Insight*, Aleksanteri Institute, University of Helsinki, Finland, February 2014.

Hans Mouritzen, "The Nordic Model as a Foreign Policy Instrument: Its Rise and Fall", *Journal of Peace Research*, Vol.32, No.1, 1995, pp.9—21.

Helena Rytövuori, "Peace Research as 'International'. In What Sense?" *Journal of Peace Research*, Vol.27, No.3, 1990, pp.273—289.

Henrik Bergsager, "China, Russia and Central Asia: The Energy Dilemma", Research Report, Fridtjof Nansen Institute, September 2012.

Henrik Kjolstad, "White Russia-Xenophobia, Extreme Nationalism and Race Radicalism as Threats to Society", *Research Report*, *Swedish Defence Research Agency*, April 2009.

Hilary Appel, "Review: Russian Path Dependence by Stefan Hedlund", *Slavic Review*, Vol.65, No.2(Summer, 2006), pp.393—394.

Håvard Bækken, "Selective Law Enforcement Against Russian NGOs: Pursuing Informal Interests through Formal Means", Master thesis of European and American Studies, University of Oslo, Spring 2009.

Håvard Bækken, "Selective Law Enforcement against Russian NGOs: Pursuing Informal Interests through Formal Means", Research Report, Norwegian Institute of International Affairs, 2009.

Håvard Figenschou Raaen, "Hydrocarbons and Jurisdictional Disputes in the High North-Explaining the Rationale of Norway's High North Policy", Research Report, Fridtjof Nansen Institute, October 2008.

Ian Anthony, "Reducing Threats at the Source: A European Perspective on Cooperative Threat Reduction", Research Report, Stockholm International Peace Research, 2004.

Ida Nygaard and Una Hakvåg, "Why Russia Opposes a NATO Missile Defence in Europe—a Survey of Common Explanations", Research Report, The Norwegian Defence Research Establishment, January 2013.

Ida Nygaard, "Friend and foe? —Russia in NATO's Strategy 1991—2011", Master thesis of Department of Political Science, University of Oslo, Spring 2012.

Igor Mikeshin, "Good Samaritan: Rehabilitation and Conversion in the Baptist Ministry", Working Paper, University of Helsinki, Finland, 2012.

Igor V.Stepanov, Peter Ørebech and Douglas Brubaker, "Legal Implications for the Russian Northern Sea Route and Westward in the Barents Sea", Research Report, Fridtjof Nansen Institute, November 2005.

Ilmari Larjavaara, "The Institutional Foundations of Administrative Development in Russia", Research Report, Aleksanteri Institute, University of Helsinki, Finland, February 2001.

IMF et al., *The Economy of the USSR*. Washington, DC: The World Bank, 1990.

Immanuel Wallerstein, "The World-System after the Cold War", *Journal of Peace Research*, Vol.30, No.1, 1993, p.16.

Ina Ganguli, "Scientific Brain Drain and Human Capital Formation After the End of the Soviet Union", Research Report, Stockholm School of Economics, March 2013.

Indra Øverland, "Russia's Arctic Energy Policy", *International Journal*, Vol.65, No.4, 2010.

Ingmar Oldberg, "Reluctant Rapprochement: Russia and the Baltic States in the Context of NATO and EU Enlargement", *Research Report*, *Swedish Defence Research Agency*, February 2003.

Ingmar Oldberg, "Russia's Great Power Strategy under Putin and Medvedev", Occasional Papers, The Swedish Institute of International Affairs, January 2010.

Ingmar Oldberg, "Russia's 'Northern' Foreign Policy: What is the Long-term Strategy of Russia in the Baltic Sea and Arctic Regions", Debate Paper, The Swedish Institute of International Affairs, Sep. 2011.

Ingmar Oldberg, "Soft Security in the Baltic Sea Region", Occasional Papers, The Swedish Institute of International Affairs, No.12, 2012.

Ingmar Oldberg, "The Relationship of Russia and Its Neighbours with NATO and the EU in the Enlargement Context", *Research Report*, *Swedish Defence Research Agency*, October 2004.

Ingmar Oldberg, "The Shanghai Cooperation Organisation: Powerhouse or Paper Tiger?" *Research Report*, *Swedish Defence Research Agency*, June 2007.

Ingmar Oldberg, "The War on Terrorism in Russian Foreign Policy", *Research Report*, *Swedish Defence Research Agency*, December 2006.

Irina Bystrova, "Russian Military-Industrial Complex", Working Paper, Aleksanteri Institute, University of Helsinki, Finland, February 2011.

Irina Sandomirskaja, Elena Namli, Kristian Gerner, "Domestic roots of Russian Foreign Policy", Occasional Papers, The Swedish Institute of International Affairs, January 2014.

Issue Eight, "Russian Foreign Policy", Research Report, International Peace Research Institute, October 2008.

Iulie Aslaksen, Solveig Glomsrød and Anne Ingeborg Myhr, "Ecology and economy in the Arctic: Uncertainty, Knowledge and Precaution", Discussion Papers No.525, Statistics Norway, Research Department, December 2007.

Iver B. Neumann and Ole Jacob Sending, "Governing a Great Power: Russia's Oddness Reconsidered", *Governing the Global Polity: Practice, Mentality, Rationality*, The University of Michigan Press, 2010.

Iver B. Neumann, "Entry into International Society: Reconceptualised: the Case of Russia", *Review of International Studies*, 2011.

Iver B. Neumann, "Europe's post-Cold War remembrance of Russia: cui bono?" *Memory and Power in Post-War Europe*, edited by Jan-Werner Muller, Cambridge University Press, 2004.

Iver B. Neumann, "John Vincent and the English School of International Relations", *The Future of International Relations*, edited by Iver B. Neumann and Ole Wæver, Routledge, 1997.

Iver B. Neumann, *Russia And The Idea of Europe: A Study in Identity and International Relations*, Taylor & Francis e-Library, 2003.

Iver B. Neumann, "The Mongol Connection: Russia's Asian Entry into European Politics", Working Paper, Norwegian Institute of International Affairs, 2001.

Iver B. Neumann, *Uses of the Other: "The East" in European Identity Formation*, University of Minnesota Press, 1999.

Izvestiya, October 12, 1986.

Jakob Hedenskog, "Russian Leverage on the CIS and the Baltic States", *Research Report, Swedish Defence Research Agency*, June 2007.

Jakub M. Godzimirski, Elana Wilson rowe and Helge Blakkisrud, "The Arctic: What does Russia see? What does Russia want?", *Briefing Paper*, Norwegian Institute of International Affairs, February 2012.

Jakub M. Godzimirski, "Understanding Russian Energy after the Crisis", *Russian Energy in a Changing World*, Norwegian Institute of International Affairs, 2009.

James A. Robinson and Ragnar Torvik, "A Political Economy Theory of The Soft Budget Constraint", Working Paper, No.5, Department of Economics, the Norwegian University of Science and Technology, 2005.

Jan Drent, "Commercial Shipping on the Northern Sea Route", *Le Marin du nord*, III, No.2, April 1993, pp.1—17.

Janet Hartley, "Review Russia and the Idea of Europe: A Study in Identity and International Relations by Iver B. Neumann", *The Slavonic and East European Review*, Vol.75, No.1(Jan., 1997), pp.173—175.

Jan Leijonhielm and Robert L. Larsson, "Russia's Strategic Commodities: Energy and Metal as Security Levers", *Research Report, Swedish Defence Research Agency*, November 2004.

Jan Leijonhielm, "Russian Military Capability in a Ten-Year Perspective: Ambitions and Challenges in 2008", *Research Report, Swedish Defence Re-*

search Agency, February 2009.

Jeffery J.Schahczenski, "Explaining Relative Peace: Major Power Order, 1816—1976", *Journal of Peace Research*, Vol.28, No.3, 1991, pp.295—309.

Jeffrey T.Checkel, "Institutional Dynamics in Collapsing Empires: Domestic Structural Change in the USSR, Post-Soviet Russia and Independent Ukraine", Research Report, Arena, University of Oslo, 1999.

Jens Chr. Andvig, "A Polanyi Perspective on Post-Communist Corruption", Working Paper, Norwegian Institute of International Affairs, 2003.

Jens Chr. Andvig, "Transition from Socialism—the Corruption Heritage", Working Paper, Norwegian Institute of International Affairs, 2002.

Jens Christopher Andvig, "Corruption in China and Russia Compared: Different Legacies of Central Planning", Working Paper, Norwegian Institute of International Affairs, 2005.

Jens Nørgård-Sørensen, "Russian Studies in Denmark", *Russian Linguistics*, Vol.20, No.1(Mar., 1996).

Jeremy Franklin, "Russia: Parliamentary Elections to the State Duma", Research Report, Norwegian Centre for Human Rights, University of Oslo, December 2003.

Jian-Guang Shen, "Democracy and growth: An Alternative Empirical Approach", Discussion Papers No. 13, Institute for Economies in Transition, Bank of Finland, 2002.

John Bjornebye, "Russia in Tomorrow's Europe—Seen from Neighboring Norway", *Fordham International Law Journal*, Volume 16, 1992.

John C.Campbell, "Review Gorbachev's Struggle for Economic Reform by Anders Aslund", *Foreign Affairs*, Vol.68, No.5(Winter, 1989), p.218.

John Langmore and Jan Egeland, "Learning from Norway: Independent, Middle-power Foreign Policy", *The Griffith Review*, Edition 32, May 2011.

Jorunn Skjulestad, "A Necessary Evil? —Continuity and Change in Russian and Soviet Abortion Discourse, 1910—1930", Thesis for Master of European and American Studies, University of Oslo, Autumn 2012.

Jouko Rautava, "The Role of Oil Prices and the Real Exchange Rate in Russia's Economy", Discussion Papers No.3, Institute for Economies in Transition, Bank of Finland, 2002.

Judith Resnik, "The Democracy in Courts: Jeremy Bentham, 'Publicity', and the Privatization of Process in the Twenty-First Century", Research Report, University of Helsinki, Finland, 2012.

Jukka Pietiläinen, "Social class and media use in Russia", *Social Class in the Russian Society*, edited by Jouko Nikula & Mikhail Chernysh, Lambert Academic Publishing, 2010, pp.176—193.

Julian Cooper, "Military expenditure in the Russian Federation, 2007—

2009", Research Report, Stockholm International Peace Research, August 2010.

Julian Cooper, "Military Spending in the Russian Federal Budget, 2010—2014", Research Report, Stockholm International Peace Research, August 2011.

Julia S.P.Loe, "Driving Forces in Russian Arctic Policy", Working Paper, Project of Geopolitics in the High North, January 2011.

Julie Hansen, "Memory Unleashed by Perestroika-Olga Grushin's 'The Dream Life of Sukhanov'", *Die Welt der Slaven* LVII, 2012, pp.161—177.

Jussi Lassila, "Aleksei Navalny—Russia's Modern Populist?" *Aleksanteri Insight*, Aleksanteri Institute, University of Helsinki, Finland, December 2013.

Jussi Lassila, "Political Activity of Russia's Youth", Working Paper, Aleksanteri Institute, University of Helsinki, Finland, November 2011.

Karin Anderman, Eva Hagstrom Frisell, Carolina Vendil Pallin, "Russia-EU External Security Relations: Russian Policy and Perceptions", *Research Report*, *Swedish Defence Research Agency*, February 2007.

Katarina Katz, "Labour in Transition: Women and Men in Taganrog, Russia", Research Report, Stockholm School of Economics, 2009.

Katarzyna Zysk, "Russia's Arctic Strategy: Ambitions and Constraints", Working Paper, The Norwegian Defence Research Establishment, 2010.

K.Gulin, T.Kozhina, "Development of institutions of civil society in Russia", Working Paper, Aleksanteri Institute, University of Helsinki, Finland, March 2008.

Kim Oosterlinck, "Hope Springs Eternal ⋯⋯ French Bondholders and the Soviet Repudiation(1915—1919)", Conference Paper, XIV International Economic History Congress, Helsinki, Jun. 20, 2006.

Kjartan Tveitnes Pedersen, "The Arctic Shortcut: A study of Russian Political Commitment to a Revitalisation of the Northern Sea Route", Master's thesis in political science, University of Tromso, May 2013.

Knut Magnus Koren and Tor Bukkvoll, "The 2006 Russian-Ukrainian Gas Crisis-Causes and Potential for Repetition", Research Report, The Norwegian Defence Research Establishment, January 2007.

Korppo, Anna and Nina Korobova, "Modernizing Residential Heating in Russia: End-use Practices, Legal Developments and Future Prospects", *Energy Policy*, Vol. 42, March 2012, pp.213—220.

Kristian Åtland, "Militarization of the Barents Region", Briefing Paper, The Norwegian Defence Research Establishment, 2010.

Kristian Åtland, "Russia and its Neighbors: Military Power, Security Politics, and Interstate Relations in the Post-Cold War Arctic", *Arctic Review on Law and Politics*, Vol.1, 2/2010, pp.279—298.

Kristian Åtland, "Russia's Armed Forces and the Arctic: All Quiet on the Northern Front?" *Contemporary Security Policy*, 26 Aug. 2011, pp.267—285.

参 考 文 献

Kristian Åtland, "The European Arctic after the Cold War: How Can We Analyze it in Terms of Security?", Research Report, The Norwegian Defence Research Establishment, February 2007.

Kristin Ven Bruusgaard, "Protecting the Energy Weapon—New Tasks for the Russian Armed Forces?", Research Report, The Norwegian Defence Research Establishment, November 2006.

Kyrre Brækhus, ndra Øverland, "A Match made in Heaven? —Strategic Convergence between China and Russia", Working Paper, Norwegian Institute of International Affairs, 2007.

Langsholdt Morten, "Russia and the Use of Force: Theory and Practice", Research Report, The Norwegian Defence Research Establishment, November 2005.

Lars Carlsson, Nils-Gustav Lundgren and Mats-Olov Olsson, "The Russian Detour: Real Transition in a Virtual Economy?" *Working Paper*, 2008, Department of Business Administration and Social Sciences, Luleå University of Technology.

Lars Lindholt and Solveig Glomsrød, "The Role of the Arctic in Future Global Petroleum Supply", Discussion Papers No.645, Statistics Norway, Research Department, February 2011.

Laura Eleonoora Kauppila, "Russia's Policy towards Estonia and Latvia: 1992—1997", Research Report, Department of Social Science History, University of Helsinki, Finland, January 1999.

Laura Johanne Olsen, "Strategic Partnership With the West: Russian Strategic Cooperation with NATO and the European Union(1999—2004)", Masteroppgave ved Institutt for Statsvitenskap, University of Oslo, April 2008.

Lauri Pietikainen, "Cod Fishery of the European Union and Russia at Baltic Sea-a game-theoretic Analysis", Working Paper, Department of Economics and Management, University of Helsinki, Finland, 2005.

Leena Kerkelä, "Distortion Costs and Effects of Price Liberalization in Russian Energy Markets: A CGE Analysis", Discussion Papers No. 2, Institute for Economies in Transition, Bank of Finland, 2004.

Leif Christian Jensen & Pål Wilter Skedsmo, "Approaching the North: Norwegian and Russian foreign policy discourses on the European Arctic", *Polar Research*, 29, 2010.

Lena Jonson, "Putin and Chechnya: Is This How to Square a Circle?" *The Brown Journal of World Affairs*, Winter/Spring 2001.

Lena Jonson, "Research on Russia from a Finnsih Horizon", Reviews, The Swedish Institute of International Affairs, 2009.

Lena Jonson, Russia and Central Asia: A New Web of Relations, Chatham House, 1998.

Lena Jonson, "Russia and Central Asia under Putin: the Afghan Factor",

Russian National Security: Perceptions, Policies, And Prospects, edited by Michael H.Crutcher, Novermber 2001, pp.153—184.

Lena Jonson, "Russian and East European Studies in Sweden: New Challenges and Possibilities", *Slavic Eurasian Studies* No.6, 2009.

Lena Jonson, "The New Geopolitical Situation in the Caspian Region", *Sipri Policy Paper*, 2002, http://books.sipri.org/files/books/SIPRI01Chufrin/SIPRI01Chufrin02.pdf.

Lena Jonson, "The Post-Putin Era Has Started", Briefing Paper, The Swedish Institute of International Affairs, February, 2012.

Linda Jakobson, Paul Holtom, Dean Knox and Jingchao Peng, "China's Energy and Security Relations with Russia: Hopes, Frustrations and Uncertainties", Policy Paper, Stockholm International Peace Research, October 2011.

Linda J. Cook, "Negotiating Welfare in Russia and Eastern Europe: Societal Agents, Statist Interests, and the Politics of Reform", Conference Paper, 8th annual Aleksanteri Conference, 2007.

Linda Skjold Oksnes, "Regional Development of Russian Industry", Thesis for the MSc degree in Environmental and Development Economics, University of Oslo, 2008.

Linda Skjold Oksnes, "Regional Development of Russian Industry", Working Paper, Norwegian Institute of International Affairs, March 2009.

Line Tresselt, "The NATO-Russia Council—a Success?", Masteroppgave i Statsvitenskap, Universitetet i Oslo, May 2010.

Lisa A. Baglione, "Finishing START and Achieving Unilateral Reductions: Leadership and Arms Control at the End of the Cold War", *Journal of Peace Research*, Vol.34, No.2, 1997, pp.135—152.

Liv Silje Borg, "Corruption in the Justice System Analysed in a Human Rights Perspective: A Case Study of the Russian Federation", Master of Philosophy in the Theory and Practice of Human Rights, Norwegian Centre for Human Rights, Faculty of Law, University of Oslo, May 2006.

Marco De Andreis and Francesco Calogero, "The Soviet Nuclear Weapon Legacy", Research Report, Stockholm International Peace Research, 1995.

Marek Thee, "The Post-Cold War European Landscape: The Aftermath of the 'Velvet Revolutions' in Central-Eastern Europe", *Journal of Peace Research*, Vol.28, No.3, 1991, pp.241—247.

Maria Lundhaug, "Sea Ice Studies in the Northern Sea Route by use of Synthetic Aperture Radar", Research Report, the Norwegian University of Science and Technology, February 2002.

Maria Raquel Freire and Roger E. Kanet, "Russia in Eurasia: External Players and Regional Dynamics", Research Report, Norwegian Institute of International Affairs, 2009.

Marie-Louise Karttunen, *Making a Cmmunal World: English Merchants in Imperial St. Petersburg*, Helsinki University Press, 2004.

Marina Malgina, "Leading Russian Universities in the Period of Change: A Case Study from Russia", Master Thesis for the Master of Philosophy Degree in Comparative and International Education, University of Oslo, April 2006.

Marina Tsygankova, "Netback Pricing as a Remedy for the Russian Gas Deficit", Discussion Papers No.554, Statistics Norway, Research Department, August 2008.

Marina Tsygankova, "The Export of Russian Gas to Europe: Breaking Up the Monopoly of Gazprom", Discussion Papers No. 494, Statistics Norway, Research Department, February 2007.

Marina Tsygankova, "When is Mighty Gazprom Good for Russia?", Discussion Papers No.526, Statistics Norway, Research Department, December 2007.

Marja Rytkönen, "Women's Histories: Autobiographical Texts by Contemporary Russian Women", Working Paper, Aleksanteri Institute, University of Helsinki, Finland, January 2001.

Markku Lonkila, "Social Networks in Post-Soviet Russia: Continuity and Change in the Everyday Life of St. Petersburg Teachers", Research Report, University of Helsinki, Finland, 1999.

Marko Lehti, Matti Jutila and Markku Jokisipilä, "Never Ending Second World War: Public Performances of National Dignity and Drama of the Bronze Soldier", *Journal of Baltic Studies* 39(4), 2008, pp.393—418.

Marta Carlsson, "The Structure of Power-an Insight into the Russian Ministry of Defence", *Research Report*, *Swedish Defence Research Agency*, November 2012.

Marthe Handå Myhre, "Labour Migration from Central Asia to Russia", Thesis for Master of European and American Studies, University of Oslo, Spring 2012.

Martin Walker, "Review: How Russia Became a Market Economy by Anders Aslund", *International Affairs*(Royal Institute of International Affairs 1944—), Vol.71, No.4, Special RIIA 75th Anniversary Issue(Oct., 1995), pp.897—898.

Marvin S.Soroos, "Global Policy Studies and Peace Research", *Journal of Peace Research*, Vol.27, No.2, 1990, pp.117—125.

Matti Virén, "Fiscal Policy in the 1920s and 1930s: How Much Different it is from the Post War Period's Policies?", Discussion Papers No.15, Institute for Economies in Transition, Bank of Finland, 2005.

Mauri Åhlberg, "Concept Mapping as Innovation: Documents, Memories and Notes from Filand, Sweden, Estonia and Russia 1984—2009", Working

Paper, University of Helsinki, Finland, 2008.

Michael Cox, "From the Truman Doctrine to the Second Superpower Detente: The Rise and Fall of the Cold War", *Journal of Peace Research*, Vol. 27, No.1, 1990, pp.25—41.

Michael Kuliani, "The Bear and the Dragon: Prospects of Sino-Russian Alliance, Rapprochement, Rivalry and the Things in Between", Master's Thesis in Chinese Society and Politics, University of Oslo, Autumn 2012.

Morten Jeppesen, "Partnership and Discord", Hovedoppgave i Statsvitenskap, Institutt for Statsvitenskap Høsten, University of Oslo, 2002.

Märta Carlsson and Niklas Granholm, "Russia and the Arctic: Analysis and Discussion of Russian Strategies", Research Report, Swedish Defence Research Agency, 2012.

Nansen Behar, "Regional Policy and World Crises: An East European View", *Journal of Peace Research*, Vol.27, No.2, 1990, pp.211—219.

Natalija Protosevicha, "The termination of the Russian oil transit to Ventspils in 2003—Whom to blame, if to blame anyone?", Master Thesis at the Department of Political Science, University of Oslo, Spring 2010.

Natallia Hetmanchuk and Robert Laffey, "Swedish Foreign Policy: Neutrality vs. Security", *Research Report*, 2011, Suffolk University.

"Nation-building, Nationalism and the New 'other' in Today's Russia", Research Report, Neoruss, University of Oslo, 2012.

Neil J.Melvin, "Building Stability in the North Caucasus: Ways Forward for Russia and the European Union", Policy Paper, Stockholm International Peace Research, May 2007.

Nicholas Garrett and Anna Piccinni, "Natural Resources and Conflict: a New Secirity Challenge for the European Union", Briefing Paper, Stockholm International Peace Research, June 2012.

Niels Erik Rosenfeldt, *Knowledge and Power*, Rosenkilde and Bagger, 1978.

Niels Erik Rosenfeldt, *Special World: Stalin's Power Apparatus and the Soviet System's Secret Structures of Communication*, Museum Tusculanum Press, 2009.

Niels Erik Rosenfeldt, *The "Special" World: Stalin's Power Apparatus and the Soviet System's Secret Structures of Communication*, the University of Chicago Press, 2009.

Nienke Oomes and Katerina Kalcheva, "Diagnosing Dutch Disease: Does Russia Have the Symptoms?", Discussion Papers No.7, Institute for Economies in Transition, Bank of Finland, 2007.

Nils August Andresen, "As Safe as Bank? —Household Financial Behaviour and Economic Reasoning in Post-Soviet Russia", Thesis for Master of History, Department of Archaeology, *Conservation and Historical Studies*,

University of Oslo, Spring 2005.

Nils Gunnar Songstad, "Russian Federation: Presidential Election—2004", Research Report, Norwegian Centre for Human Rights, University of Oslo, August 2004.

Nina Græger, Kristin M. Haugevik, "The Revival of Atlanticism in NATO? —Changing Security Identities in Britain, Norway and Denmark", Research Report, Norwegian Institute of International Affairs, 2009.

Nivedita Das Kundu, "Russia-India-China: Prospects for Trilateral Cooperation", Research Report, Aleksanteri Institute, University of Helsinki, Finland, October 2011.

"Nordic Cooperation and te Far north", Edited by Laura Salmela, Research Report, National Defence University, Helsinki, Finland, 2011.

North, D.C, *Institutions*, *Institutional Change and Economic Performance*, Cambridge University Press, 1990.

North, D.C, "Towards a Theory of Institutional Change", in Barnett, W.A., Hinich, M.J. and Scofield, N.J.(eds), *Political Economy*. Cambridge University Press, 1993b.

Olav Schram Stokke, "A Legal Regime for the Arctic? Interplay with the Law of the Sea Convention", *Marine Policy*, Vol.31, No.4, 2007, pp.402—408.

Ole Gunnar Austvik, "The Geopolitics of Barents Sea Oil and Gas: the Mouse and the Bear", Working Paper, Norwegian Business School, 2007.

Olga Andreeva, "Provision of Banks' Loans to Enterprises in Russia", Thesis for Master of Science-degree, Department of Economics, University of Oslo, May 2002.

On Living Through Soviet Russia, edited by Daniel Bertaux, Paul Thopsom, Anna Rothirch, Routledge, London, 2004.

Paul David, *Historical Economics in the Long Run: Some Implications of Path Dependence*, Routledge, 1993.

Paul Dukes, "Review Russia and the Idea of Europe: A Study in Identity and International Relations by Iver B. Neumann", *Slavic Review*, Vol.56, No.2(Summer, 1997), pp.355—356.

Paul Marantz, "Review Russia and the Idea of Europe: A Study in Identity and International Relations by Iver B. Neumann", *Europe-Asia Studies*, Vol.49, No.2(Mar., 1997), p.326.

Pavel Baev, "Russia's Race for the Arctic and the New Geopolitics of the North Pole", Occasional Paper, The Jamestown Foundation, October 2007.

Pavel K.Baev, "Putin's Vision and Plans for Modernizing the Russian Military: Counter-Terrorism and Power-Projection", Research Report, International Peace Research Institute, December 2005.

Pavel K.Baev, "Regionalism in Russia and the Transformation of the Russian Army(1998—2000)", Research Report, International Peace Research Institute, January 2003.

Pavel K.Baev, "Russia and Turkey in Conflict(mis) Management in the Caucasus", Briefing Paper, International Peace Research Institute, June 2013.

Pavel K.Baev, "Russian Energy and Great Power Aspirations", *PONARS Policy Memo*, No.382, International Peace Research Institute, December 2005.

Pavel K.Baev, "Russia's Counterrevolutionary Offensive in Central Asia", *Ponars Policy Memo*, No.399, December 2005.

Pavel K.Baev, "Sovereignty is the Key to Russia's Arctic Policy", *Strategic Analysis*, Vol.37, No.4, 2013, pp.489—493.

Pavel K.Baev, "Transforming the Russian Military: A Fresh Effort or More of the Same?" Briefing Paper, International Peace Research Institute, May 2011.

Pekka Sutela, *Economic Thought and Economic Reform in the Soviet Union*, Cambridge University Press, 1991.

Pekka Sutela, "Economies Under Socialism: the Russian Case", Discussion Papers No.8, Institute for Economies in Transition, Bank of Finland, 1995.

Pekka Sutela, "Economies Under Socialism: the Russian Case", *Review of Economies in Transition*, Institute for Economies in Transition, Bank of Finland, 2002.

Pekka Sutela, "Insider Privatisation in Russia: Speculations on Systemic Change", Europe-Asia Studies, Vol.46, No.3(1994), pp.417—435.

Pekka Sutela, "Rationalizing the Centrally Managed Economy: the Market", *Market Socialism or the Restoration of Capitalism?*, Edited by Anders Aslund, Cambridge University Press, 1992, pp.63—89.

Peter Rutland, "Putin's Path to Power", Research Report, Norwegian Institute of International Affairs, 2002.

Pål Jakob Aasen, "The Law of Maritime Delimitation and the Russian-Norwegian Maritime Boundary Dispute", Research Report, Fridtjof Nansen Institute, February 2010.

Pål Skedsmo, "'Doing Good' in Murmansk? —Civil Society, Ideology and Everyday Practices in a Russian Environmental NGO", Research Report, Fridtjof Nansen Institute, December 2005.

"Preventing Terrorism in Maritime Regions", edited by Timo Hellenberg and Pekka Visuri, *Aleksanteri Papers*, 2009.

R.Douglas Brubaker and Claes Lykke Ragner, "A review of the International Northern Sea Route Programme(Insrop)—10 years on", Polar Geography, Vol.33, Nos.1—2, 2010, pp.15—38.

Rlrik Franke and Carolina Vendil Pallin, "Russian Politcs and the Internet in 2012", *Research Report*, *Swedish Defence Research Agency*, 2012.

Robert Axelrod, "The Concept of Stability in the Context of Conventional War in Europe", *Journal of Peace Research*, Vol.27, No.3, 1990, pp.247—254.

Robert L.Larsson, "Nord Stream, Sweden and Baltic Sea Security", *Research Report*, *Swedish Defence Research Agency*, March 2007.

Robert L. Larsson, "Russia's Energy Policy: Security Dimentions and Russia's Reliability as an Energy Supplier", *Research Report*, *Swedish Defence Research Agency*, March 2006.

Robert L.Larsson, "Sweden and the NEGP: A Pilot Study of the North European Gas Pipeline and Sweden's Dependence on Russian Energy", *Research Report*, *Swedish Defence Research Agency*, June 2006.

Roger N. McDermott, "Russia's Strategic Mobility: Supporting 'Hard Power' to 2020", *Research Report*, *Swedish Defence Research Agency*, April 2013.

Roger Roffey, "The Russian Demographic and Health Situation: Consequences and Policy Dilemmas", *Research Report*, *Swedish Defence Research Agency*, April 2011.

Roland Heickero, "Emerging Cyber Threats and Russian Views on Information Warfare and Information Operation", Research Report, Swedish Defence Research Agency, March 2010.

R.Pipes, *Russia under the Old Regime*. New York: Charles Scribner, 1974.

"Russian Nuclear Forces", *World Nuclear Force*, Stockholm International Peace Research, 2010.

"Russian Power Structure—Present and Future Roles in Russian Politics", edited by Jan Leijonhielm and Fredrik Westerlund, *Research Report*, *Swedish Defence Research Agency*, December 2007.

"Russian State and Society in Political Crisis", edited by Brian Anderson, Rebecca Baldridge, and Mikhail Dmitriev, Research Report, Stockholm School of Economics, 2012.

Sally N.Cummings, "Review Russia and Central Asia. A New Web of Relations by Lena Jonson", *Europe-Asia Studies*, Vol.51, No.5(Jul., 1999), pp.910—911.

Sergey Koulik and Richard Kokoski, "Verification of the CFE Treaty", Research Report, Stockholm International Peace Research, Oct 1991.

Shinji Hyodo and Carolina Vendil Pallin, "Neighbourhood Watch: Japanese and Swedish Perpective on Russian Security", Research Report, Swedish Defence Research Agency, October 2012.

Siemon T. Wezeman, "Military Capabilities in the Arctic", Background Paper, Stockholm International Peace Research, March 2012.

Signe Lill Sletmoen, "Why Russia and NATO Fail to Reach a Normative Partnership: An Analysis of the Post-Cold War Period", Masteroppgave i Statsvitenskap, University of Oslo, 2011.

Silje Aslaksen and Ragnar Torvik, "A Theory of Civil Conflict and Democracy in Rentier States", Working Paper, No.11, Department of Economics, the Norwegian University of Science and Technology, 2005.

Sinikukka Saari, "Putin's Eurasian Union Initiative: Are the premises of Russia's post-Soviet policy changing?" Briefing Paper, The Swedish Institute of International Affairs, Nov. 2011.

"Social Innovations and Social Partnerships in Finland, Russia and Lithuania", Edited by Jouko Nikula, Inna Kopoteva, Miira Niska, Egle Butkeviciene, Leo Granberg, Research Report, Aleksanteri Institute, University of Helsinki, Finland, January 2011.

"Stability and Arms Control in Europe: The Role of Military Forces within a European Security System", edited by Gerhard Wachter and Axel Krohn, Research Report, Stockholm International Peace Research, July 1989.

Stefan Fölster and Georgi Trofimov, "Economic Decline in Russia: Disaster or Creative Destruction?" Working Paper No.425, 1994, Industriens Utredningsinstitut.

Stefan Hedlud, "Property without Rights: Dimensions of Russian Privatisation", Europe-Asia Studies, Vol.53, No.2(Mar., 2001), pp.213—237.

Stefan Hedlund and Niclas Sundström, "Does Palermo Represent the Future for Moscow?" Journal of Public Policy, Vol. 16, No. 2 (May—Aug., 1996), pp.113—155.

Stefan Hedlund and Niclas Sundstrom, "The Russian Economy after Systemic Change", Europe-Asia Studies, Vol.48, No.6(Sep., 1996), pp.887—914.

Stefan Hedlund, Invisible Hands, Russian Experience, and Social Science: Approaches to Understanding Systemic Failure, Cambridge University Press, 2011.

Stefan Hedlund, Kristian Gerner, Ideology and Rationality in the Soviet Model: A Legacy for Gorbachev, Routledge, 1989.

Stefan Hedlund, Russian Path Dependence, Taylor & Francis Group, 2005.

Stefan Hedlund, Russia's "Market" Economy: A Bad Case of Predatory Capitalism, Taylor & Francis Group, 2003.

Stefan Hedlund, Steven Rosefielde, Russia Since 1980: Wrestling with Westernization, Cambridge University Press, 2005.

Stefan Hedlund, "Such a Beautiful Dream: How Russia Did Not Become a Market Economy", The Russian Review, 67(April 2008), pp.187—208.

Stefan Hedlund, "Vladimir the Great, Grand Prince of Muscovy: Resurrecting the Russian Service State", Europe-Asia Studies, Vol.58, No.5(Jul., 2006), pp.775—801.

Stein Sundstøl Eriksen, Sverre Lodgaard, Arne Melchior, Karl Rich, Elana Wilson Rowe and Ole Jacob Sending, "BRICS, Energy and the New World

Order", Research Report, Norwegian Institute of International Affairs, May 2012.

Stephen Handelman, "Review: How Russia Became a Market Economy by Anders Aslund", *Annals of the American Academy of Political and Social Science*, Vol.545, pp.208—209.

Stephen Iwan Griffiths, "Nationalism and Ethnic Conflict: Threats to European Security", Research Report, Stockholm International Peace Research, 1993.

Steven G. Sawhill and Anne-Kristin Jørgensen, "Military Nuclear Waste and International Cooperation in Northwest Russia", Research Report, Fridtjof Nansen Institute, December 2001.

Steve Rankin, "Review Economic Thought and Economic Reform in the Soviet Union by Pekka Sutela", *Economic Journal*, Vol.102, No.415(Nov., 1992), pp.1540—1541.

Stina Torjesen, "Understanding Regional Co-operation in Central Asia, 1991—2004", Thesis for the Degree of DPhil in International Relations in the Department of Politics and International Relations at the University of Oxford, July 2007.

Susanna Rabow-Edling, "From one Imperial Periphery to Another: The Experiences of a Governor's Wife in Russian Alaska", Research Paper, Uppsala University, 1998.

Susanne Oxenstierna, "Russia in Perspective: Scenarios of Russia's Economic Future 10 to 20 Years Ahead", *Research Report, Swedish Defence Research Agency*, June 2009.

Susanne Oxenstierna, "Russia's Nuclear Energy Expansion", *Research Report, Swedish Defence Research Agency*, December 2010.

Susanne Oxenstierna, "The Russian Economy in 2009: Steep Decline Despite Crisis Management", Research Report, Swedish Defence Research Agency, 2009.

Svein Vigeland Rottem and Arild Moe, "Climate Change in the North and the Oil Industry", Research Report, Fridtjof Nansen Institute, November 2007.

Sven Gunnar Simonsen, "Between Minority Rights and Civil Liberties: Russia's Discourse Over 'Nationality' Registration and the Internal Passport", Nationalities Papers, International Peace Research Institute, 2005.

Sven Gunnar Simonsen, "Nationalism and the Russian political spectrum: Locating and evaluating the extremes", Research Report, International Peace Research Institute, September 2000.

Sven Gunnar Simonsen, "Pains of Partition. Nationalism, National Identity, and the Military in Post-Soviet Russia", Research Report, International Peace Research Institute, 2002.

Tatiana Popova, Merja Tekoniemi, "Social Consequences of Economic Reform in Russia", *Review of Economies in Transition No. 5*, Institute for Economies in Transition, Bank of Finland, 1996.

Tatiana Popova, "The Cultural Consequences of Russian Reform", *Review of Economies in Transition No. 4*, Institute for Economies in Transition, Bank of Finland, 1997.

"The Approval System for Joint Implementation Projects in Russia—Criteria and Organisation", Research Report, Fridtjof Nansen Institute, June 2001.

"The Legality of the Cluster Munitions' Use in and Near Populated Areas During the 5-days War between Russia and Georgia in 2008", Master Thesis of Faculty of Law, University of Oslo, May 2013.

Therese Bals Borge, "EU'S Security of Energy: Russia and the Negotiations over European Energy Charter Treaty-a Successful Two-level Game?", Master Thesis for Peace and Conflict Studies, Department of Political Science, University of Oslo, October 2007.

Thomas Hylland Eriksen, "Ethnicity versus Nationalism", *Journal of Peace Research*, Vol.28, No.3, 1991, pp.263—278.

Thomas O.Løvold, "The Qing and Russia in Central Asia: A Comparative Study of Motives for Political Expansion", Thesis for Master of European and American Studies, University of Oslo, 2009.

Tina Aarskaug, "The Russian NATO Discourse: An Analysis of Perspectives on the North Atlantic Treaty Organization in Russian Newspapers", Master thesis of European and American Studies, University of Oslo, 2011.

Tomas Malmlof, "The Russian Popilation in Latvia-Puppets of Moscow?" *Research Report*, *Swedish Defence Research Agency*, May 2006.

Tomi Huttunen, "Russian Rock: Boris Grebenschikov, Intertextualist", Working Paper, University of Helsinki, Finland, 2005.

Tonje Hulbak Røland, "Associated Petroleum Gas in Russia: Reasons for Non-utilization", Research Report, Fridtjof Nansen Institute, September 2010.

Tor Bukkvoll, "Russian Arms Export to the Developing World", Research Report, The Norwegian Defence Research Establishment, December 2011.

Tor Bukkvoll, "The Russian Defence Industry—Status, Reforms and Prospects", Research Report, The Norwegian Defence Research Establishment, June 2013.

Torstein Bye and Annegrete Bruvoll, "Multiple Instruments to Change Energy Behaviour: The Emperor's New Clothes?", Discussion Papers No.549, Statistics Norway, Research Department, June 2008.

Tova Hojdestrand eds., *Programme of ICCEES World Congress 2010*, The Swedish Society for the Study of Russia, Central and Eastern Europe and Central Asia.

"Treaty between the Kingdom of Norway and the Russian Federation concerning Maritime Delimitation and Cooperation in the Barents Sea and the Arctic Ocean ", April, 2011. https://www. regjeringen. no/globalassets/ upload/ud/vedlegg/folkerett/avtale_engelsk.pdf,最后访问时间 2013 年 11 月 4 日。

Trude Johnson, "Implementing Human Rights Norms: A Case Study of Russia's Partial Compliance to ECHR Protocol No. 6", Working Paper, Norwegian Institute of International Affairs, 2006.

Trygve Kalland, "The EU-Russia Relationship: What is Missing?", Briefing Paper, Stockholm International Peace Research, April 2004.

Una Kirstine Hakvåg, "Juvenile Justice in the Russian Federation", Master thesis of European and American Studies, University of Oslo, Autumn 2009.

Veronika Belousova, Rajeev K.Goel and Iikka Korhonen, "Causes of Corruption in Russia: A Disaggregated Analysis", Discussion Papers No.31, Institute for Economies in Transition, Bank of Finland, 2011.

Vincent Barnett, "Review Economic Thought and Economic Reform in the Soviet Union by Pekka Sutela", *Soviet Studies*, Vol. 44, No. 4 (1992), pp.713—714.

Vlad Ivanenko, "Markets and democracy in Russia", Discussion Papers No.16, Institute for Economies in Transition, Bank of Finland, 2005.

"Waiting for Reform under Putin and Medvedev", Research Report, The Swedish Institute of International Affairs, 2011.

Waldemar Melanko, "A Few Remarks on Russian and East European Studies in Finland", *Slavic Eurasian Studies* No.6, 2009.

Wenche Gerhardsen, "Crossing Civic Frontiers: How Norway Promotes Democracy in North-West Russia", Master Thesis in Political Science, Department of Political Science, University of Oslo, June 2007.

Wihelm Unge, Monika Zamarlik, Marcin Maczka, Piotr Fudata, Mateusz Tobiczky, Lukasz Wojcieszak, "Polish-Russian Relations in an Eastern Dimension Context", *Research Report*, *Swedish Defence Research Agency*, June 2006.

Wilhelmsen Julie, "A Russian-Western Security Community? —Possibilities and Obstacles", Research Report, The Norwegian Defence Research Establishment, November 2002.

Wilhelmsen Julie, "Norms: The Forgottn Factor in Russian-Wester Rapprochement: A Case Study of Freedom of the Press under Putin", February 2003.

William Eckhardt, "Civilizations, Empires, and Wars", *Journal of Peace Research*, Vol.27, No.1, 1990, pp.9—24.

Yasushi Nakamura, "Soviet Foreign Trade and the Money Supply", Discussion Papers No.30, Institute for Economies in Transition, Bank of Finland, 2013.

Yegor Gaidar, *Collapse of an Empire: Lessons for Modern Russia*, The

Brookings Institution Press, 2007.

Øystein Jensen, "Current Legal Developments, The Barents Sea: Treaty between Norway and the Russian Federation concerning Maritime Delimitation and Cooperation in the Barents Sea and the Arctic Ocean", *International Journal of Marine and Coastal Law*, Vol.26, No.1, 2011, pp.151—168.

Zdzislaw Lachowski, "Confidence and Security Building Measures in the New Europe", Research Report, Stockholm International Peace Research, 2004.

Zdzislaw Lachowski, "Foreign Military Bases in Eurasia", Policy Paper, Stockholm International Peace Research, June 2007.

中文文献

[俄]拉夫连季主编:《往年纪事》,朱寰等译,北京:商务印书馆 2001 年版。

齐嘉、曹维安:《"罗斯"名称的起源与古罗斯国家的形成》,载《历史研究》2012 年第 3 期,第 111—125 页。

列宁:《国家与革命》,《列宁全集(第三十一卷)》,中央编译局译,北京:人民出版社 1987 年版。

刘德斌:《国际关系史》,北京:高等教育出版社 2003 年版。

冯绍雷:《一场远未终结的辩论——关于苏联解体问题的国外学术诠释》,载《世界经济与政治》2012 年第 3 期,第 138—155 页。

孙晖明:《北欧地区外交政策的新变化》,载《国际研究参考》1993 年第 7 期,第 21—23 页。

金日:《从中立主义到后中立主义:瑞典外交政策之嬗变》,载《欧洲研究》2003 年第 1 期,第 109—120 页。

[挪威]郝图安:《和平与和解——挪威追求世界和平的努力》,载《世界经济与政治》2007 年第 8 期,第 65—69 页。

丁祖煜、李桂峰:《美国与北欧防务联盟计划的失败》,载《史林》2008 年第 2 期,第 140—149 页。

邹升平:《民主社会主义瑞典模式的生成因素探析》,载《社会主义研究》2011 年第 1 期,第 36—41 页。

杨义萍:《浅析北欧国家加入欧共体问题》,载《现代国际关系》1993 年第 7 期,第 16—19 页。

扈大为:《战后初期北欧国家安全政策的调整——试论北欧平衡的形成》,载《欧洲》2011 年第 2 期,第 91—110 页。

纪胜利:《战后瑞典中立外交政策评析》,载《北方论丛》2004 年第 2 期,第 82—85 页。

吴志成、杨娜:《北欧的国际关系研究评析》,载《教学与研究》2011 年第 10 期,第 82—87 页。

泉水:《大国争夺下的北欧多元外交》,载《世界知识》1998 年第 13 期,第 24—25 页。

[美]尼古拉·梁赞诺夫斯基、马克·斯坦伯格:《俄罗斯史》,杨烨等译,上

海：上海人民出版社 2007 年版。

刘文飞：《国外斯拉夫学》，载《国外社会科学》2011 年第 4 期，第 82—89 页。

[美]戴维·卡莱欧：《欧洲的未来》，冯绍雷等译，上海：上海人民出版社 2003 年版。

[美]亚当·斯密：《道德情操论》，谢宗林译，北京：中央编译出版社 2008 年版。

[美]杰弗里·萨克斯：《轻举妄动必受其报：俄罗斯的正常化过程》，载《贫穷的终结：我们时代的经济可能》，邹光译，上海：上海人民出版社 2010 年版，第 116—130 页。

[丹]奥勒·诺格德：《经济制度与民主改革：原苏东国家的转型比较分析》，上海：上海人民出版社 2007 年版。

[瑞]斯蒂芬·赫德兰：《危机中的俄罗斯：一个超级能源大国的终结》，载《俄罗斯研究》2010 年第 2 期，第 40—64 页。

[瑞]斯蒂芬·赫德兰：《金融危机后的俄罗斯》，载《俄罗斯研究》2010 年第 6 期，第 77—98 页。

[瑞]斯蒂芬·赫德兰：《普京重返克里姆林宫：是时候忘记俄罗斯现代化了吗?》，载《俄罗斯研究》2012 年第 2 期，第 143—166 页。

[瑞]安德斯·奥斯隆德：《乌克兰的"囚徒困境"》，载《外滩画报》2013 年 11 月 28 日。

杨成：《中国俄苏研究的范式重构与智识革命——于学术史回顾和比较研究的展望》，载《俄罗斯研究》2011 年第 1 期，第 3—68 页。

网络资源

"Hans Christian Andersen and Music"，http://wayback-01.kb.dk/wayback/20101105080532/.

"Scandinavia"，Encyclopædia Britannica. http://en.wikipedia.org/wiki/Scandinavia.

Scando-Slavica(1965—1991)，http://foreninger.uio.no/nsf/scsl/.

《苏联"大清洗"究竟死了多少人》，人民网 2010 年 8 月 9 日，http://www.people.com.cn/GB/198221/198819/198851/12388663.html。

瑞典国防研究局官方网站：http://www.foi.se/en/。

瑞典国防学院官方网站：http://www.fhs.se/en/。

瑞典国际事务研究所官方网站：http://www.ui.se/eng/。

乌普萨拉大学俄罗斯与欧亚研究中心官方网站：http://www.ucrs.uu.se/。

马尔默大学文化与社会学院官方网站：http://www.mah.se/english/Schools-and-faculties/Faculty-of-Culture-and-Society/。

索德托恩大学波罗的海与东欧研究中心官方网址：http://webappo.web.sh.se/p3/ext/content.nsf/aget?openagent&key=about_us_1301902860317。

瑞典斯德哥尔摩转型经济研究所官方网站：http://www.hhs.se/SITE/

Staff/Pages/ResearchersAtSITE.aspx。

芬兰赫尔辛基大学亚历山大研究所官方网站：http://www.helsinki.fi/aleksanteri/english/。

芬兰"维拉"俄罗斯与边境研究中心官方网站：http://www.uef.fi/en/vera。

阿尔托大学市场转型研究所官方网站：http://cemat.aalto.fi/en/。

挪威国际事务研究所官方网站：http://english.nupi.no/。

奥斯陆大学文学、地区研究与欧洲语言系官方网站：http://www.hf.uio.no/ilos/english/。

丹麦国际问题研究所官方网站：http://subweb.diis.dk/sw239.asp。

哥本哈根大学跨文化和地区研究系官方网址：http://ccrs.ku.dk/。

南丹麦大学冷战研究中心官方网址：http://www.sdu.dk/en/om_sdu/institutter_centre/c_koldkrig。

奥尔堡大学文化创新与北极研究中心官方网址：http://www.arctic.aau.dk/。

附录

斯堪的纳维亚地区俄苏研究机构简介

一、瑞　　典

瑞典国防研究局(Swedish Defence Research Agency):成立于1945年,隶属于瑞典国防部。由三个机构组合而成:国防化学中心,主要从事化学战和防护研究,研究人员多来自隆德大学和乌普萨拉大学;军事物理研究所,是瑞典各大学物理系的合作机构,推动物理学知识在瑞典国防中的应用;瑞典政府发明委员会的部分机构,将国内与雷达有关的研究整合在统一框架内。瑞典国防研究中心的主要任务是为瑞典军队研究核武器以及防核技术。1968年签署《核不扩散条约》后,该中心转向防核技术。2001年,国防研究中心与瑞典航空研究所合并为国防研究局,仍隶属于国防部,主要从事与国防有关的研究、分析和技术发展,同时也负责一些民事紧急事件、安全等方面的研究。国防研究局成立后,规模逐渐缩小,从2001年的1 300人,缩减到2010年的950人。[1]主要研究领域是武器装备、危机管控、安全政策、信息处理与安全等方面。主要学者有卡洛琳娜·温迪尔·佩林(Carolina Vendil Pallin)。

瑞典国家国防学院(Swedish National Defence College):隶属国防部,前身为19世纪建立的高等炮兵学院。2008年国防学院建立大学学院,从事学术性研究和教育。学院以军事教育为主,负责职业军官和预备役军官的培训;同时也有民事方面的教育。国防学院是国际军事科学协会的创始成员,主要研究领域包括指挥、国际法、军史、政治学、战争学和军事技术。[2]

瑞典国际事务研究所(Swedish Institute of International Affairs):独立研究机构,始建于1938年,共有40人至50人的团队,其中研究人员约 15 名左右。国际事务研究所致力于搭建外交事务和国际关系的研究、信息平台,着力于与瑞典有关的外交和安全政策的研究,作出公正的、科学的分析。其中,莱娜·琼森(Lena Jonson)、英马尔·奥尔德伯格(Ingmar Oldberg)、格雷戈里·西蒙斯(Gregory Simons)是俄罗斯项目的研究员,主要研究领域为与瑞典有关的俄罗斯外交和国内政策。[3]

瑞典斯德哥尔摩国际和平研究所(Stockholm International Peace Research Institute):成立于 1966 年,是一个独立的国际性研究所。主要研究领域包括地区和全球安全、冲突与冲突管理、军费开支和军备、军控和防核扩散。虽然没有专设的俄苏研究部,但各方面研究均涉及俄罗斯的战略、军备、地区政策。

乌普萨拉大学(Upsala University):东欧研究所,成立于 20 世纪 60 年代,主要是从经济学角度对苏联和东欧国家进行学术性研究,是瑞典在冷战时代苏联和东欧领域教育、研究的重镇。20 世纪 90 年代初,研究所增加了历史和法律两个学科的研究力量,试图从多学科角度对前苏联集团和前苏联国家进行学术性研究,保持了其国内在该领域教育、研究的领先地位。研究所也随之更名为欧亚研究所。2010 年 1 月,作为瑞典政府"加强政治上重要区域研究"战略的一部分,欧亚研究所与乌普萨拉大学和平、民主、公正论坛(Forum on Peace, Democracy and Justice)整合为俄罗斯与欧亚研究中心(Centre for Russian and Eurasian Studies)。随着俄罗斯与后苏联空间的研究社会和商业部门的快速发展,需要根据情况拓展研究领域。俄罗斯与欧亚研究中心不仅是重要的学术机构,而且成为了为国家决策提供智力支持的重要研究单位。[4]该中心现有 43 名研究与行政人员(包括博士研究生),研究领域涵盖政治、经济、外交、安全、社会、历史、哲学等方面。主要学者有斯蒂芬·赫德兰(Stefan Helund)、克拉斯·莱文森(Claes Levinsson)。

马尔默大学(Malmö University):文化与社会学院(The Faculty of Culture and Society),该学院以问题为导向,寻求通过跨学科研究对问题进行多角度研究,下设全球政治研究中心、城市研究中心、艺术与交流研究院、语言和语言学研究中心。其中全球政治研究中心主要从事地区、国家、全球背景下关于政治、大国关系、身份认同建构的研究;语言与语言学研究中心的研究内容涉及俄罗斯语言文化。从事俄苏研究的主要学者是波·彼得森(Bo Petersson)。[5]

索德托恩大学(Södertörn University)：波罗的海与东欧研究中心(The Centre for Baltic and East European Studies)、波罗的海与东欧研究生院(Baltic and East European Graduate School)。索德托恩大学是瑞典政府于 1996 年建立的综合性大学,2000 年将冷战后新独立的波罗的海国家和其他欧洲国家的变化、发展作为自己的重点研究方向,并建立了波罗的海与东欧研究生院。波罗的海与东欧研究生院已经成为波罗的海国家以外,世界上关于该领域最大的研究生培养基地。2005年,在研究生院的基础上建立波罗的海与东欧研究中心,中心现有 36名研究人员,以跨学科方式研究冷战后新独立欧洲国家的发展。[6]主要学者有安努·科尔(Anu Köll)、特里萨·库拉维克(Teresa Kulawik)、拉尔斯·克雷伯格(Lars Kleberg)。

斯德哥尔摩经济学院(Stockholm School of Economics)：东方经济研究所(Östekonomiska Institutet),建立于 1989 年,首任所长为安德斯·奥斯隆德(Anders Åslund),该所从事苏东集团国家经济发展和经济改革研究。1996 年,研究所规模扩大,更名为斯德哥尔摩转型经济研究所(Stockholm Institute of Transition Economies),对俄罗斯与中东欧国家的经济转型进行全面研究。除研究工作外,转型经济研究所还积极帮助前苏东国家建立独立的、关于经济政策讨论和研究的机构,如莫斯科经济和金融研究中心(1997 年)、里加波罗的海经济政策研究国际中心(2001 年)、华沙社会经济研究所(2003 年)、基辅经济研究所(2005 年)、白俄罗斯经济研究与推广中心(2008 年)。该研究所希望成为学术界与决策者之间的桥梁,为决策提供准确、详实的知识和信息基础,该所现有 14 名固定研究人员。[7]主要学者有安德斯·奥斯隆德(Anders Åslund)、詹卡洛·斯帕尼奥洛(Giancarlo Spagnolo)。

于墨奥大学(Umeå University)：成立于 1965 年,是瑞典的第五所大学。该大学中无专门的俄苏研究机构,在历史、传媒、社会学专业有少量独立研究人员。

歌德堡大学(University of Gothenburg)：前身为 1891 年建立的歌德堡大学学院,1907 年升格为瑞典第三所大学。该大学无专门性的俄苏研究机构,研究人员分散于全球研究院、商学院、语言学院、欧洲研究中心。值得关注的学者有奥克萨娜·格林(Okssana Shmulyar Green)。

隆德大学(Lund University):成立于 1666 年,是瑞典历史上第二所大学。该大学无专门的俄苏研究机构,研究人员分散于欧洲研究中心、危机分析和管控中心、经济研究所,以及人类学、语言学、历史学、宗教学院系。主要学者有芭芭拉·特恩奎斯特-普莱瓦(Barbara Tornquist-Plewa)。

斯德哥尔摩大学(Stockholm University):成立于 1878 年。大学设有斯拉夫语言学院,对包括俄罗斯在内的斯拉夫国家的语言和文学进行研究。此外,还有从事俄苏研究的人员分散于国际经济研究所,社会研究所以及历史、政治、人类学院。主要学者有本特·斯文松(Bengt Svensson)、米兰·比利(Milan Bily)、安娜·永格伦(Anna Ljunggren)。

达拉纳大学(Dalarna University):设有俄语系,主要从事俄语本科教育,少量研究人员从事俄罗斯语言文学研究。主要学者有朱莉·汉森(Julie Hansen)。

俄罗斯、中东欧、中亚研究协会(Swedish Society for the Study of Russia, Central and Eastern Europe, and Central Asia):学会是一个政治上独立的信息和理念交流论坛,成员包括来自政治学、社会学、经济学、历史学、地理学和语言学研究领域的专业人士,以及翻译家、外交官、记者、教师。协会成立于 1997 年,致力于推动对俄罗斯、中东欧和中亚国家的了解,与诸如世界中东欧研究理事会等国际性研究机构建立了密切的联系和合作关系。

二、芬　　兰

芬兰银行转型经济研究所(Bank of Finland Institute for Economies in Transition):成立于 20 世纪 90 年代初期,是隶属于芬兰银行(国家中央银行)的高级研究机构。转型研究所主要从事货币经济和经济政策的应用性宏观经济研究,主要关注的是俄罗斯与中国的经济转型进程,以及国内的经济政策变化。该所现有 13 名固定研究员。主要学者有佩卡·苏特拉(Pekka Sutela)。

芬兰国际事务研究所(Finnish Institute for International Affairs):
1961年由 Paasikivi 协会发起成立,接受 Paasikivi 协会外交政策研究基
金会(由芬兰教育部提供资金)的资助和管理,主要进行芬兰外交政策、
国际关系理论和国际外交政策研究。2006年起,国际事务研究所的所
有权让渡给芬兰议会,对研究所进行改组,主要的研究方向转变为国际
关系和欧盟事务。研究所的主要目标是为国家决策机构提供学术性研
究基础。研究所下设三个项目组和一个研究中心:欧盟研究、欧盟东部
邻国与俄罗斯、全球安全研究,以及美国政治和权力研究中心。研究所
现有研究人员27名,其中欧盟的东部邻国与俄罗斯项目组5人,主要
研究俄罗斯的国内和外交政策,特别是俄罗斯的地区、能源、环境政策。
主要学者有阿尔卡狄·摩西斯(Arkady Moshes)、瓦季姆·科诺年科
(Vadim Kononenko)、斯尼库卡·萨里(Sinikukka Saari)。

赫尔辛基大学(Helsinki University):亚历山大研究所(Aleksanteri
Institute),芬兰国内规模最大的、实力最强的俄罗斯、东欧专业研究机
构,成立于1996年。虽然隶属于赫尔辛基大学,但亚历山大研究所实
际上是一个国家性的研究中心,与国内外各类学术机构、政府机关、企
事业单位和民间团体有着密切的合作关系。亚历山大研究所的俄苏研
究主要从社会科学和人类学角度展开的,现有研究和工作人员50余
人。[8]此外,赫尔辛基大学社会科学学院下设政治经济研究院和社会研
究院。政治经济研究院中的政治学专业的一些学者从事政治、国际关
系等领域的研究。主要学者有马尔库·基维宁(Markku Kivinen)、萨
图·劳图马(Satu Rautuma)、马库斯·凯努(Markus Kainu)。

东芬兰大学(University of Eastern Finland):"维拉"俄罗斯与边境
研究中心(VERA Centre for Russian and Border Studies),隶属于社会
科学与商业学院,成立于2011年。中心主要通过跨学科方法对俄罗
斯、芬兰与俄罗斯边境地区、欧洲边境地区问题进行研究和教育,中心
研究人员涵盖历史、人类学、区域研究、政治学、国际关系、地理学、社会
学、经济学等多个学科中心已经成为芬兰国内乃至国际范围内领先的
俄罗斯与边境研究、教育机构。[9]主要学者有皮尔约·波拉宁(Pirjo Pol-
lanen)、莱亚·斯林(Lea Siilin)。

坦佩雷大学(University of Tampere):俄罗斯语言与文化系(The

department Russian Language and Culture)，该系主要进行俄语、俄语文学的教学和研究。该校设有俄罗斯、欧洲研究方向硕士研究生学位，主要培养有关俄罗斯与欧洲政治、社会、文化、语言领域的硕士研究生。主要学者有西莫·莱斯蒂（Simo Leisti）、斯维特拉娜·帕斯蒂（Svetlana Pasti）、图奥马斯·福斯伯格（Tuomas Forsberg）。

图尔库大学（University of Turku）：无专门俄苏研究机构，从事俄苏研究的人员分散于社会科学学院和语言中心。

阿尔托大学（Aalto University）：商学院下设市场转型研究中心（The Center for Markets in Transition），成立于 1998 年，该中心主要为进军俄罗斯、波罗的海国家、亚洲和拉丁美洲国家的芬兰企业提供学术性和应用性研究。同时，该中心设有俄罗斯和亚洲研究硕士学位点。市场转型研究中心与小商业（small business）研究中心合作进行有关俄罗斯和波罗的海国家的研究和教育。[10]

芬兰俄罗斯与东欧研究协会（Finnish Association for Russian and East European Studies）：建立于 1989 年，主要目标是加强芬兰国内外俄罗斯、东欧学者之间的联系，搭建交流平台，推动该领域的研究，协会是世界中东欧研究理事会的成员。

三、挪　威

挪威国际事务研究所（Norwegian Institute of International Affairs）：政府性国际问题研究机构，1959 年挪威议会为了更好地理解国际事务建立国际事务研究所，研究所隶属于挪威教育部，但在运行和研究上完全独立。研究所主要从事国际政治、国际经济、与挪威外交政策以及俄罗斯相关领域的研究，在国内居于领先地位。国际事务研究所下设 5 个研究部：国际政治研究部、国际经济研究部、发展研究部、俄罗斯与欧亚研究部、安全与冲突管控研究部；现有研究人员 89 名，其中俄罗斯与欧亚研究部拥有研究员 13 名。[11]主要学者有艾弗·B.诺伊曼（Iver B.Neumann）。

挪威奥斯陆大学（University of Oslo）：文学、地区研究与欧洲语言系（Department of Culture Studies and Oriental Languages），原东欧与

东方研究系(Department of East European and Oriental Studies)，下设俄罗斯、中欧和巴尔干研究中心(Russland, Sentral-Europa og Balkan)，中心研究人员共有 18 人。俄罗斯是文学、地区研究与欧洲语言系的主要研究方向之一，研究内容以俄罗斯语言、文学、社会为主。目前正在进行的长期研究项目是："当前俄罗斯的国家建设与民族主义"和"新政治团体与俄罗斯国家"。[12]此外，社会科学学院内的政治学系、社会人类学系、经济系也有个别学者从事俄苏研究。主要学者有帕尔·科尔斯托(Pål Kolstø)。

挪威科技大学(Norwegian University of Science & Technology)：是继奥斯陆大学后挪威第二大规模的大学。科技大学下设的社会学与政治学系(Department of Sociology and Political Science)，其中的比较与国际政治研究组(Comparative and International Politics)涉及俄苏研究。

四、丹　麦

丹麦国际问题研究所(Danish Institute for International Studies)：专门进行国际问题研究的政府性独立研究机构，2002 年 9 月由丹麦议会以法案形式设立。研究所按照研究问题下设 8 个研究组：防御与安全、外交政策与欧盟研究、全球经济、管理与发展、屠杀与种族灭绝、中东研究、移民研究、自然资源与贫穷、政治与发展。虽没有专门的俄罗斯研究组，俄罗斯的政治、经济发展，外交政策变化军事该所的重要研究内容之一。研究所现有研究人员、博士研究生、行政人员 128 名，是丹麦国内规模最大、实力最强的国际问题研究机构。[13]

哥本哈根大学(Copenhagen University)：跨文化和地区研究系(Department of Cross-Cultural and Regional Studies)，建于 2004 年，主要研究西欧、美国之外地区和国家的语言、文化、宗教和社会。跨文化和地区研究系下设 8 个研究部，其中比较文化研究部、东欧研究部、宗教史研究部涉及俄苏研究。[14]主要学者有尼尔斯·罗森菲尔德(Niels Erik Rosenfeldt)。

南丹麦大学(University of Southern Denmark)：冷战研究中心

(Centre for Cold War Studies)，成立于 2006 年 5 月。建立冷战研究战门机构是希望能够为丹麦与国际学者搭建一个交流网络，为历史学者、斯拉夫研究专家、德国研究专家、作家、文化与社会研究人员提供研究与合作平台。中心的研究领域主要集中在四个方面：现代军事历史，国际政治、冷战文化史、秘密服务活动(Secret Service Activities)，现有研究人员 12 名。[15] 主要学者有埃里克·库尔维格(Erik Kulavig)。

奥尔堡大学(Aalborg University)：文化创新与北极研究中心 (Centre for Innovation and Research in Culture and Learning in the Arctic)是一个跨学科、跨院系研究中心，以该校文化和全球研究系为基础，主要是为有关北极研究的沟通、组织、发展提供支持。中心以文化角度加强对北极周边国家的了解。[16]

注释

1. 瑞典国防研究局官方网站：http://www.foi.se/en/。
2. 瑞典国防学院官方网站：http://www.fhs.se/en/。
3. 瑞典国际事务研究所官方网站：http://www.ui.se/eng/。
4. 乌普萨拉大学俄罗斯与欧亚研究中心官方网站：http://www.ucrs.uu.se/。
5. 马尔默大学文化与社会学院官方网站：http://www.mah.se/english/Schools-and-faculties/Faculty-of-Culture-and-Society/。
6. 索德托恩大学波罗的海与东欧研究中心官方网址：http://webappo.web.sh.se/p3/ext/content.nsf/aget?openagent&key=about_us_1301902860317。
7. 瑞典斯德哥尔摩转型经济研究所官方网站：http://www.hhs.se/SITE/Staff/Pages/ResearchersAtSITE.aspx。
8. 芬兰赫尔辛基大学亚历山大研究所官方网站：http://www.helsinki.fi/aleksanteri/english/。
9. 芬兰"维拉"俄罗斯与边境研究中心官方网站：http://www.uef.fi/en/vera。
10. 阿尔托大学市场转型研究所官方网站：http://cemat.aalto.fi/en/。
11. 挪威国际事务研究所官方网站：http://english.nupi.no/。
12. 奥斯陆大学文学、地区研究与欧洲语言系官方网站：http://www.hf.uio.no/ilos/english/。
13. 丹麦国际问题研究所官方网站：http://subweb.diis.dk/sw239.asp。
14. 哥本哈根大学跨文化和地区研究系官方网址：http://ccrs.ku.dk/。
15. 南丹麦大学冷战研究中心官方网址：http://www.sdu.dk/en/om_sdu/institutter_centre/c_koldkrig。
16. 奥尔堡大学文化创新与北极研究中心官方网址：http://www.arctic.aau.dk/。

图书在版编目(CIP)数据

冷战后斯堪的纳维亚地区的俄苏研究/韩冬涛著
.—上海:上海人民出版社,2018
(国外俄苏研究丛书)
ISBN 978 - 7 - 208 - 15346 - 2

Ⅰ.①冷…　Ⅱ.①韩…　Ⅲ.①俄罗斯-研究-现代②
苏联-研究　Ⅳ.①D751.2

中国版本图书馆 CIP 数据核字(2018)第 162651 号

责任编辑　王　冲
封面设计　零创意文化

冷战后斯堪的纳维亚地区的俄苏研究
韩冬涛　著

出　　版　上海人民出版社
　　　　　(200001　上海福建中路 193 号)
发　　行　上海人民出版社发行中心
印　　刷　常熟市新骅印刷有限公司
开　　本　635×965　1/16
印　　张　19.75
插　　页　4
字　　数　285,000
版　　次　2018 年 8 月第 1 版
印　　次　2018 年 8 月第 1 次印刷
ISBN 978 - 7 - 208 - 15346 - 2/D・3255
定　　价　60.00 元

国外俄苏研究丛书